Space-Time Dimension of the Market

市场的时空向度
社会主义与市场经济的关系研究

王鑫 著

上海社会科学院出版社

前　　言

疫情反复，诸多不易。居家成为每个普通人已经适应也必须要适应的状态。人的本质是社会关系的总和，而疫情让我们从诸多社会关系中回归家庭，并开始有更多的时间去审视自己以及观察身边发生的一切。我们要学会珍惜，居家让我们备感自由时的快乐、朋友间真切的关怀以及家庭的温暖；也让我们学会了感恩，感恩在危难之时挺身而出的医疗工作者、警察等，他们是这个时代的英雄。

对我而言，居家生活给予了我充足自由思考的时间，看以前想看的书，思考以前来不及思考的事情。社会主义与市场经济的关系问题是我从读书起便思考的问题，这一问题也被称为"东方思想史上一颗璀璨的明珠"，碰这样的议题，无疑需要非常大的野心和努力。在此，首先要感谢在本书形成过程中提供极大帮助的方松华、姜佑福等老师们，他们给予了我去研究这一问题的勇气和支持。也要致敬出版业的编辑们，他们默默无闻地在这个行业里忙里忙外，对作者是一种鼓励，也是督促，督促我们要产出无愧于这个时代的作品。在这个时代，书连接了作者、读者、编辑，我们彼此取暖，彼此支持。也许在这个剧变的时代，唯有精神能让我们成为一体。

"什么是社会主义"的问题是马克思主义思想史的重大历史命题，贯穿着整个现代文明史，而且是一个尚未解决的问题。社会主义作为资本主义的反题，代表着矫正资本主义弊病的思潮、制度。马克思的唯物史观以及剩余价值学说，使社会主义由空想变成科学，马克思认为社会主义社会的特征是公有制、计划经济、按劳分配，只有这样的经济体制才能消除资本主义的一切弊端。直到20世纪俄国爆发了"十月革命"，社会主义才由理论变成现实。从历史的角度来看，20世纪的历史是一部社会主义实践史，社会主义实践不断跌宕起伏、曲曲折折，经历了萌芽、发展、高潮、衰落、复兴，可以看到，社会主义的实践总是同时代主题紧密相连，并不断深化对马克思经典理论的认识，验证了马克思主义的科学性，也看到了"传统社会主义"与"现实社会主义"之间的间隙，社会主义理论需要与实践结合来保持马克思主义的时代性。

社会主义首先在经济落后的东方国家成为现实,社会主义的实践一开始就面临着一个崭新的、迫切的时代任务,即落后国家如何建设社会主义。苏联的社会主义模式反映了当时对社会主义的理解,即政府主要通过行政手段来协调经济,实现对国民经济的统一领导和管理。资本主义与苏联社会主义的敌对关系,以及苏联对社会主义建设缺乏足够的理解和可资借鉴的经验,导致苏联社会主义始终认为计划经济是社会主义的基本特征。虽然这一套经济模式取得了令人瞩目的成就,但是也出现了很多的问题,对社会主义传统经济模式进行革新是必然趋势。苏联社会主义出现的现实困境和理论矛盾以及西方关于社会主义可行性的论战,证明了"现实社会主义"要想成为可能,必须要有一套行之有效的经济核算体系,而市场被证明是最有效的核算方式。兰格与米塞斯的论战让社会主义与市场的结合第一次在理论上成为可能。中国前三十年的社会主义实践受苏联影响,始终没有走出对社会主义的固有认识,没有从生产力的角度来理解社会主义,从而导致中国前三十年的社会主义建设并没有发挥好制度的优越性。

中国开创了社会主义实践史的新阶段。基于中国前三十年发展的经验,邓小平从生产力的角度认为"贫穷不是社会主义""发展太慢也不是社会主义",中国的社会主义处于初级阶段,初级阶段社会主义的主要任务是发展生产力,因此,邓小平创造性地将社会主义制度和市场经济结合起来,这是社会形态演变中出现的一种新的、具有进步意义的社会发展模式,对"传统社会主义"经济体制进行了根本性的变革。中国特色社会主义市场经济是中国共产党领导的、以公有制为基础的市场经济。

揭示中国特色社会主义的发展经验,是当代马克思主义面临的重大课题。中国特色社会主义市场经济制度的确立已有多年,当下中国也面临着一些新的问题,如贫富差距拉大、环境污染严重等。如何既发挥社会主义制度的优越性,又发挥市场在资源配置中的决定性作用,是摆在当下时代的主要问题。2007年由资本主义国家引发的金融危机导致了当代整个资本主义经济发生系统性、总体性的经济危机,世界资本主义经济危机与中国经济快速增长形成了鲜明对比,证明了马克思主义仍然没有过时。实践证明,中国已经走出了一条具有中国经验、中国特点、中国气度的发展道路,即党政有为、市场有效、宏观领域政府主导、微观领域市场决定的发展道路。

2022年3月

目 录

导论 ··· 1

第一章 马克思、恩格斯经典作家的社会主义经济理论评析 ······· 17
    第一节 马克思、恩格斯论述社会主义社会的实现形式 ········· 17
    第二节 马克思三大社会形态理论中第二形态与市场经济的关系 ····· 30
    第三节 列宁对社会主义与市场关系的探索 ······················ 34
    本章小结 科学对待经典社会主义经济理论 ······················ 46

第二章 苏联社会主义关于计划与市场的争论及发展 ············· 48
    第一节 苏联社会主义经济建设的理论矛盾与实践困境 ········· 48
    第二节 苏联内部关于社会主义经济计划的争论 ················ 50
    第三节 社会主义经济核算问题的论战 ··························· 57
    本章小结 在历史与实践中把握市场经济的内涵 ················ 69

第三章 市场经济国家的几种代表性类型及评价 ··················· 74
    第一节 英美模式 ··· 74
    第二节 日本模式 ··· 78
    第三节 德国模式 ··· 80
    本章小结 市场经济形式的多元化 ································· 81

第四章 新中国成立初期对社会主义经济道路的探索 ············· 82
    第一节 毛泽东的新民主主义经济思想 ··························· 82
    第二节 社会主义过渡时期的市场因素 ··························· 92
    第三节 适合中国国情的社会主义经济道路探索 ················ 103

本章小结　中国早期的社会主义经济道路探索的基本经验 ………… 113

第五章　反思与探索：中国特色社会主义与市场的结合 ………… 115
　　第一节　中国社会主义与市场结合的历史必然性 ………… 115
　　第二节　邓小平的社会主义本质论 ………… 119
　　第三节　计划与市场的辩证关系 ………… 124
　　第四节　中国特色社会主义市场经济的建立 ………… 130
　　本章小结　中国特色社会主义市场经济形成的历史逻辑 ………… 135

第六章　中国特色社会主义与市场经济关系的新理解 ………… 137
　　第一节　中国特色社会主义市场经济理论的发展 ………… 137
　　第二节　中国特色社会主义市场经济的现实问题 ………… 146
　　第三节　加快完善社会主义市场经济体制 ………… 158
　　本章小结　从实践中把握中国特色社会主义市场经济理论 ………… 169

第七章　理论体系化发展：中国特色社会主义政治经济学 ………… 171
　　第一节　新时代中国特色社会主义政治经济学的重要命题 ………… 171
　　第二节　处理好新时代背景下政府与市场的关系 ………… 181
　　第三节　构建中国特色社会主义现代经济体系 ………… 190
　　第四节　中国社会主义经济的发展趋向 ………… 196

结束语 ………… 201

参考文献 ………… 203

导 论

一、问题的提出

社会主义与市场经济的关系的问题贯穿着整个社会主义思想史和实践史。中国的市场经济问题,既是一个经济和政治问题,[①]又是一个关涉当代中国社会主义意识形态的问题。经过改革开放四十多年的实践探索,中国已经走出了一条不同于西方模式的发展道路,中国的市场经济同西方资本主义的市场经济有着本质上的区别。因此,对社会主义与市场相结合的流变史进行梳理与探讨,是对马克思主义经济史的总结,不仅有助于解决中国社会经济发展面临的现实性问题,也有助于中国特色社会主义政治经济学的完善与发展。

在马克思、恩格斯的经典理论里,市场经济属于资本主义概念的词汇,而经典作家所设想的社会主义经济是计划经济。[②]马克思认为未来公有制将取代私有制,合作将取代竞争,社会将通过计划消除生产的无政府状态。但是,俄国的"十月革命",偏离了社会主义首先在发达国家变成现实的设想,社会主义在俄国变成了现实,如何在经济文化落后的国家建设社会主义是当时需要回答的时代问题。从目前看来,市场经济是几百年来有利于发展生产力的经济制度,同时,在经济全球化的背景下,没有市场经济,国家就无法成为世界经济的有机组成部分。理论在现实中得到修正,社会主义理论逐渐突破计划等同于社会主义、市场等同于资本主义的思维模式,资本主义可以有计划,社会主义也可以有市场。

---

① 马国书.中国的市场地位:超越自由市场 迈向共赢市场[M].北京:中国社会科学出版社,2017:1.

② 马克思和恩格斯虽然经常使用计划、计划调节等概念,但"计划经济"一词由列宁最先使用,列宁认为社会主义经济实行计划调节或计划经济。参见程恩富等《马克思主义政治经济学基础理论研究》(北京师范大学出版社2017年版)。

社会主义与市场的结合是当代社会主义理论新的发展。社会主义初级阶段的历史特征决定了现实社会主义还不能抛弃市场,在没有积累到马克思所预想的"生产力极大发展"的阶段,即人类实现自我解放所需要的物质基础以前,必须尊重唯物史观的科学方法,通过市场来发展生产力,从而最终实现"自由王国"。

20世纪的社会主义实践史最为深刻的影响是社会主义与市场经济的结合。马克思、恩格斯认为未来社会是消灭商品、消灭竞争,市场经济也就没有存在的基础。列宁在"新经济政策"时期,第一次在社会主义经济建设中引入了市场调节的概念,并取得了成功。由于历史发展的特殊性,苏联建立了高度集中的计划经济,在经济发展模式更新上没有取得突破性的进展。20世纪50年代,中国建成了社会主义制度,因为没有可资借鉴的经验,于是照搬了苏联模式,认为计划经济是社会主义的基本特征,社会主义要消灭市场经济。随着实践过程中出现的问题,毛泽东提出要反思苏联模式,探索中国自己的社会主义道路,"任何国家的共产党,任何国家的思想界,都要创新新的理论,写出新的著作,产生自己的理论家,来为当前的政治服务,单靠老祖宗是不行的"[①]。随后,国内外形势发生了剧烈的变化,中国在理论上也始终没有突破市场经济与计划经济对立的格局,中国的社会主义并没有探索出适合自己的经济模式,在理论和实践上仍然将计划经济作为社会主义的基本特征。

中国在总结社会主义建设正反两方面经验的基础上实行了改革开放。邓小平提出计划和市场都是手段、社会主义本质论、社会主义初级阶段论等,突破了意识形态的限制,让社会主义与市场经济的结合在理论上变得可行。随着改革开放力度的加大,党的十四大最终确立了中国特色社会主义市场经济制度,党的十八届三中全会强调市场在资源配置中的决定性作用。但是,关于社会主义与市场经济的关系的探讨一直未曾停止。中国特色社会主义市场经济制度的确立,意味着计划经济不再作为科学社会主义的特征之一,社会主义亦可发展市场经济,当然,社会主义市场经济有别于资本主义市场经济。但问题是,中国特色社会主义市场经济与资本主义市场经济的关系到底是什么?中国特色社会主义有没有走出一条不同于西方资本主义的道路?如果有的话,这条道路优越于西方道路的地方在哪里?如何从理论上概括中国特色社

---

① 中共中央文献研究室.毛泽东文集(第八卷)[M].北京:人民出版社,1999:109.

会主义的理论内涵和构建逻辑？这些问题都关涉到当代中国特色社会主义市场经济的根本性问题。

新中国成立以来，社会主义完成了从"去市场"到"近市场"的转变，形成了一系列关于社会主义初级阶段的理论成果，如何概括中国社会主义从革命、建设到改革的经验是思想界亟须重视的一个问题。社会主义与市场经济的结合在马克思的经典著作里找不到理论依据，是传统社会主义模式在现实中遇到困境而做出的理论创新，也是中国共产党人始终坚持马克思主义的基本原理，根据实践经验，与时俱进地发展马克思主义理论。

改革开放以来，中国为学习西方国家的先进技术和管理方式，大量引进国外的技术人才以及翻译国外著作，西方自由主义思潮也随着这股潮流进入中国。有关数据表明，近几年中国的主要社会思潮中，新自由主义思潮一直居高不下，新自由主义思潮背后所隐藏的反社会主义思想冲击主流意识形态，导致一些学者用西方的理论解释中国，甚至影响中国政策的走向，进而对社会造成了一定的负面影响，中国社会主义经济发展道路的内在机理研究一直被忽视或被误导。不可忽视的是，中国四十多年的改革开放所取得的成果，在实践中证明了马克思主义理论有其非常丰富的历史价值和现实意义。因此，有必要对社会主义市场经济的理论发展历程进行详细的梳理和总结，在此基础上，解决已有的社会、经济问题。

二、文献综述

本书从历史叙事中社会主义与市场经济之间的关系来思考"什么是社会主义"的问题，也就是说，社会主义在中国的现实情境中，该如何坚持马克思主义的基本观点和立场，走出一条不同于西方，也不同于传统社会主义模式的道路。中国特色社会主义市场经济理论是在中国的具体实践中生成的，其演进逻辑本身具有一定的特殊性和复杂性。因此，本书从马克思主义理论的源头出发来探讨社会主义与市场经济的关系问题，在连续性的历史语境中，找到中国特色社会主义市场经济理论的普遍性特征。

（一）关于社会主义概念的研究

关于社会主义的定义有很多种，众说纷纭。在资本主义早期，社会主义只是作为一种批判资本主义经济的思潮，代表着公平正义的价值理念。马克思的唯物史观和剩余价值学说，让社会主义从空想变成科学。俄国的"十月革命"让社会主义从理论变成现实。在苏联的经济建设期间,列宁认为社会主义是"苏维埃政权＋普鲁士的铁路秩序＋美国的技术和托拉斯组织＋美国的国民教育等等等等＋＋＝总和＝社会主义"①,其潜在意思是社会主义代表着世界上最先进的生产力,也意味着每个时代的社会主义概念都需要根据时代背景做出一定的调整。毛泽东从中国落后的生产力现状出发,认为社会主义是工业化,因此在新民主主义时期和社会主义建设初期要大力发展工业。邓小平从社会主义建设的具体经验以及生产力的角度出发,认为"贫穷不是社会主义""发展太慢也不是社会主义",社会主义的主要任务是发展生产力。可以看到,每个时期的社会主义概念是不一样的,随着时代主题变化以及生产力的普遍提高,社会主义的现实概念也会随之改变。总之,"社会主义"的概念并没有一个一成不变的答案。

第一种观点认为社会主义是对资本主义的超越。在经典理论那里,社会主义是对资本主义的扬弃,社会主义制度本身便优越于资本主义制度。如王建国、冯连军指出:"社会主义是在资本主义内部孕育并逐渐成熟起来的;社会主义是在对资本主义的批判中成长起来的,对资本主义持否定态度的;社会主义是对资本主义的一种超越。"②李文成认为社会主义从空想到科学、从理论到现实的两次转变始终在批判资本主义的生产关系,始终将"人的彻底解放与和谐发展当作根本目的"③。高放认为:"社会主义是资本主义的继承物、对立物、取代物和创新物。社会主义是在继承资本主义精华的基础上产生的用来解决资本主义基本矛盾、克服资本主义固有弊病的新型社会制度和社会形态;社会主义是取代资本主义的、新创立的高于资本主义的新世界。"④蒲国良认为:"社会主义是试图用社会调节和社会控制的办法克服资本主义制度性弊病以实现社会公正从而达到社会进步和人类解放的一种思想和运动。"⑤总之,从内生性、批判性、克服性的角度来看,社会主义是一种能够克服资本主义弊端的社会形态,在人类社会演进过程中,也属于比资本主义更高级的社会形态。

---

① 中共中央马克思恩格斯列宁斯大林著作编译局.列宁全集(第三十四卷)[M].北京:人民出版社,2017:520.
② 王建国,冯连军.空想社会主义历史起点再探讨[J].湖北行政学院学报,2013(4).
③ 李文成.人的彻底解放与和谐发展是社会主义的根本目的[J].郑州大学学报(哲学社会科学版),2009(2).
④ 高放.当代世界社会主义新论[M].昆明:云南人民出版社,2002:2.
⑤ 蒲国良.世界社会主义五百年回眸[J].科学社会主义,2016(2).

第二种观点认为社会主义是一种社会制度。周新城认为,"社会主义是人与人之间的社会关系在制度上的反映……其内容是生产关系和上层建筑。一种社会制度的性质就是由生产关系和上层建筑的性质决定的""政治上,必须由无产阶级政党掌握政权(即坚持共产党领导),实行无产阶级专政;经济上,建立生产资料公有制,实行按劳分配原则,逐步实现共同富裕;思想上,以无产阶级世界观——马克思主义为指导"。①李济广从"广义社会主义"和"狭义社会主义"两个范畴来理解社会主义,他认为"广义社会主义"指的是关注社会整体利益、关注劳动人民利益的思潮、运动和社会制度的总称,而"狭义社会主义"指的是科学社会主义,其基本内涵是生产资料公有制。②以上观点认为社会主义是一种社会制度,在社会形态上高于资本主义,并最终认为社会主义制度能够取代资本主义制度。但是,也有学者认为社会主义是一种社会制度,随着时代的发展,社会主义和资本主义可以成为相互融合的"命运共同体",社会主义与资本主义或许不再是对立的关系,而是互相依存的关系,"列宁逝世后,随着资本全球扩张不断走向深入而来的社会主义诞生条件在全球范围内发生分离的历史新境遇,是造成既有经典论断与现实历史进程存在巨大差别的根本原因"。③

第三种观点认为社会主义是一种价值观和奋斗目标。此种观点倾向于从"价值观""奋斗目标"来审视社会主义。许明认为:"马克思与历史上一切同情苦难,关注人群中的幸福,关注正义、公正、善与美的正面价值是相通的、相一致的……我们今天所说的坚持马克思主义,首要的是坚持这一马克思主义的价值立场。"④马克思主义具有普世价值,代表着社会的公平、正义,这是马克思主义至今仍具有强大生命力的根本原因。方爱东认为价值观是社会主义的内核,体现在社会主义理论、运动和制度中,社会主义的"一般"价值观是马克思的"人的自由而全面发展",当代中国社会主义的价值观体现在"以人为本""共同富裕""公平正义"。⑤史伟刚认为社会主义是一种价值取向,共同富裕是现实

---

① 周新城.不能离开四项基本原则来谈论什么是社会主义[J].高校理论战线,2007(11).
② 李济广.科学社会主义制度的基本内涵是生产资料公有制[J].马克思主义研究,2017(3).
③ 邱卫东,胡博成.正确认识全球化时代两大社会制度及其相互关系——基于列宁《帝国主义论》时代困境的思考[J].思想理论研究,2017(3).
④ 许明.走出卡夫丁峡谷——论当代意识形态建设的三个历史维度[J].探索与争鸣,2013(12).
⑤ 方爱东.社会主义核心价值观论纲[J].马克思主义研究,2010(12).

社会主义的根本价值取向,其折射的便是马克思追求公平正义的价值观。①社会主义从空想到科学,从理论到实践,始终贯彻着公平正义的价值观,但是科学社会主义与空想社会主义的不同在于,马克思的唯物史观证明了共产主义是人类历史发展的最终道路。社会主义既是远大理想也是现实目标,理想与目标的统一,构成了中国特色社会主义的现实。

社会主义是一种价值、制度的统一。陈明明认为一个制度体系总是由特定的价值结构支持,社会主义是制度和价值的统一。②陈先达认为:"社会主义核心价值反映社会主义制度的本质和人民的根本利益。"③马耀鹏认为,"社会主义是人类的理性诉求""社会主义包含价值社会主义和制度社会主义两个方面,价值社会主义包含公平、公正、人道等诉求,基本目标是人的自由而全面发展,这是制度社会主义的最高命题"。④社会主义的价值和制度设计统一于实践中。但是现实社会主义在物质文化水平落后的国家变成了现实,现实社会主义都是"不合格的社会主义",还处于社会主义的初级阶段。所以,并不应单单将社会主义理解成价值或制度,它应该是一个集理想、制度、运动于一体的综合体。

社会主义是理论、运动、制度的综合。吴向东认为社会主义是价值、运动、制度的统一,价值观是社会主义体系的核心,"社会主义价值观是社会主义运动的核心""社会主义价值观是社会主义制度的灵魂""社会主义制度是围绕社会主义价值观的一种制度安排",社会主义的价值、运动、制度的有机统一,"构成了社会主义的本质维度"。⑤李树桥认为社会主义的"科学内涵有着人类理想和价值观意义上的社会主义、社会运动意义上的社会主义与社会制度意义上的社会主义三重含义"⑥。胡振良认为"社会主义是一种价值,是价值基础上思潮、运动和制度的统一"⑦。

社会主义的概念应该根据科学社会主义的经典理论来界定。屈炳祥认为,马克思、恩格斯对社会主义的考察和研究有多种视角,"其本质总是共同

---

① 史伟刚.论邓小平的社会主义价值取向[J].社会主义研究,2006(2).
② 陈明明.中国政治制度的价值结构:冲突与调试[J].社会科学研究,2008(2).
③ 陈先达.论核心价值的社会制度本质[J].中国特色社会主义研究,2012(5).
④ 马耀鹏.社会主义科学本性的追寻与坚守[J].社会主义研究,2011(6).
⑤ 吴向东.价值观:社会主义本质之维[J].马克思主义研究,2007(12).
⑥ 李树桥.关于什么是社会主义的历史与现实思考[J].当代世界与社会主义,2007(3).
⑦ 胡振良.中国特色社会主义首先是一种价值[J].探索与争鸣,2013(8).

的,这就是他们所说的'自由人联合体'",这种"自由人联合体"在经济上表现为"生产资料公有制、按需生产和按劳分配三者的融合与统一"。①但是,奚兆永认为要严格区别社会主义与共产主义的异同,社会主义不包括共产主义,不能把共产主义的内涵强加到共产主义,"社会主义和共产主义代表了经济纲领和政治目的的两个不同的阶段"。②也就说,社会主义的实践要实事求是,不能脱离了科学社会主义,也不能完全按照经典理论来指导实践。③

从以上文献可以看到,"社会主义"是一个综合性的概念,不能简单地说是一种价值、一种社会制度、一种理想或是一种运动等。从起源上来讲,社会主义首先是一种理想价值,然后才是革命运动和社会制度。马克思的唯物史观,让社会主义从空想变成科学,社会主义从"空中楼阁"变成历史发展的必然规律,所以,社会主义又变成了价值、理论与制度的统一体。但是,现实社会主义与传统社会主义的偏离,证明了社会主义理论并不是完美无缺的,社会主义需要在实践中不断推进理论的发展,因此社会主义的概念具有动态的特征。

(二)关于市场经济的研究

关于"市场经济"概念的首次提出,学界一直存在争议。有的学者认为"市场经济"一词是列宁首先提出来的,列宁在《土地问题和争取自由的斗争》一文中,最早提出了"市场经济"这个概念,以表示与计划经济对立,该文发表在1906年的《浪潮报》上,列宁指出:"只要世界上还存在着货币权力和资本权力,就不可能平均地使用土地。只要还存在着市场经济,只要还保持着货币权力和资本力量,世界上任何法律都无法消灭不平均和剥削。"④列宁把市场经济当作资本主义特有的经济机制,与马克思笔下的资本主义制度一致。也有学者提出异议,认为"市场经济"一词最先由米塞斯于1920年提出来,米塞斯在《社会主义制度下的经济计算》中认为"市场是资本主义制度的核心,是资本主义的本质,只有在资本主义条件下,它才是可行的;在社会主义条件下,它是不可能被人为地仿制的"。米塞斯所说的市场经济是利用市场的经济,认为市场经

---

① 屈炳祥.关于什么是社会主义的再思考[J].学习论坛,2016(2).
② 奚兆永.论马恩著作中"共产主义"和"社会主义"概念的使用——兼与赵家祥、成保良同志商榷[J].当代经济研究,2004(12).
③ 孙立冰,丁堡骏.论中国特色社会主义及其基本经济原则[J].马克思主义研究,2017(5).
④ 中共中央马克思恩格斯列宁斯大林著作编译局.列宁全集(第十三卷)[M].北京:人民出版社,1987:124.

济只有在资本主义条件下才能实现资源的有效配置。也有学者认为市场经济一词早已在19世纪就出现了。①但是，早期对市场经济的认识主要把市场经济和资本主义制度等同起来，认为市场经济就是资本主义的经济运行方式。

目前关于"市场经济"的概念主要有四种观点。第一种观点认为市场经济就是资本主义或者资本主义经济，吴易风在《西方市场经济理论和政策》一文中概括了西方经济学家对市场经济概念的基本界定：市场经济是以资本主义私有制为基础的，通过市场供给和需求配置资源的经济制度。第二种观点认为市场经济是一种经济组织方式，胡代光、高鸿业主编的《现代西方经济学辞典》认为市场经济是"以市场活动为基础进行资源配置的经济组织方式。在这种方式下，生产什么、如何生产和为谁生产等问题，都依靠价格机制和供求力量来解决"。第三种观点认为市场经济是一种市场起基础性作用或主要作用的资源配置方式，吴敬琏认为市场经济本身的功能就是资源配置的方式。第四种观点认为市场经济是通过市场交易的相互作用在全社会范围内实现协调的一种制度，耶鲁大学经济学教授C.E.林德布鲁姆认为"市场体制对社会活动的组织或协调，不是通过政府计划，而是通过买卖双方的相互交换来实现的……所谓市场体制，就是不通过中央指令而凭借交易方式中的相互作用，以对人的行为在社会范围内实现协调的一种制度"。无论学界对市场经济的解释有几种，但是有一个共性是他们都认为市场经济是一种资源配置的方式。

西方经济学认为市场经济属于资本主义的范畴，市场经济是以生产资料私有制为基础的资本主义的经济运行方式，如萨缪尔森认为"市场经济同时解决了生产什么、如何生产和为谁生产这三个问题"②，他将市场经济同计划经济对立起来，并且认为市场经济是一种以资本主义私有制为基础的经济运行方式。与此对应的是，西方也有学者认为市场经济主要是资源配置的方式，与社会形态无关。美国经济学家莫里斯·博恩斯坦在《比较经济体制》中总结了社会主义市场经济与资本主义市场经济的基本特征，认为社会主义市场经济与资本主义市场经济都可以利用市场和价格分配资源和产品。③瑞典经济学家克拉斯·埃克隆德通过比较世界存在的各种经济方式，认为资本主义和社会主

---

① 见于穆建晔、王凤荣和张晓忠主编的《市场经济学》（法律出版社1997年版）。
② 保罗·萨缪尔森,威廉·诺德豪斯.经济学[M].萧琛,译.北京:商务印书馆,2014:29-34.
③ 见于莫里斯·博恩斯坦主编的《比较经济体制》（中国财政经济出版社1988年版）。

义在计划和市场之间存在很多的组合方式。①从资源配置的角度上来看,市场经济与计划经济一样,属于经济手段。

从市场经济的起源来讲,市场经济并没有伴随着资本主义制度的发展,是资本主义经济发展到成熟阶段的产物,主要指代资源配置的方式,并不意味着它是资本主义的专有名词。但是,市场经济起作用的价格机制,背后的力量是资本,资本是资本主义社会的主要动力。所以,社会主义与市场经济的问题可以说成社会主义如何利用资本的问题。只要搞清楚社会主义如何对待资本,社会主义与市场经济结合的问题也就迎刃而解。

(三) 关于社会主义与市场经济的关系研究

在马克思、恩格斯等经典作家的理论里找不到社会主义可以与市场经济结合的依据,但是现实社会主义在物质文化落后的国家变成了现实,其在实践过程中需要市场在资源配置中发挥作用,因此,社会主义与市场经济的结合在现实中成为必然,社会主义要想达到马克思、恩格斯对未来社会的预想,必须通过市场经济来发展生产力。西方经济学理论认为,以公有制为基础的社会主义不可能与市场经济结合,但中国特色社会主义道路有力证明了社会主义与市场经济可以结合。如何更好地结合仍有待学界讨论以及在现实经验中不断总结,即形成一种可以与西方理论平等对话的中国话语体系,从而彰显中国特色社会主义道路走出了一条新的文明道路。

新的社会主义文明类型的主要特征是中国特色社会主义开创性地将社会主义与市场经济有机结合。杨春学认为中国特色社会主义政治经济学的中心任务是要解决社会主义与市场经济的结合问题,社会主义市场经济与资本主义市场经济的实质差异是在制度的设计和安排上,根本问题是"国家的意志支配着资本,还是资本的意志支配着国家"。②杨春学认为社会主义与市场经济的关系转换成社会主义同资本的关系问题,也就是说马克思视域下的社会主义应该是不受资本支配的社会制度,所以社会主义市场经济能够利用资本为社会主义服务。

---

① 见于克拉斯·埃克隆德的《瑞典经济——现代混合经济的理论与实践》(北京经济学院出版社1989年版),作者将美国作为私有制和市场经济的典型例证,将南斯拉夫作为公有制和市场经济结合的典型例证,将德国的战时经济作为私有制和计划经济的典型例证,将苏联作为公有制和计划经济的典型例证,以此来说明,市场经济和计划经济无涉意识形态。

② 杨春学.社会主义政治经济学的"中国特色"问题[J].经济研究,2016(8).

社会主义与市场经济的结合是理论与实践的必然结果。张雪魁认为作为市场经济的三个最基本要素的货币、资本和私产,在改革开放的历程中被证明了与中国社会主义事业是密不可分的。因此,社会主义必然要与市场经济相结合。市场经济与社会主义在人的"自由全面发展"上有很多契合的地方,并且马克思主义具有开放性的特点,能够包容多样的社会主义实践,马克思的历史观也为社会主义与市场经济的结合提供了哲学基础。[①]因此,社会主义与市场经济的结合是社会主义实践的经验总结,并且符合马克思的人学观、实践观和历史观。也有学者从中国社会主义的实践出发,认为社会主义与市场经济的结合是一个理论不断渐进和发展的过程。[②]总之,持此观点的学者从社会主义的实践中找到了现实依据,并从马克思的经典著作中找到了理论依据,以此对现实进行解读,证明社会主义与市场经济的结合是理论与现实发展的必然结果。

社会主义与市场经济的结合是公有制与市场经济的结合。顾钰民认为社会主义与市场经济的结合是一种资源配置的手段与社会主义制度的结合,也是公有制与市场经济的结合,因此社会主义市场经济要按市场经济的要求来建设公有制企业,又要按照公有制的要求发展现代市场经济。[③]但是康超光等认为仅仅从理论上讨论公有制与市场经济是否兼容是不够的,公有制与市场的结合必须解决公有产权的"人格化"问题,否则公有制将成为一个模糊的概念,在市场行为中无法对公有财产承担责任。[④]社会主义与市场经济结合的关键是社会主义基本制度,即公有制与市场经济的结合,二者的结合不是简单地拼凑到一起,而是市场经济要反映出社会主义的特点和要求。[⑤]

社会主义与市场经济的结合是社会主义基本制度与市场经济的结合。周新城认为社会主义基本经济制度是公有制和按劳分配,市场经济的运行方式必须要反映出社会主义基本经济制度的特点和要求,"社会主义制度与市场经济在各自坚持自身的本质内容的同时,它们的具体实现形式必须做出适应对

[①] 张雪魁.市场经济与社会主义相结合的三个命题及其哲学基础——30年改革开放的经济哲学思考[J].社会科学研究,2009(3).
[②] 杨永志,李静静.试论社会主义与市场经济的结合——纪念邓小平"南方谈话"发表十周年[J].天津社会科学,2002(5).
[③] 顾钰民.社会主义与市场经济结合的再研究[J].学习与探索,2011(1).
[④] 康超光,程显煜,周治滨.社会主义与市场经济能够结合吗?[J].中共四川省委党校学报,2000(2).
[⑤] 辛程.把坚持社会主义基本制度同发展市场经济结合起来[J].思想理论教育导刊,2008(6).

方需要的调整"。①社会主义与市场经济结合的关键在于处理好市场与计划的关系、市场与公有制的关系。②

社会主义与市场经济的结合是过渡时期的方法。社会主义理论在生产力落后的俄国变成了现实,但俄国社会主义制度的建立并不能说明苏联已经跨越了"卡夫丁峡谷",苏联的实践证明,社会主义制度可以发挥其制度优越性,但无法说明,可以无视生产力水平直接建成社会主义社会。社会主义与市场经济的结合是历史发展的必然阶段。③也有学者认为社会主义与市场经济的结合说明了"卡夫丁峡谷"无法跨越,现实社会主义只是跨越卡夫丁制度的峡谷,所以社会主义与市场经济的结合是为了跨越"卡夫丁峡谷"的说法并不能成立。

中国特色社会主义道路在现实中证明了社会主义可以与市场经济结合。赛晓序认为,苏联教条式地理解马克思主义以及"特定的政治气候""理论与实践的负反馈"和方法论的片面性,导致社会主义始终没有与市场真正结合起来。邓小平根据中国社会主义的实践经验,提出在社会主义初级阶段,市场只是手段,最终解决了这一历史难题。④

社会主义与市场经济的结合是市场经济体制与社会主义政治制度的结合。市场经济只是发展生产力的手段,属于工具属性范畴,可以与社会主义基本制度结合,"市场经济体制是通过其对社会主义基本政治制度目标实现的推进作用来达到与社会主义基本政治制度的相容的"。⑤也有学者认为社会主义与市场经济的结合主要是中国社会主义受外部的影响而被动地同市场经济结合。⑥

总之,不应将社会主义与市场的结合理解为简单叠加,而需要从背景、理论渊源、实践经验来论述社会主义与市场经济结合的必然性。但是,一些国内

---

① 周新城.关于社会主义与市场经济相结合的若干思考[J].经济经纬,2007(3).
② 马理文.市场经济与社会主义的结合——马克思主义百年回眸之三(上)[J].马克思主义研究,2001(5).
③ 刘桂斌.跨越"卡夫丁峡谷"新的必经阶段的开拓——社会主义与市场经济结合的创举[J].湘潭大学社会科学学报,1999(4).
④ 赛晓序.社会主义与市场经济相结合:从理论禁区到现实实践[J].文史哲,2000(1).
⑤ 蔡冬梅.论市场经济体制与社会主义基本政治制度的结合[J].河南师范大学学报(哲学社会科学版),1999(4).
⑥ 张森林.社会主义同市场经济相结合发生于20世纪末期的原因[J].世界经济与政治,1998(9).

学者忽视了中国社会主义与市场经济结合的效果,没有从大的历史视野中考察中国发展道路的特殊性和复杂性,没有站在同西方理论平等对话的角度来审视中国道路。不容置疑的是,改革开放四十多年来,社会主义引入了市场机制,才取得如今的成就。但也不能忽视,市场机制与社会主义的结合带来了一些新的问题,如贫富差距拉大、环境污染严重。现实与理论的分离导致中国特色社会主义被一些人称为"权贵资本主义"或"中国特色资本主义"。如何总结经验回答新的历史问题,即实践与理论的正反馈,是当前理论界需要回答的一个新问题。

（四）关于中国特色社会主义政治经济学的研究

改革开放以来,马克思主义政治经济学的基本原理同中国社会主义实践结合形成的观点、主张、理念、思路等都是中国特色社会主义经济理论的基本元素。对这些基本元素进行全面系统的研究和总结,在此基础上提炼出有学理性的、具有普遍意义的新规律,就能构建起反映时代特征、体现中国特色、具有世界高度的中国特色社会主义政治经济学。

中国特色社会主义政治经济学应该进行整体性的研究。逄锦聚概括了中国特色社会主义政治经济学的来源、基本内容,认为处于社会主义初级阶段的经济规律,市场经济、社会化大生产和经济全球化条件下开放经济的一般规律,是指导中国经济建设和改革开放的根本理论。[1]颜鹏飞以马列经典文本为基础,认为中国特色社会主义政治经济学应该包括三个方面:一是中国改革开放以来的转轨型政治经济学体系;二是基于时代背景和形势,应努力打通中国特色社会主义和资本主义经济体系的内在关联;三是中国的经济制度和经济体制。[2]中国特色社会主义政治经济学的研究内容同西方的经济学有很大区别,同马克思的政治经济学也有所区别,中国特色社会主义政治经济学是在马克思主义政治经济学的基础上,结合中国社会主义革命、建设、改革的经验总结出来的理论。程恩富认为中国特色社会主义政治经济学应该遵循马克思主义政治经济学的一般原理。[3]蔡继明、靳卫萍认为中国特色社会主义政治经济学的基本原则是以马克思主义政治经济学基本原理为基础的,方法论上要坚

---

[1] 逄锦聚.中国特色社会主义政治经济学论纲[J].政治经济学论纲,2016(5).
[2] 颜鹏飞.马克思经学逻辑体系构筑学说与中国特色的政治经济学体系[J].福建论坛(人文社会科学版),2006(12).
[3] 程恩富.为马克思主义政治经济学创新发展贡献中国智慧[J].理论学习,2016(1).

持唯物辩证法和唯物史观。①

中国特色社会主义政治经济学的目的是要解决中国的现实性理论问题和实践问题。武力、肖翔认为中国特色社会主义政治经济学回答了三个问题：一是马克思主义的"五种社会形态"理论和研究范式的指导作用，二是中国特色社会主义从何而来，三是中国特色社会主义与资本主义到底是一种什么样的关系。②卫兴华认为中国特色社会主义政治经济学要解决的根本问题是为什么要搞社会主义，社会主义必须要重视三个方面的内容：一是快速发展生产力，二是实现共同富裕，三是建立和发展公有制经济。③邱海平认为中国特色社会主义政治经济学解决的是在新的历史背景下，究竟要不要走中国特色社会主义道路的问题。④中国特色社会主义政治经济学是解决中国问题的理论，以经典马克思主义为理论依据，以中国正在展开的历史即中华民族伟大复兴的历史进程为现实依据。

中国特色社会主义政治经济学理论应该来源于经典马克思主义理论。王立胜、郭冠清认为中国特色社会主义政治经济学的理论主要来自马克思与恩格斯的经典理论、苏联东欧社会主义建设经验、中国传统文化、西方经济学有益的理论和中国特色社会主义的实践经验。⑤杨承训认为中国特色社会主义政治经济学主要来自三方面：马克思与恩格斯的经典理论、毛泽东思想、苏联的经验教训。⑥

根据文献的梳理，可以看到，中国特色社会主义政治经济学主要来自马克思、恩格斯的经济理论以及社会主义的实践。一些国内学者将研究主要集中在苏联东欧经济改革实践历程和经验教训、中国社会主义市场经济发展历程总结等方面，但是，他们对中国特色社会主义政治经济学体系是否完备、理论逻辑是否缜密，如何同西方经济学理论形成对话并没有进行详细的论述。

---

① 蔡继明,靳卫萍.构建中国特色社会主义政治经济学的方法论原则[J].国家行政学院学报,2016(2).
② 武力,肖翔.建设中国特色社会主义政治经济学的历史维度思考:从马克思主义广义政治经济学视角的探讨[J].马克思主义研究,2016(7).
③ 卫兴华.中国特色社会主义政治经济学研究——为什么要搞社会主义,怎样搞好社会主义[J].河北经贸大学学报,2016(3).
④ 邱海平.中国特色社会主义政治经济学的重大现实价值[J].改革,2016(3).
⑤ 王立胜,郭冠清.论中国特色社会主义政治经济学理论来源[J].经济学动态,2016(5).
⑥ 杨承训.中国特色社会主义政治经济学的理论溯源和生成背景[J].毛泽东邓小平理论研究,2016(2).

（五）国外关于中国特色社会主义经济的研究综述

随着中国逐渐提升自身的世界影响力，国际话语权也越来越大，国外学者密集关注、深入研究中国特色社会主义这个课题，涌现出了大量的研究成果，比较著名的有基辛格的《论中国》、傅高义的《邓小平时代》、约翰·奈斯比特的《中国大趋势：新社会的八大支柱》等。国内专家的代表作有文晓明、杨建新的《国外马克思主义中国化研究概述》和郑云天的《国外中国特色社会主义研究评析》。这些学者在谈到中国问题的时候，必然少不了要讨论社会主义与市场经济结合的问题。

社会主义与市场经济结合的问题最初来源于20世纪初爆发的社会主义经济可行性论战。以米塞斯、哈耶克为首的奥地利学派认为社会主义的计划经济在现实中会遇到核算的难题，最终导致计划无法实现，因此社会主义就是"乌托邦"。以泰勒、兰格为首的古典学派认为社会主义经济是可行的，社会主义可以通过模拟的方式实现市场经济的核算功能，也就是社会主义在公有制的体系下可以实现资源的有效配置。这次论战让马克思主义学者认识到了社会主义的经济核算是必要的，也让社会主义和市场经济的结合具有理论上的可能性。20世纪80年代，"市场社会主义"的实验就是在尝试社会主义与市场结合如何变得可能，如科尔奈的"有宏观控制的市场协调"、布鲁斯的"含有控制市场机制的计划经济"、锡克的"以市场机制为基础的分配计划"、诺夫的"可行的社会主义"。他们都有一个显著的特点，表面上在探讨社会主义与市场经济的结合问题，实际上从非经济的角度来研究社会主义与市场经济的结合，以表达自己的政治诉求。①

大约60%的美国左翼学者将中国社会主义市场经济等同于资本主义市场经济。在他们看来，社会主义经济的特征是计划经济，社会主义与市场经济相冲突，无法兼容。部分观点认为中国的社会主义市场经济是向资本主义的过渡形态，市场的繁荣将产生推翻社会主义政权的力量，市场越成熟，社会主义的成分越少，最后市场支配国家；另一部分观点认为，中国特色社会主义市场经济已经是资本主义原始积累的阶段或国家资本主义阶段。②如日本学者大木一训在《如何评价中国经济发展和现阶段》一文中认为，中国当前处于的是"以

---

① 杨永志,杜弘韬.国外关于市场经济与社会主义结合的理论探索[J].毛泽东邓小平理论研究,2004(8).

② 徐觉哉.国外学者论中国特色社会主义[J].中国特色社会主义研究,2008(3).

垄断资本主义时代的国家资本主义作为杠杆来进行社会主义建设"①的阶段，中国社会主义市场经济是利用国家资本主义来建设社会主义。美国左翼学者J.劳勒认为社会主义市场经济是向社会主义高级阶段过渡的重要途径，是俄国新经济政策的中国版本。此外，关于中国特色社会主义市场经济的观点还有其他几种类型。

社会主义经济是具有共产主义过渡性质的经济形态。日本的社会主义学者不破哲三认为中国目前的发展特征类似于俄国从"战时共产主义"政策向新经济政策的转型，所以中国正进入一个类似新经济政策的阶段。这种将社会主义市场经济等同于新经济政策的观点，是将社会主义市场经济看作向共产主义过渡的经济形态。②

美国学者大卫·科茨认为政治经济学是理解当代社会的最好办法，在将近五十年的发展中，政治经济学在很多领域取得了很大的进展，主要表现在七个方面：运用数理方法对价值与剩余价值理论的分析和研究，资本主义劳动过程理论的新发展，经济危机理论的进一步发展，对少数民族及妇女的歧视理论，关于发达国家与发展中国家关系的理论，关于国际经济关系的理论，关于社会主义及共产主义的理论。③科茨认为马克思主义政治经济学可以解决一些中国发展过程中的现实性问题。

也有学者认为中国社会主义市场经济的性质属于社会主义，并有其特殊性。英国学者托尼·安德雷阿尼在《中国还是社会主义国家吗？》一文中认为中国目前社会主义市场经济的性质仍旧属于社会主义，主要原因有三点：一是中国目前还处于社会主义初级阶段；二是社会主义初级阶段的特点是国家和集体所有制在国民经济中占主导地位，公有制经济发挥着领导作用；三是中国政府的宏观调控能力很强。

澳大利亚学者利奥·刘在《中国与新自由主义的对抗：路径依赖、地理与党的自我改造》一文中指出中国的市场改革一直是渐进性的，中国没有类似苏联和东欧的市场代替中央计划以及将企业私有化的狂热改革，相反，市场和私有企业只是对计划和公有制的补充。在毛泽东之后，中国共产党已经采取了

---

① 张利军,郭敏.日本学者关于中国当前经济发展的几种代表性观点[J].国外理论动态,2005(4).
② 不破哲三.马克思主义与21世纪的世界[J].马克思主义研究,2006(9).
③ 大卫·科茨.马克思主义政治经济学与中国的持续崛起[J].国外社会科学,2016(5).

一种更加自由的方式来管理国家的经济,这与之前的理论存在着某些不一致。因此,中国共产党虽然维持了它作为执政党的权力,但它要继续保持这种权力就必须进行自我创新。到目前为止,它通过吸收那些在市场改革中获得权力的新社会阶层来重塑自己的政治基础,这是其作为执政党权力的关键性因素,也保证了中国的市场改革将继续背离标准的新自由主义模式。

美国普渡大学洪朝辉教授在《"中国特殊论"颠覆西方经典理论》一文中认为,"中国经济的特殊性在于中国特殊的政治制度、文化传统和社会结构之上的政治权力与经济资本杂交的混合经济",其受到"中国的孔孟文化、政党文化和商品文化的三重影响"。在这里,他认为中国的社会主义市场经济既不同于西方的市场经济,也不同于社会主义的计划经济,社会主义与资本主义市场经济的主要区别在于其政治制度、文化传统和社会结构的不同。

此外,科斯从制度经济学的视角,详细总结了从毛泽东开始的中国市场经济改革,认为中国的改革是从边缘地带开始、体制外推动体制内的变革。[1]因此,社会主义与市场经济的关系是一种被动结合的过程。傅高义通过大量的历史资料描述了邓小平的一生,把主要的注意力放到了改革开放后的这一阶段,以此来展现出中国改革开放的内在逻辑和思路,他将社会主义与市场的结合归结为邓小平的领导艺术以及共产党的自我修复能力和创新能力。[2]

综上所述,大多数的国外学者并没有摆脱社会主义与资本主义对立的观念,依然将市场经济作为资本主义的基本特征。在很多国外学者眼里,所谓的社会主义市场经济跟资本主义市场经济没有什么不同,他们在讨论中国的问题时,并不能深层次考察到中国社会的问题。一些国内学者讨论社会主义与市场经济的结合问题的特征是紧跟中央的政策走向,在此之前,学界讨论社会主义与市场经济问题的文章少之又少,在社会主义市场经济制度确立后,国内学者又主要将精力集中在从微观层面论证社会主义市场经济。因此,从历史观的角度来探讨社会主义与市场经济的关系问题成为必要。尤其是在新时代的背景下,如何从学理的角度厘清社会主义与市场经济的关系是摆在当前的理论问题。

---

[1] 罗纳德·哈里·科斯,王宁.变革中国——市场经济的中国之路[M].徐尧,李哲民,译.北京:中信出版社,2013.

[2] 傅高义.邓小平时代[M].冯克利,译.北京:生活·读书·新知三联书店,2013.

第一章 马克思、恩格斯经典作家的社会主义经济理论评析

社会主义和市场经济的兼容问题一直是思想理论界争论的重大问题。由于没有任何经典理论论述社会主义可以让商品经济发挥作用,因而在探讨社会主义市场经济等问题上一直存在着截然相反的论调:一派认为社会主义可以与市场经济兼容,中国改革开放取得的成果便是证明;另一派认为社会主义与市场经济不可以兼容,诸如"回到计划经济时代"等话语仍不时出现在各种网络媒体。因此,当代中国要想概括改革开放四十多年的基本经验,或者说构建起中国自己的话语体系,从理论上消除意识形态分歧,认可当下的理论创新,必须从马克思、恩格斯等经典作家那里获得理论支持。

第一节 马克思、恩格斯论述社会主义社会的实现形式

马克思、恩格斯在分析资本主义社会生产的内部矛盾基础上,提出社会主义必将取代资本主义的结论。马克思指出:"一切社会变迁和政治变革的终极原因,不应当到人们的头脑中,到人们对永恒的真理和正义的日益增进的认识中去寻找,而应当到生产方式和交换方式的变更中去寻找;不应当到有关时代的哲学中去寻找,而应当到有关时代的经济中去寻找。"[1]政治经济学是社会科学的基础学科,研究一个社会的性质必须要从政治经济学入手,因为政治经济学是研究社会发展规律的学科,[2]马克思的社会主义理论就是通过对资本主义政治经济学的研究而形成的理论,马克思、恩格斯考察资本主义的经济、生产、消费、分配、交换等各个方面,认为资本主义的生产必将产生消灭自身的力量。

---

[1] 中共中央马克思恩格斯列宁斯大林著作编译局.马克思恩格斯文集(第九卷)[M].北京:人民出版社,2009:284.

[2] 孙冶方.社会主义经济论稿[M].北京:中国大百科全书出版社,2009:424.

恩格斯曾经指出无产阶级政党的全部理论"来自对政治经济学的研究"[①]。马克思、恩格斯在批判资本主义的基础上提出了科学社会主义理论,分析方法是唯物史观和剩余价值学说,所以说,马克思、恩格斯只是在剖析资本主义社会的基础上来描绘未来社会的基本特征,并没有对未来社会进行详细的构建。

一、社会主义经济的基本特征

马克思、恩格斯经典作家认为社会主义终究要取代资本主义,这是不以人的意志为转移的社会发展规律。资本主义社会是"社会生产过程中的最后一个对抗形式",而未来社会是在资本主义的基础上才建立起来的,是扬弃资本主义生产方式的一种新的文明类型。马克思、恩格斯经典作家并没有像空想社会主义者那样教条式地预测未来,将未来社会当作不可触及的"乌托邦",而是"通过批判旧世界发现新世界"。[②]他们也并没有像空想社会主义那样对未来社会做主观臆断,而是在以往社会形态及演变过程的研究基础上(尤其是对资本主义社会经济形态的分析),对未来社会做出有限的描绘。那么未来社会是什么样的?马克思、恩格斯有一句很经典的话:"现代社会主义不过是这种实际冲突在思想上的反映,是它在头脑中,首先是在那个直接吃到它的苦头的阶级即工人阶级的头脑中的观念上的反应。"[③]马克思、恩格斯指出了社会主义得以实现的主要力量,并且揭示了社会主义产生的根源,即生产社会化同资产阶级私人占有之间的矛盾,这种矛盾达到一定程度将会使工人阶级觉醒,从而产生推翻资本主义的力量。

社会主义社会是一个"自由人联合体"的社会。马克思、恩格斯在《共产党宣言》中提出:"代替那存在着阶级和阶级对立的资产阶级旧社会的,将是这样一个联合体,在那里,每个人的自由发展是一切人的自由发展的条件。"[④]在未来社会,人与人的关系是平等的关系,人与人关系的缓和前提是生产力水平得

---

① 中共中央马克思恩格斯列宁斯大林著作编译局.马克思恩格斯选集(第二卷)[M].北京:人民出版社,2012:8.

② 中共中央马克思恩格斯列宁斯大林著作编译局.马克思恩格斯文集(第十卷)[M].北京:人民出版社,2009:7.

③ 中共中央马克思恩格斯列宁斯大林著作编译局.马克思恩格斯文集(第九卷)[M].北京:人民出版社,2009:285.

④ 中共中央马克思恩格斯列宁斯大林著作编译局.马克思恩格斯文集(第二卷)[M].北京:人民出版社,2009:53.

到极大的提高,不再受物质水平的制约。正如马克思所说:"共产主义是对私有财产即人的自我异化的积极的扬弃,因而是通过人并且为了人而对人的本质的真正的占有;因此,它是人向自身、也就是向社会即合乎人性的人的复归,这种复归是完全的复归,是自觉实现并在以往发展的全部财富的范围内实现的复归。这种共产主义……是人和自然界之间、人和人之间的矛盾的真正解决,是存在和本质、对象化和自我确证、自由和必然、个体和类之间的斗争的真正解决。"①可以看到,马克思、恩格斯将解决社会一切不平等问题寄托于共产主义社会,认为只有在共产主义社会中才能实现人与自然、人与人之间的和解。"现代的资产阶级私有制是建立在阶级对立上面、建立在一些人对另一些人的剥削上面的产品生产和占有的最后而又最完备的表现"②,资本主义社会是最后一个存在剥削的社会,同时,生产力在资本主义社会达到顶峰,最终实现资本主义的自我灭亡。因此,马克思认为未来社会要消灭私有制,③废除资本主义剥削关系的经济源头。因此,马克思、恩格斯经典作家认为未来社会的基本特征可以概括为:生产资料上的公有制、运行方式上的计划经济、分配方式上的按劳分配。

(一)对资本主义生产关系的深度分析

资本主义的生产关系是以生产资料私有制为基础的雇佣关系。在自然经济阶段,农民都拥有自己的生产资料——土地,这一阶段也存在简单的资本主义性质的经济活动,但这仅仅是土地之外的生产活动中的一种暂时性的补充形式。工业革命促进了生产力急速提升,打破了过去封建社会田园牧歌般的生活,雇佣关系成为整个社会的基本生产关系,封建主的随从被解散,农民被逐出自己的家园,失去了自己的土地,于是只能出卖自己的劳动力,大多数无产者成为工人。"资产阶级日甚一日地消灭生产资料、财产和人口的分散状态。它使人口密集起来,使生产资料集中起来,使财产聚集在少数人的手里"④,这个时

---

① 中共中央马克思恩格斯列宁斯大林著作编译局.马克思恩格斯文集(第一卷)[M].北京:人民出版社,2009:185.
② 中共中央马克思恩格斯列宁斯大林著作编译局.马克思恩格斯选集(第二卷)[M].北京:人民出版社,2012:45.
③ 中共中央马克思恩格斯列宁斯大林著作编译局.马克思恩格斯文集(第一卷)[M].北京:人民出版社,2009:45.
④ 中共中央马克思恩格斯列宁斯大林著作编译局.马克思恩格斯文集(第二卷)[M].北京:人民出版社,2009:36.

候,社会的两大阶级形成了对立的状态,"集中在资本家手中的生产资料和除了自己的劳动力以外一无所有的生产者彻底分裂了。社会化生产和资本主义占有之间的矛盾表现为无产阶级和资产阶级的对立"①,大工业不断产生了资产阶级的对抗性力量,把原来的生产关系分化成了资产阶级和无产阶级,使社会关系发生了彻底性变革,最终建立了以雇佣关系为基础的生产方式,致使资本主义制度最终被新的社会制度所替代。

马克思一方面肯定了资本主义对世界历史进程的贡献,资本主义不仅打破了"一切封建的、宗法的和田园诗歌般的关系",推动了世界文明的进步,极大地促进了物质文化的繁荣,"资产阶级在它的不到一百年的阶级统治中所创造的生产力,比过去一切世代创造的全部生产力还要多,还要大";②另一方面,马克思、恩格斯也分析了资本主义生产关系不平等、不公平的一面。恩格斯调查了英国19世纪早期的资本家和工人阶级的状况,在《英国工人阶级状况》一文中深刻地指出了工厂主为了获取工人的剩余价值,延长绝对剩余价值,增加劳动强度,对工人进行剥削和压迫,恩格斯说:"英国社会就是这样不停地一点一点地葬送了这些工人的生命,过早地把他们送进坟墓。"③整个19世纪的社会革命运动在一定程度上反映了当时资产阶级对无产阶级的过度剥削。马克思分析了劳动、商品的两重性,以及由商品的两重性所阐释的剩余价值理论,认为资本的积累就是剩余劳动的积累,雇佣工人的工资只不过是资本家掩盖了剥削工人剩余劳动的本质,所以,马克思认为"资本来到世间,从头到脚,每个毛孔都滴着血和肮脏的东西",④资本与生俱来具有趋利性,资本主义制度下的生产最终目的是追求利润,所以,资本的本质就是剥削,代表了不平等的社会关系。在以私有制为基础的资本主义生产关系中,生产者除了自己的劳动力之外一无所有,不占有生产资料和劳动产品,而资本家只需要通过占有生产资料就可以实现对生产者的占有,这就导致了生产的有组织性和整个社会生

---

① 中共中央马克思恩格斯列宁斯大林著作编译局.马克思恩格斯文集(第九卷)[M].北京:人民出版社,2009:288.
② 中共中央马克思恩格斯列宁斯大林著作编译局.马克思恩格斯选集(第一卷)[M].北京:人民出版社,2012:405.
③ 中共中央马克思恩格斯列宁斯大林著作编译局.马克思恩格斯文集(第一卷)[M].北京:人民出版社,2009:409.
④ 中共中央马克思恩格斯列宁斯大林著作编译局.马克思恩格斯选集(第二卷)[M].北京:人民出版社,2012:297.

产的无组织性之间的矛盾,资本主义生产是毫无出路的"恶性循环",①不断地在繁荣、危机、萧条、复苏之间周而复始地循环,这种恶性循环主要表现在一旦生产的利润过低或者无法产生利润,社会生产就会停止,从而导致"资本过剩""商品过剩""人口过剩",最终平衡的方法"只有通过一个或大或小的资本被闲置下来,甚至毁灭才能得到恢复",②即毁灭后的繁荣,导致的结果便是"生产资料的集中和劳动的社会化,达到了同它们的资本主义外壳不能相容的地步。这个外壳就要炸毁了。资本主义私有制的丧钟就要响了"。③资本主义社会产生了瓦解自身的力量,"资本主义生产由于自然过程的必然性,造成了对自身的否定",④这种瓦解自身的力量就是资本主义社会生产下的无产阶级,无产阶级通过革命实现对资本主义社会的改造。经济危机暴露出来的资本主义制度的内在矛盾,引起了人们对资本主义制度的怀疑,列宁在评价马克思的共产主义理论时说:"马克思的这些解释的伟大意义,就在于他在这里也彻底地运用了唯物主义辩证法,即发展学说,把共产主义看成是从资本主义中发展出来的。"⑤马克思、恩格斯经典作家认为资本主义必然灭亡,社会主义必将胜利,社会主义是资本主义社会基本矛盾的最终解决,马克思认为这种社会主义理念"还隐藏在不发达的经济关系中,所以只能从头脑中产生出来",但是这些对社会主义制度的设计"越是制定得详尽周密,就越是要陷入纯粹的幻想"⑥,所以马克思认为社会形态的变化不以人的意志力为转移,仅能在资本主义社会的深入剖析的基础上,为未来社会提供现实依据,待到生产力水平达到一定程度,社会主义才能从理论变成现实。

(二)以社会的名义占有生产资料

生产资料公有制是消灭资本主义生产关系的形式和手段。⑦任何一个新的

---

① 罗郁聪,苏振富.《反杜林论》研究[M].济南:山东人民出版社,1990:363.
② 余斌.马克思恩格斯关于资本主义的基本思想及其当代意义[J].马克思主义研究,2011(1).
③ 中共中央马克思恩格斯列宁斯大林著作编译局.马克思恩格斯选集(第二卷)[M].北京:人民出版社,2012:299.
④ 中共中央马克思恩格斯列宁斯大林著作编译局.马克思恩格斯选集(第二卷)[M].北京:人民出版社,2012:300.
⑤ 中共中央马克思恩格斯列宁斯大林著作编译局.列宁全集(第三十一卷)[M].北京:人民出版社,1985:94.
⑥ 中共中央马克思恩格斯列宁斯大林著作编译局.马克思恩格斯文集(第三卷)[M].北京:人民出版社,2009:528-529.
⑦ 马健行.二十世纪社会主义经济思想史[M].北京:中共中央党校出版社,2003:28.

社会形态的出现都是为了解决旧社会形态所存在的问题,正因为对资本主义社会内部矛盾的正确把握,未来社会才有了理论上的可能。马克思分析资本主义的政治、经济、文化等因素,认为资本主义内在危机的根本原因是生产资料私有制,因此,马克思、恩格斯认为未来社会要消灭私有制,实现生产资料公有制。马克思总结了人类社会历史的演进规律,认为生产社会化和资本主义生产资料占有之间的矛盾必然导致资本主义生产资料私有制被公有制所取代,因为资本家总是想方设法提高生产效率,用机器代替雇佣工人,通过机器来压低工人的工资,使劳动力的价格被压榨到仅能够维持自己生命的境地,资本主义制度导致的最终结果就是富者愈富,穷者愈穷;同时,资本主义生产的无序发展、资本主义生产方式正在培养自己的掘墓人,即"剥夺者被剥夺"。①资本主义产生经济危机的本质原因是社会化生产和资本主义占有之间的矛盾,现实中表现的是无产阶级和资产阶级的对立。资本主义的经济危机意味着资本主义的上层建筑无法驾驭一定程度的生产力,社会的无序生产促进了资本主义生产关系的自我瓦解。马克思把资本主义以及过去人类历史存在的一切压迫问题都归结于生产资料所有制的问题,社会主义与以往的历史形态所不同的地方在于,社会主义废除了一切不平等根源,即生产资料私有制。马克思认为,"生产者只有在占有生产资料之后才能获得自由""废除私有制甚至是工业发展所必然引起的改造整个社会制度的最简明扼要的说法""只有无产阶级掌握政权并消灭生产资料私有制,才能使人类免于毁灭"。②由此可见,经典作家认为社会主义取代资本主义的重要特征是公有制取代私有制,经济制度是以所有制为基础的生产关系的总和,社会主义与资本主义的基本区别就在于所有制的区别。③

马克思从三个层面来论述社会主义制度优于资本主义制度。一是从唯物史观的层面,马克思认为只有消灭生产资料私有制,"只是从这时起,人们才完全自觉地自己创造自己的历史;只是从这时起,由人们使之起作用的社会原因才在主要的方面和日益增长的程度上达到他们所预期的结果"。二是从生产

---

① 中共中央马克思恩格斯列宁斯大林著作编译局.马克思恩格斯文集(第五卷)[M].北京:人民出版社,2009:874.
② 中共中央马克思恩格斯列宁斯大林著作编译局.列宁选集(第二卷)[M].北京:人民出版社,1995.
③ 张兴祥,洪永淼.关于社会主义的概念、特征及理论演进——从马克思、恩格斯到列宁[J].中国经济问题,2018(1).

力发展角度,"生产资料由社会占有,不仅会消除生产的现存的人为障碍,而且还会消除生产力和产品的有形的浪费和破坏"。①三是从人的发展角度,"通过社会化生产,不仅可能保证一切社会成员有富足的和一天比一天充裕的物质生活,而且还可能保证他们的体力和智力获得充分的自由的发展和运用"②。马克思、恩格斯所描述的未来社会具备的基本特征就是消灭生产资料的私有制,结束商品拜物教对人的统治,实现劳动与劳动对象的统一。

应当注意的是,国内外很多的学者在讨论社会主义初期的实践时,普遍把马克思、恩格斯笔下的"公有制"当作国家对生产资料的直接管理和支配。马克思、恩格斯对公有制以及社会主义的认识是不断发展的,早期和晚期发生了重大转变。《共产党宣言》中马克思、恩格斯认为"把一切生产工具集中在国家即组织成为统治阶级的无产阶级手里,并且尽可能快地增加生产力的总量",③这导致很多学者认为生产资料的所有权和管理权都应由国家掌握。但是,在马克思晚期的思想中,他对公有制的认识发生了变化,"有一种趋势,就是使管理劳动作为一种职能同自有资本或借入资本的所有权相分离",也就是说生产资料以后可以由职业经理人来管理经营,国家仅仅拥有所有权,不仅如此,马克思还尝试用股份制和合作经营的方法设计未来社会的经济形式。在20世纪的世界社会主义运动中,社会主义进入了全面的实践阶段,出现了很多的公有制形式,如全民所有制、国家所有制、集体所有制和合作社的形式等。

(三)有计划的自觉的生产

基于资本主义生产的无政府状态的现状,马克思、恩格斯认为未来社会的生产是"有计划的自觉的生产"。"社会生产内部的无政府状态将为有计划的自觉的组织所代替。个体生存斗争停止了。于是,人在一定意义上才最终地脱离了动物界,从动物的生存条件进入真正人的生存条件。"④马克思旨在说

---

① 中共中央马克思恩格斯列宁斯大林著作编译局.马克思恩格斯文集(第三卷)[M].北京:人民出版社,2009:563.
② 中共中央马克思恩格斯列宁斯大林著作编译局.马克思恩格斯文集(第三卷)[M].北京:人民出版社,2009:563-564.
③ 中共中央马克思恩格斯列宁斯大林著作编译局.马克思恩格斯选集(第二卷)[M].北京:人民出版社,2012:421.
④ 中共中央马克思恩格斯列宁斯大林著作编译局.马克思恩格斯文集(第九卷)[M].北京:人民出版社,2009:300.

明,首先,只有生产力有了极大的发展,能够满足人民的物质文化需求,人不再受物的支配和统治,社会才能进行有计划的生产,生产力是"计划生产"的前提;其次,"计划生产"是大工业的结果,"大工业使建立一个全新的社会组织成为绝对必要的,在这个全新的社会组织里,工业生产将不是由相互竞争的单个的厂主来领导,而是由整个社会按照确定的计划和所有人的需要来领导",[①]社会主义不是马克思、恩格斯凭空杜撰的,而是社会生产力发展到一定程度的必然产物。

当然,在经典作家的理论体系中,他们并没有用"计划经济"一词来形容社会主义的经济形式,计划经济一词最早源自列宁笔下,他在《土地问题和争取自由的斗争》一文中第一次提出了"计划经济"。"计划生产"在马克思、恩格斯的理论体系里是作为商品经济对立物的概念。恩格斯认为"一旦社会占有了生产资料,商品生产就将被消除"。在"计划生产"中,"必须知道每一种消费品的生产需要多少劳动。它必须按照生产资料,其中特别是劳动力,来安排生产计划",而且"在人人都必须劳动的条件下,人人也都将同等地、愈益丰富地得到生活资料、享受资料、发展和表现一切体力和智力所需的资料"[②],这些资料都将同等地交给社会全体成员支配,到了那个时候,一切个人的劳动都会变成社会劳动,一切个人的利益都是集体利益。此时,也就不会有剥削和压迫现象存在的空间。生产力到了一定程度,在能够满足每个人的物质文化需求的前提下,社会通过计划生产消除资本主义生产的无政府状态。

资本主义萌芽阶段,理论界强调市场的自由性,马克思提出了针对私有制和市场的方法——公有制+计划。但是,科技在进步,时代在不断发展,工业产品日新月异,马克思、恩格斯囿于所处时代生产力水平,无法看到未来社会经济的复杂性,国家不可能搜集到足够准确的信息来制订统一的生产计划,他们低估了政府制订计划的困难。

(四)按劳分配

马克思在《哥达纲领批判》中指出:"随着个人的全面发展,他们的生产力也增长起来,而集体财富的一切源泉都充分涌流之后……社会主义才能在自

---

① 中共中央马克思恩格斯列宁斯大林著作编译局.马克思恩格斯文集(第一卷)[M].北京:人民出版社,2009:682-683.

② 中共中央马克思恩格斯列宁斯大林著作编译局.马克思恩格斯文集(第一卷)[M].北京:人民出版社,2009:710.

己的旗帜上写着:各尽其能,按需分配!"①马克思认为未来社会的分配方式是按需分配。同时,马克思也提出了资本主义和共产主义中间应该有一个过渡时期,这个过渡时期便是社会主义社会,这一阶段还保留着很多资本主义的东西,还带有很多资本主义的痕迹。过渡时期,社会尚存脑力劳动和体力劳动,无法达到共产主义的理想状态,因此,在分配形式上,也存在一个过渡的过程,即按劳分配。按劳分配最早由法国空想社会主义的圣西门提出,他认为劳动产品应该按照才能和贡献分配。社会主义思想家主张分配公平,具体如何分配,众说纷纭,有绝对平均主义、按生产要素分配等。马克思在分配方式上提出"每一个生产者,在作了各项扣除以后,从社会领回的,正好是他给予社会的。他给予社会的,就是他个人的劳动量"②,除此之外,要扣除"用来补偿消耗掉的生产资料部分;用来扩大生产的追加部分;用来应付不幸事故、自然灾害等的后备基金或保险基金"③,也要扣除"同生产没有直接关系的一般管理费用""用来满足共同需要的部分""为丧失劳动能力的人等等设立的基金",④做了这些扣除之后,生产者的劳动量的付出就等于社会给予他的量。

按劳分配在社会主义实践过程中一度被理解成平均主义,导致社会主义实践陷入危机。在马克思、恩格斯的设想里,并没有将按劳分配当作社会主义一成不变的内容,他们在分配方式上的观点非常谨慎,很少论及分配。马克思晚年提出:"分配方式本质上毕竟要取决于有多少产品可供分配,而这当然随着生产和社会组织的进步而改变,从而分配方式也应当改变。"⑤可见,社会主义的分配方式并不是一成不变的,而是要随着生产力水平以及社会环境变化而不断地调整分配方式,要体现出社会主义优越性的一面。

由此可知,马克思对资本主义经济的分析、对未来社会的设想是对资本主义危机的最终解决。在实践上,社会主义是什么的问题关涉着如何建设社会

---

① 中共中央马克思恩格斯列宁斯大林著作编译局.马克思恩格斯文集(第三卷)[M].北京:人民出版社,2009:436.
② 中共中央马克思恩格斯列宁斯大林著作编译局.马克思恩格斯文集(第三卷)[M].北京:人民出版社,2009:434.
③ 中共中央马克思恩格斯列宁斯大林著作编译局.马克思恩格斯文集(第三卷)[M].北京:人民出版社,2009:432.
④ 中共中央马克思恩格斯列宁斯大林著作编译局.马克思恩格斯文集(第三卷)[M].北京:人民出版社,2009:433.
⑤ 中共中央马克思恩格斯列宁斯大林著作编译局.马克思恩格斯文集(第十卷)[M].北京:人民出版社,2009:586.

主义的问题,学界一直存在着很长时间的争论,学者从生产力、分配方式、所有制等角度来论述社会主义的基本特征,众说纷纭。苏联及中国的社会主义实践证明,生产关系必须要适应生产力发展水平,超越生产力阶段的生产关系只会束缚生产力的发展,在社会生产力还没有达到马克思所设想的那个"极大发展"的程度,"本本主义"的社会主义实践只能走向失败,社会主义建设方式可以多样,但是核心理念不能变。

二、马克思关于社会形态可"跨越"的探索

马克思对社会形态的更迭做了经典的概括:"无论哪一个社会形态,在它所能容纳的全部生产力发挥出来以前,是决不会灭亡的;而新的更高的生产关系,在它的物质存在条件在旧社会的胞胎里成熟以前,是决不会出现的。"①马克思、恩格斯将人类社会形态的发展当作一种自然史,这种自然史是不以人的意志为转移的,它必须由生产力的发展水平来决定,所以超越资本主义的社会主义的生产力要比之前的社会形态更加发达。马克思将计划经济和公有制作为解决生产社会化和生产无政府之间的矛盾的方法,社会主义与资本主义的对立演化为计划经济与市场经济、公有制与私有制的对立,但是现实社会主义是在生产力落后的俄国实现的,脱离了经典理论的规定。如何在经典理论中寻找落后的东方国家建设社会主义的方法,是一道在理论和实践上都需要进行经典阐释和理论构建的难题。

(一)马克思对东方社会的考察

马克思分析西欧的历史,提出了人类社会演进的五大形态:原始氏族社会、古代奴隶社会、中世纪农奴制社会、近代雇佣劳动制社会、未来共产主义社会。马克思分析的是欧洲的样本,大体只能说明欧洲地区的社会历史演进规律,并不能将此现象归纳为人类社会的一般规律。因此,马克思后期着重分析了东方社会以及俄国的农村公社,他认为不排除在生产力落后的国家进行社会主义革命的可能。

马克思对东方问题感兴趣的直接起因源于不列颠议会关于续发东印度公司特许状的辩论,他在给恩格斯的信中,谈到了关于东方国家土地所有制的情

---

① 中共中央马克思恩格斯列宁斯大林著作编译局.马克思恩格斯选集(第二卷)[M].北京:人民出版社,2012:3.

况:"贝尔尼埃正确地看到,东方(他指的是土耳其、波斯、印度斯坦)一切现象的基础是不存在土地私有制。这甚至是了解东方天国的一把真正的钥匙……"①马克思对东方社会土地制度的论断,构成了他对东方社会性质理解的核心内容。恩格斯十分赞成马克思的这一判断,他对东方不存在土地私有制的自然史基础做了进一步的分析:"不存在土地私有制,的确是了解整个东方的一把钥匙。这是东方全部政治史和宗教史的基础。但是东方各民族为什么没有达到土地私有制,甚至没有达到封建的土地所有制呢?我认为,这主要是由于气候和土壤的性质,特别是由于大沙漠地带,这个地带从撒哈拉起横贯阿拉伯、波斯、印度和鞑靼直到亚洲高原的最高地区。在这里,农业的第一个条件是人工灌溉,而这是村社、省或中央政府的事。"②东方国家的土地所有权、使用权和占有权的分离,造成了东方国家独特的现象,使东方社会历史的发展脉络不同于西方社会,土地公有制、集权政府以及农村公社构成了东方社会生产方式的显著特征。由于东方社会独特的历史进程,马克思、恩格斯认为不能机械地用"五大形态"的历史进程来解释东方社会,他们认为东方社会应该有自己的发展道路。对东方社会的深入研究,体现了马克思分析问题的多样性,他将资本主义起源的历史必然性明确限定在西欧地区,③同时反对超越一般的历史哲学,主张具体问题具体分析的方法。

(二)跨越资本主义制度的"卡夫丁峡谷"的设想

东方国家的特殊性,引发了社会形态是否可以跨越的争论。俄国长期保存了宗法式的农村公社,比西欧更容易实现变革,实现跨越社会形态。俄国思想家车尔尼雪夫、查苏利奇等对这个问题做了深入的研究。其中查苏利奇同马克思以书信的形式探讨了俄国问题,④提出了著名的跨越资本主义制度的

---

① 中共中央马克思恩格斯列宁斯大林著作编译局.马克思恩格斯文集(第十卷)[M].北京:人民出版社,2009:112.
② 中共中央马克思恩格斯列宁斯大林著作编译局.马克思恩格斯文集(第十卷)[M].北京:人民出版社,2009:113.
③ 中共中央马克思恩格斯列宁斯大林著作编译局.马克思恩格斯文集(第三卷)[M].北京:人民出版社,2009:570.
④ 孙来斌在《跨越资本主义"卡夫丁峡谷"20 年研究述评》(《当代世界与社会主义》2004 年第 2 期)中梳理了学界对"卡夫丁峡谷"的讨论,有一种观点认为"跨越"思想只是马克思思想酝酿过程中的理论假设,并不是马克思、恩格斯的正式主张,一是因为马克思在给查苏利奇的复信草稿中有"俄国可以不通过资本主义制度的卡夫丁峡谷"的表述,在正式的信中并没有这样的说法;二是因为恩格斯明确反对俄国有"跨越"发展的可能。

"卡夫丁峡谷"的设想。

在此之前,马克思在对俄国民粹派思想家 H.K.米海洛夫斯基的回应中,最早讨论了俄国问题。对于米海洛夫斯基提出的俄国必然要摧毁农村公社,走资本主义道路,马克思认为:"如果俄国继续走它在 1861 年所开始走的道路,那它将会失去当时历史所能提供给一个民族的最好的机会,而遭受资本主义制度所带来的一切灾难性的波折。"①俄国不需要经历资本主义的灾难,而具有直接走上社会主义道路的可能,但俄国将向什么方向发展,走什么道路,取决于具体的历史环境和条件,具有不确定性。马克思分析了俄国公社的现状,认为"公社是俄国社会新生的因素和一种优于其他还处于资本主义制度奴役下的国家的因素",以及"俄国公社不仅和资本主义是同时存在的东西,而且经历了这种社会制度尚未受触动的时期而幸存下来"。因此,这是俄国的历史机遇,是独特的发展历程,可以"直接地、逐步地把小地块个体耕作转化为集体耕作,并且俄国农民已经在没有进行分配的草地上实行着集体耕作"。此外,俄国的农村公社和"控制着世界市场的西方生产同时存在,就使俄国可以不通过资本主义制度的卡夫丁峡谷,而把资本主义制度所创造的一切积极的成果用到公社中来",②马克思认为生产力落后的俄国要想跨越卡夫丁制度的峡谷的前提是充分吸收西方发达资本主义国家的先进技术,加快生产力的发展。俄国的农村公社"成为现代社会所趋向的那种经济制度的直接出发点,不必自杀就可以获得新的生命"③,马克思认为俄国所具有的特殊环境,可以利用发达资本主义国家的技术和管理方式,不需要像西欧资本主义国家那样经过漫长的资本主义的发展,快速实现共产主义目标的经济基础,俄国的生产方式中有天然的社会主义成分。恩格斯在 1882 年的《共产党宣言〈序言〉》中认为:"俄国革命将成为西方无产阶级革命的信号而双方互相补充的话,那么现今的俄国土地公有制便能成为共产主义发展的起点。"④因此,跨越资本主义制度的"卡

---

① 中共中央马克思恩格斯列宁斯大林著作编译局.马克思恩格斯文集(第三卷)[M].北京:人民出版社,2009:464.
② 中共中央马克思恩格斯列宁斯大林著作编译局.马克思恩格斯文集(第三卷)[M].北京:人民出版社,2009:575.
③ 中共中央马克思恩格斯列宁斯大林著作编译局.马克思恩格斯文集(第三卷)[M].北京:人民出版社,2009:580.
④ 中共中央马克思恩格斯列宁斯大林著作编译局.马克思恩格斯文集(第三卷)[M].北京:人民出版社,2009:8.

夫丁峡谷"需要两个条件：一是能够吸取西方先进的生产力，二是西方先一步进行了无产阶级革命。恩格斯认为，社会主义革命只能从西方的发达国家开始，这是东方落后国家可以跨越资本主义制度的"卡夫丁峡谷"的前提。社会形态的演进是一个自然史的过程，必须以生产力的发展为基础，但马克思认为不排除特殊的情况，落后国家在一定条件下可以缩短发展的历程，"当西欧各国人民的无产阶级取得胜利和生产资料转归公有之后，那些刚刚进入资本主义生产而仍然保全了氏族制度或氏族制度残余的国家，可以利用公有制的残余和与之相适应的人民风尚作为强大的手段，来大大缩短自己向社会主义社会发展的过程，并避免我们在西欧开辟道路时所不得不经历的大部分苦难和斗争"。[1]生产力是世界历史发展的普遍规律，也不能忽视其特殊性和多样性，东方国家和西欧历史发展的不同，导致东方国家和西欧发达资本主义国家步入社会主义社会的方式不一样，多样性与普遍性的辩证结合，是世界历史的一般规律。

（三）对跨越"卡夫丁峡谷"的理论评析

"卡夫丁峡谷"是马克思晚年提出的一个重要理论。经典马克思主义认为社会主义建立在高度发达的生产力基础上，但是现实社会主义建立在生产力落后的国家，大多数理论家将"卡夫丁峡谷"理论当作落后国家可以建设社会主义的理论依据。目前，对"卡夫丁峡谷"有三种观点：第一种观点认为落后国家可以跨越"卡夫丁峡谷"，马克思提出跨越资本主义"卡夫丁峡谷"，是他在俄国社会发展问题研究、人类学研究、历史学研究的基础上形成的结论，[2]俄国和中国的社会形式与马克思笔下的东方国家非常相似，村屯、土地公有制和专制政治印证了这是马克思笔下的亚细亚的生产方式，因此，俄国和中国可以不通过资本主义阶段而取得社会主义的胜利。[3]第二种观点认为落后国家无法实现"卡夫丁峡谷"的跨越，现实社会主义在实践中的困境证明了不经过资本主义的发展，生产力不发达的社会主义无法彰显社会主义的优越性。第三种观点认为中国的社会主义道路与"卡夫丁峡谷"的理论无关，中国早期的革命家大

---

[1] 中共中央马克思恩格斯列宁斯大林著作编译局.马克思恩格斯文集（第四卷）[M].北京：人民出版社，2009：459.
[2] 张凌云.怎样合理理解马克思的跨越资本主义"卡夫丁峡谷"理论——与许明先生商榷[J].探索与争鸣，2014（2）.
[3] 张奎良.马克思东方社会理论的再反思[J].求是学刊，2014（5）.

多并不知道马克思的"跨越说",也没读过《资本论》,只是根据中国的现实与实践探索出了中国自己的道路,中国所走过的弯路,恰恰是"本本主义"盛行的时期,因此,中国的现实无法用马克思的"卡夫丁峡谷"理论来解释,中国共产党人根据中国的实际走出了一条中国气派、中国经验、中国特点的道路。①

马克思提出"卡夫丁峡谷"理论,并不指代社会形态可以实现跨越。实际上,马克思指代的是跨越资本主义制度的"卡夫丁峡谷",资本主义制度与资本主义社会形态有很大区别,资本主义制度仅仅是资本主义上层建筑的一部分,指的是资产阶级法权的剥削制度。归根结底,马克思提出跨越资本主义"卡夫丁峡谷"是指落后的国家可以避免资本主义原始积累的野蛮剥削阶段。

第二节 马克思三大社会形态理论中第二形态与市场经济的关系

马克思根据生产关系和经济基础之间的关系提出了"五大社会形态"理论,即人类社会必须经历原始社会、奴隶社会、封建社会、资本主义社会、共产主义社会五个不同的社会阶段。他根据生产力水平提出了三大社会形态:"人的依赖关系(起初完全是自然发生的),是最初的社会形式,在这种形式下,人的生产能力只是在狭小的范围内和孤立的地点上发展着。以物的依赖性为基础的人的独立性,是第二大形式,在这种形式下,才形成普遍的社会物质变换、全面的关系、多方面的需要以及全面的能力的体系。建立在个人全面发展和他们共同的、社会的生产能力成为从属于他们的社会财富这一基础上的自由个性,是第三个阶段。"②马克思把资本主义作为一种特殊的形态,同前资本主义、后资本主义做比较研究,从物质层面概括社会历史的发展,即"人的依赖性""物的依赖性""个人全面发展"三个层面:按照经济形式划分就是自然经济、商品经济、产品经济三种经济形态,按照生产力发展程度划分就是落后、比较发达、高度发达三个阶段,按照生产关系的性质划分就是原始公有制、私有制、公有制三种所有制形式,按照运行特征划分就是部落协调、市场调节、计划调节三种方式。总之,根据生产力的发展程度,人类社会表现出不一样的社会

---

① 许明.走出卡夫丁峡谷——论当代意识形态建设的三个历史维度[J].探索与争鸣,2013(12).
② 中共中央马克思恩格斯列宁斯大林著作编译局.马克思恩格斯文集(第八卷)[M].北京:人民出版社,2009:52.

关系和时代特征。

一、经济的社会形态是一种自然史

马克思参考了地质学的名词,用"形态"来形容人类社会历史的各个阶段,"形态"在地质学中表示地壳在历史中先后形成的不同岩层,马克思用社会形态来概括社会的历史进程,认为人类的历史进程与自然科学一样,具有不依赖人的主观认识而存在的特征。马克思认为:"人们在自己生活的社会生产中发生一定的、必然的、不以他们的意志为转移的关系,即同他们的物质生产力的一定发展阶段相适合的生产关系。这些生产关系的总和构成社会的经济结构,即有法律的和政治的上层建筑竖立其上并有一定的社会意识形式与之相适应的现实基础。物质生活的生产方式制约着整个社会生活、政治生活和精神生活的过程。"①根据各种社会形态的更迭过程,马克思做了经典的概括:"无论哪一个社会形态,在它所能容纳的全部生产力发挥以前,是决不会灭亡的;而新的更高的生产关系,在它的物质存在条件在旧社会的胞胎里成熟以前,是决不会出现的。"②社会形态的更迭只同生产力的发展程度有关,生产力决定生产关系,经济基础决定上层建筑。不过,马克思也认为虽然无法跨过生产力的发展阶段,实现社会形态的跨越,但在现实社会中,社会形态的演变具有多样性,即会缩短社会形态的演变过程,"一个社会即使探索到了本身运动的自然规律……它还是既不能跳过也不能用法令取消自然的发展阶段。但是它能缩短和减轻分娩的痛苦"③。无疑,社会形态的变化不以人的意志力而变化,但是后发国家可以吸收发达国家的先进技术和管理水平,加快社会形态的自然过渡。马克思认为:"工业较发达的国家向工业较不发达的国家所显示的,只是后者未来的景象。"④社会形态并不能抛开生产力的发展阶段,实现跨越形态的发展,但可以学习发达国家的技术以加快生产力的发展,在这种过程中,可以

---

① 中共中央马克思恩格斯列宁斯大林著作编译局.马克思恩格斯文集(第二卷)[M].北京:人民出版社,2009:591.
② 中共中央马克思恩格斯列宁斯大林著作编译局.马克思恩格斯文集(第二卷)[M].北京:人民出版社,2009:592.
③ 中共中央马克思恩格斯列宁斯大林著作编译局.马克思恩格斯文集(第五卷)[M].北京:人民出版社,2009:9-10.
④ 中共中央马克思恩格斯列宁斯大林著作编译局.马克思恩格斯文集(第五卷)[M].北京:人民出版社,2009:8.

避免先进的社会形态所经历的阵痛和曲折的过程,这样,就可以缩短社会形态更迭的时间。

二、商品经济是人类社会形态发展的第二阶段

马克思的经典著作里没有谈到社会主义与市场经济可以结合的理论依据。市场经济是商品经济的高级阶段,"以货币为纽带连接的商品生产和商品交换的总称可以叫商品经济,商品经济的发达形式或商品生产的普遍化形式可以叫市场经济"。[①]过去奴隶社会、封建社会都有商品交换和商品生产,前资本主义时期是不发达的商品经济,发达的商品生产和商品交换可以称作市场经济。因此,一种社会形态可以存在多种经济关系,但只有主要的经济关系才能决定社会形态的类型。

马克思以"物的依赖性"为社会形态的第二阶段。马克思指出:"在商品生产者的社会里,一般的社会生产关系是这样的:生产者把他们的产品当做商品,从而当做价值来对待,而且通过这种物的形式,把他们的私人劳动当做等同的人类劳动来互相发生关系。"[②]在商品社会,个人劳动通过交换才能成为社会劳动,人与人的关系取决于生产资料所有制,是外化的社会关系。"这些关系是不以个人为转移而存在的。活动和产品的普遍交换已成为每一单个人的生存条件;这种普遍交换,他们的相互联系,表现为对他们本身来说是异己的、独立的东西,表现为一种物。在交换价值上,人的社会关系转化为物的社会关系,人的能力转化为物的能力"[③],资本主义的生产主要是为了交换,劳动不再是作为人的本质而存在,而是为了获得必要的生存资料,这就是人的"异化"现象。资本主义社会的"异化"现象跟生产关系有关,在资本主义制度下,工人的劳动力是商品,资本家以工资的形式来购买工人的劳动,所以工人的劳动属于资本家,工人生产出的劳动产品不属于工人自身,而属于资本家。劳动和劳动产品在资本主义法权下的"合法外衣"叫作"资本"。资本家不劳动,但是可以依靠剥削工人劳动而更好地生活,"私有财产一方面是外化劳动的产物,另一

---

① 李旭章.中国特色社会主义政治经济学研究[M].北京:人民出版社,2016:40.
② 中共中央马克思恩格斯列宁斯大林著作编译局.马克思恩格斯文集(第五卷)[M].北京:人民出版社,2009:97.
③ 中共中央马克思恩格斯列宁斯大林著作编译局.马克思恩格斯全集(第三十卷)[M].北京:人民出版社,1995:107.

方面又是劳动借以外化的手段,是这一外化的实现"。①所以马克思认为只有消灭了资本主义的基础——私有制,才能够铲除"异化"现象,人才能够作为人的本质而存在。

马克思认为"三形态"是人类社会发展的一般规律,前一阶段必然是后一阶段的必要条件。必须要经过"物的依赖性"阶段的充分发展才能进入第三阶段,如果不经过第二阶段发展来为无产阶级创造所必需的物质条件,那么,所有尝试进入第三阶段的做法都是"唐·吉诃德的荒唐行为",马克思认为"全面发展的个人——他们的社会关系作为自己的共同的关系,也是服从于他们自己的共同的控制的——不是自然的产物,而是历史的产物。要使这种个性成为可能,能力的发展就要达到一定的程度和全面性,这正是以建立在交换价值基础上的生产为前提的,这种生产才在产生出个人同自己和同别人相异化的普遍性的同时,也产生出个人关系和个人能力的普遍性和全面性"②。如果说人类社会发展的第一阶段的自然经济生产力只能够满足自己的需要,那么第二阶段不仅可以通过交换来满足多样性的需要,还可以创造物质文化的多样性,马克思说:"以提高和发展生产力为基础来生产剩余价值,要求生产出新的消费。"要做到这一点,可以实现三个方面的突破:第一,"在量上扩大现有的消费",消费和生产力是成正比的,但是消费的增多也可以促进生产力的发展;第二,"要求把现有的消费推广到更广的范围来造成新的需要",这就是世界市场的开拓;第三,"要求生产出新的需要,发现和创造出新的使用价值",这样可以使分工越来越细化,商品经济越来越多样化,人的多样化满足也是"自由而全面发展"的特征之一。所以说,人类社会的发展必须要经过市场经济的发展来为实现"全面发展""人的解放"提供物质准备。第二阶段的充分发展才能使第三阶段成为可能,而第二阶段的发展本身蕴含着第三阶段的必然,这种可能与必然的辩证关系,是正确认识马克思社会形态的方法论的根本路径。

三、普遍与特殊:历史发展的一般规律与各民族发展的具体道路

马克思详细论述了人类历史的发展历程,着重分析了东方国家的历史,提

---

① 中共中央马克思恩格斯列宁斯大林著作编译局.马克思恩格斯选集(第一卷)[M].北京:人民出版社,2012:60.
② 中共中央马克思恩格斯列宁斯大林著作编译局.马克思恩格斯全集(第三十卷)[M].北京:人民出版社,1995:112.

出了人类历史在有着一般规律的同时,具有不同的具体过程。"人的依赖关系"到"物的依赖关系"再到"个人全面发展",这是人类社会发展的普遍规律,但在跨越的过程中存在特殊性,不同国家或地区向下一阶段发展的方式不尽相同。各个民族从第一阶段"人的依赖性"到第二阶段"物的依赖性"的方式都不尽相同,如古希腊和罗马人的原始公有制解体后形成了"古典所有制形式",从中产生出奴隶制,即古代所有制;日耳曼人的原始公有制解体后形成了"日耳曼所有制形式",从中产生出以"罗马—日耳曼"式的农奴制为基础的封建制;在亚洲,"亚细亚"式的原始公有制逐渐蜕变成"君主专制"。马克思认为:"所有制的最初形式,无论是在古典古代世界或中世纪,都是部落所有制,这种所有制在罗马人那里主要是由战争决定的,而在日耳曼人那里则是由畜牧业决定的。"[①]在一般性的规律上,各个民族和地区的发展有其特殊性,这也说明了,在第二阶段向第三阶段的过程中同样具有多样性的特点,不一定按照西欧的发展模式来发展,每个民族都有其特殊性。显然,马克思并不要求社会按同一种模式来发展,但必须要把握住社会发展的本质性的东西。马克思对社会形态的阐述以及晚期对东方国家发展道路的探索说明,要从普遍性和特殊性当中整体地认识人类社会发展的道路,不仅要看到人类社会的普遍性,也要看到东方社会的特殊性。

第三节　列宁对社会主义与市场关系的探索

俄国建立了世界第一个社会主义国家,是马克思主义从理论到实践的第一次尝试。由于没有可借鉴的经验,列宁在苏维埃初期按照马克思、恩格斯对未来社会的设想来建设社会主义,但实践过程中出现的种种困境,证明了这种设想的社会主义在现实中行不通,必须要根据苏联的实际情况来制定相应的政策。以实物税代替余粮收集制为标志的新经济政策,实现了工业和农业联动,开放了市场,刺激了经济。新经济政策是社会主义和市场经济兼容模式的第一次尝试,突破了经典马克思对社会主义的设想,赋予了马克思主义时代性的特点,为世界社会主义事业开创了一个新的纪元。列宁说:"要论述一下社

---

① 中共中央马克思恩格斯列宁斯大林著作编译局.马克思恩格斯文集(第一卷)[M].北京:人民出版社,2009:583.

会主义,我们还办不到;达到完备形式的社会主义会是个什么样子,——这我们不知道,也无法说。"①总的来说,列宁对社会主义经济的认识也经历过多次改变。回顾列宁的社会主义经济思想以及建设苏联社会主义的思想历程,对认识什么是社会主义和怎样建设社会主义具有重要的启迪意义。

一、列宁的社会主义经济思想

俄国建成了人类历史上第一个社会主义国家,总体来说,列宁并没有按照经典作家的描绘对社会主义进行建设,而是根据俄国当时的内外环境和实际情况不断地进行调整和改进。关于列宁的研究,一直存在着很多的争议,有的认为列宁的思想重点是其晚期关于社会主义的思考,列宁的社会主义理论前后发生了重大转变;也有国外学者将列宁的经济思想划分为"十月革命的列宁""新经济政策的列宁""1923年的列宁",称之为"三个列宁"。②

(一)传统的社会主义观

1. 列宁在"十月革命"前的传统社会主义经济观

列宁很早就接触了马克思主义,建立起了共产主义理想。"十月革命"前,列宁的社会主义理论和马克思、恩格斯基本相似,他认为资本主义终究会被共产主义所替代,是资本主义"社会力量发生作用的结果"。列宁主张生产资料公有制,认为"社会主义的目的(和实质)是:把土地、工厂等即全部生产资料变为全社会的财产,取消资本主义生产,代之以按照总的计划进行有利于社会全体成员的生产"。③列宁认为共产主义应该消灭商品、商品交换,"工人阶级要获得真正的解放,必须进行资本主义全部发展所准备起来的社会革命,即消灭生产资料私有制,把它们变成公有财产,组织由整个社会承担的社会主义的产品生产代替资本主义商品生产,以保证社会全体成员的充分福利和自由的全面发展",④"只要世界上还存在着货币权力和资本权力,就不可能平均地使用土地。只要还存在着市场经济,只要还保持着货币权力和资本力量,世界上任何

---

① 中共中央马克思恩格斯列宁斯大林著作编译局.列宁全集(第三十四卷)[M].北京:人民出版社,1985:60.
② 王丽华.国外列宁研究中的不同观点[J].当代世界与社会主义,2005(6).
③ 中共中央马克思恩格斯列宁斯大林著作编译局.列宁全集(第四卷)[M].北京:人民出版社,1984:229.
④ 中共中央马克思恩格斯列宁斯大林著作编译局.列宁全集(第六卷)[M].北京:人民出版社,1986:193.

法律都无法消灭不平等和剥削。只有建立起大规模的社会化的计划经济,一切土地、工厂、工具都转归工人阶级所有,才可能消灭一切剥削"①。由此可见,列宁在"十月革命"前反对私有制,反对市场经济,认为无产阶级革命就是要消灭商品经济、消灭商品交换,只有生产资料公有制才能实现人与人之间的平等。

2. 迫于现状的"战时共产主义"②

虽然布尔什维克取得"十月革命"的胜利,但是无产阶级政权主要控制了几个大城市,并没有在全国范围内实现统一。不久,十几个帝国主义国家对苏维埃政权进行武力干涉,俄国内部也相继爆发叛乱,经济建设不得不搁浅,守卫新生政权成为首要任务,列宁不得不实施了"战时共产主义"政策,集中主要资源应对战争。"战时共产主义"主要有四部分内容:余粮收集制;在城市实现工业的国有化;取消商品交换,实行平均主义的分配方式;实行普遍义务劳动制度。"战时共产主义"取消了商品货币关系,实行了较为集中的指令性计划经济,它在形式上与科学社会主义的资源配置方式和分配方式较为相似,因此,"战时共产主义"政策被一些学者视为列宁"直接过渡"到社会主义的理论来源。但是,列宁认为"战时共产主义"政策主要是因为战争的需要,仅仅是一种特殊阶段的临时办法,③不能把这些政策当作社会主义的内容。

(二) 探索阶段的社会主义观

生产力落后的社会主义国家要积极利用资本主义的优秀成果来守卫社会主义。列宁没有固守传统社会主义理论,而是深刻总结俄国社会主义建设的基本经验,实事求是地按照经济规律建设社会主义。列宁立足于俄国的实际现状,探索了一条符合俄国特点的社会主义道路。值得注意的是,列宁的新经济政策只是建设社会主义的一个方法,并不是代表社会主义必须采取的政策。④

---

① 中共中央马克思恩格斯列宁斯大林著作编译局.列宁全集(第十三卷)[M].北京:人民出版社,1987:124.

② "战时共产主义"期间有过两次要加强经济建设的讲话,但每次都因为战争形势而被打断。有的学者致力于对这两次讲话进行列宁思想的研究,认为他在这一阶段有转变社会主义建设的工作方式,但笔者认为此阶段的践行时间短、力度弱,还没有达到1918年初的程度,所以就不在本书叙述出来以作论证。

③ 见于《论粮食税》,《列宁全集》(第四十一卷,人民出版社1986年版),"应当说我们实行'战时共产主义'是一种功劳。但同样必须知道这个功劳的真正限度。'战时共产主义'是战争和经济破坏迫使我们实行的。它是不是也不能是适应无产阶级经济任务的政策。它是一种临时办法"。

④ 见于有林的《重读列宁关于新经济政策的论述》(《思想理论教育导刊》2012年第10期),"列宁决定实行新经济政策,是认识到在一个小农生产者占人口大多数的国家里,不能从资本主义直接向社会主义过渡,而必须采用全国性的特殊的过渡办法;新经济政策就是建设社会主义一个阶段的政策,而不是建设社会主义全过程都要采取的政策,更不是建成社会主义以后还要采用的政策"。

第一章　马克思、恩格斯经典作家的社会主义经济理论评析

1. 通过国家资本主义走向社会主义

"十月革命"胜利后,面对俄国物质文化的极度匮乏与俄国落后的生产力之间的矛盾,列宁认为经济建设应该是当前俄国社会主义最主要的任务。列宁认为:"在任何社会主义革命中,当无产阶级夺取政权的任务解决以后,随着剥夺剥夺者及镇压他们反抗的任务大体上和基本上解决,必然要把创造高于资本主义的社会结构的根本任务提到首要地位,这个根本任务就是:提高劳动生产率,因此(并且为此)就要有更高形式的劳动组织。"①列宁明确表示,在资本主义制度消亡后,提高生产力成为无产阶级的主要任务。在"什么是社会主义"的问题上,列宁提出了一个很著名的公式:"苏维埃政权+普鲁士的铁路秩序+美国的技术和托拉斯组织+美国的国民教育等等等等++＝总和＝社会主义"②,可见,他认为社会主义最重要的前提是保持无产阶级的领导地位,即苏维埃的政权。在保证无产阶级领导权的前提下,俄国的社会主义经济可以包含资本主义性质的经济成分,可以把这些具有先进生产力水平的部门接收过来并加以利用。③在无产阶级政权的领导下,只要是有利于发展生产力的方式,社会主义都可以接纳,列宁建设俄国社会主义的方法,为后来世界社会主义实践开辟了一个新的方向。

在生产资料方面,列宁并没有对资本主义性质的工厂采取没收和国有化的措施,而是通过加强工人对企业的计算和监督来实现资本主义生产为社会主义服务的目的。在分配方式上,采取激励措施促进生产,通过较高的工资来提升资本主义的专家和工程师为社会主义服务的积极性。④在对待资产阶级工厂和分配方式上,列宁作风务实,并没有按照经典社会主义理论的做法,他强调工人的"计算和监督",这不仅需要广大工人群众的计算和监督,更要靠货币

---

① 中共中央马克思恩格斯列宁斯大林著作编译局.列宁全集(第三十四卷)[M].北京:人民出版社,1985:168.
② 中共中央马克思恩格斯列宁斯大林著作编译局.列宁全集(第三十四卷)[M].北京:人民出版社,1985:520.
③ 见于《布尔什维克能保持国家政权吗?》,《列宁全集》(第三十二卷,人民出版社1985年版),"有一个同银行和辛迪加关系非常密切的机构……这个机构不能打碎,也用不着打碎。应当使它摆脱资本家的控制……应当使它服从无产阶级的苏维埃……没有大银行,社会主义是不可能实现的……"。
④ 见于《布尔什维克能保持国家政权吗?》,《列宁全集》(第三十二卷,人民出版社1985年版),"我们需要比从前愈来愈多的工程师、农艺师、技术人员以及各种具有科学知识的专家……我们大概只能逐渐实行报酬的完全平等,在过渡期间将保留这些专家较高的报酬"。

流通、银行系统和税收制度等①对社会主义经济进行核算。总之,列宁试图通过国家资本主义的方式过渡到社会主义,用国家资本主义来抑制生产的无政府状态,在此阶段,俄国可以有资本主义成分的经济,也可以采取多样化的分配方式,在不影响政权、领导权的情况下,只要能够提高生产力,任何方法都可以拿来用。

2. 以粮食税为开端的新经济政策

1921年,俄国发生了大面积的饥荒,导致农民发生了暴乱,种种危机引起了苏维埃领导层的高度重视,理论和现实的双重困境倒逼着俄国必须要做出改变。列宁认为要想恢复国民经济,首先要取得农民的支持,实现工业和农业的自由流转,以达到工农联盟、解决粮食危机的目的,俄共十大正式确立了以实行粮食税为主要内容的新经济政策。列宁分析了俄国的经济状况,认为俄国是一个生产力比较落后的国家,直接通过"战时共产主义"的方式实现共产主义不太现实,应该有一个过渡时期来发展生产力。实际上,列宁想回到1918年的政策,即通过国家资本主义的方式进入社会主义,列宁认为:"在一些大国的无产阶级革命还没有到来之前,经济关系或经济体制的类型＝上面实行集中,下面实行农民的自由贸易……是一种独特的国家资本主义。"②俄国可以有工业和农业的自由流转,也可以有小农经济,以此促进农民的生产积极性;同时,通过合作社的方式将交易过程始终掌握在国家手里。农民有了余粮,就有了商品交换,农业和农产品交换市场迅速繁荣起来,列宁根据实际情况,以立法的形式肯定了粮食税的合理性。

3. 与个人利益相结合的社会主义观

粮食税带来的改变很快引起了经济的变化,地方贸易逐渐繁荣了起来,政府逐渐放开了现代货币和信贷关系,③列宁对俄国的社会主义建设有了新的想法,他肯定了实施粮食税取得的优异成果,认为"不应该指望直接采用共产主

---

① 见于《苏维埃政权的当前任务》,《列宁全集》(第三十四卷,人民出版社1985年版),"反对资产阶级的斗争的重心正在转移到组织这种计算和监督的工作上来。只有从这一点出发,才能在银行国有化、垄断对外贸易、国家监督货币流通、征收在无产阶级看来是适当的财产税和所得税以及在实行劳动义务制方面,正确规定经济政策和财政政策的当前任务……但也要求我们有更高的组织程度,有更完善的计算和监督"。

② 中共中央马克思恩格斯列宁斯大林著作编译局.列宁全集(第四十一卷)[M].北京:人民出版社,1986:377.

③ 1921年苏维埃恢复了国家银行的作用。

义的过渡方法""必须以同农民个人利益的结合为基础"。①"战时共产主义"政策被证明了直接过渡到共产主义的方法很难走通,相反,通过类似粮食税的方式,可以有效地同个人利益相结合,更加有利于生产力的发展。因此,列宁主张回到通过国家资本主义到社会主义的路线,并指出实现共产主义的理想目标会是一个漫长的过程。粮食税的实施间接促使苏维埃直接面对商品流通问题,列宁认为要充分吸收实践过程中的"积极现象",他说"学会了解商业关系和经商是我们的责任",②他开始意识到国家应该学会对商业活动的管理,而不是一味地排斥商业活动或者直接干预产品的生产和经营。在俄国小商品交易逐渐变得繁荣的情况下,列宁肯定了实践出现的积极现象,"我们还退得不够,必须再退,再后退,从国家资本主义转到由国家调节买卖和货币流通",③列宁的思想更加开放了,他认为社会主义的商品交换可以更加自由,与西方的商品交换不同的是,俄国的商品交换需要国家调节。

但是,列宁将"国家调节和货币流通"仅仅视作一种战略上的"后退",待生产力达到一定程度后,仍要取消商品交换和货币流通。1922年俄共第十一次党代会,提出了俄共关于市场问题的决议:"目前俄共在经济上的基本任务,就是领导苏维埃政权的经济工作,必须从市场的存在出发并掌握市场的规律,掌握市场,通过有系统的、深思熟虑的、建立在对市场过程的精确估计之上的经济措施,来调节市场和货币流通。"④俄国的社会主义实践证明了落后国家在通往共产主义的道路上有一个过渡时期,过渡时期的主要任务是发展生产力,因此,这一阶段必须在无产阶级掌握政权的情况下,尊重市场的规律,用市场来繁荣经济,促进生产效率的提高,提高生产力和人民生活水平,展现出社会主义比资本主义优越的地方。

(三)列宁晚期的社会主义观

生产力落后的俄国实现社会主义可以走合作社的道路。实践证明,列宁通过大工业建设社会主义是失败的。后来列宁总结经验,认为"必须从农业开始,

---

① 中共中央马克思恩格斯列宁斯大林著作编译局.列宁全集(第四十二卷)[M].北京:人民出版社,1987:190.
② 中共中央马克思恩格斯列宁斯大林著作编译局.列宁全集(第四十二卷)[M].北京:人民出版社,1987:237.
③ 中共中央马克思恩格斯列宁斯大林著作编译局.列宁全集(第四十二卷)[M].北京:人民出版社,1987:228.
④ 中共中央马克思恩格斯列宁斯大林著作编译局.苏联共产党代表大会、代表会议和中央全会决议汇编(第二分册)[M].北京:人民出版社,1964:137.

从小工业开始,依靠恢复和发展小农经济和小工业来恢复和发展大工业"①。合作社在沙皇时期就存在,主要形式是消费合作社、产品采购和加工与销售合作社以及生产合作社。新经济政策下的合作社恢复了合作社商业的性质,也恢复了群众自发组织的性质。新型合作社以商品利益为纽带将农民联合了起来,它把农民的个人利益与国家利益有效地结合在一起。列宁认为合作社是一种社会主义性质的组织,只要国家政权掌握在无产阶级手中,只要全部的生产资料属于国家政权,那么"合作社的发展也就等于社会主义的发展"。②合作社的形式解决了个人利益与国家利益之间的冲突。在合作社的性质问题上,列宁认为合作社在资本主义国家是集体的资本主义组织,是私人的;在生产资料都由国家控制的俄国,合作社是社会主义的,合作企业是社会主义的企业。也就是说,生产资料所有制决定了国家的性质,只要政权和生产资料掌握在国家和人民手里,合作社就是有利于社会主义的组织。合作社的方式被列宁称作"这还不是建成社会主义社会,但这已是建成社会主义社会所必需而且足够的一切"③。新经济政策在列宁那里仍然是过渡时期的做法,但不可否认的是,其找到了一种在落后国家建设社会主义的方式,为后来社会主义理论与实践的创新提供了经验借鉴。

二、列宁社会主义理论转变的常态性分析

列宁开创的俄国社会主义,引领了整个20世纪世界社会主义运动的潮流,为生产力落后的国家如何走向独立富强指明了方向。虽然列宁的新经济政策只施行了八年,但是新经济政策对社会主义运动的影响持续至今。如何理解新经济政策,关涉到建设社会主义这一重大实践问题。有的学者认为新经济政策是向资本主义倒退,以此来攻击社会主义的合法性,如俄国的流亡知识分子,"路标转换派"的代表人物乌斯特里亚洛夫认为俄国的社会主义只是标榜社会主义,其实同资本主义国家没有太大的区别,俄国"走向通常的资产阶级政权的道路",④因此,列宁的新经济政策只不过是"回到了马克思主义原

---

① 中共中央马克思恩格斯列宁斯大林著作编译局.列宁全集(第四十一卷)[M].北京:人民出版社,1986:302.

② 中共中央马克思恩格斯列宁斯大林著作编译局.列宁全集(第四十三卷)[M].北京:人民出版社,2017:371.

③ 中共中央马克思恩格斯列宁斯大林著作编译局.列宁全集(第四十三卷)[M].北京:人民出版社,2017:366.

④ 中共中央马克思恩格斯列宁斯大林著作编译局.列宁全集(第四十三卷)[M].北京:人民出版社,2017:96."其实,你们正在滚进通常的资产阶级泥潭,那里只不过摇动着几面写着各种空话的共产主义小旗罢了。"

来关于社会主义只能是成熟的资本主义的继承人的主张"①。也有一些观点认为新经济政策的实施说明列宁间接认同了孟什维克的观点,即俄国不具有建设社会主义的条件,资本主义这个阶段是不可逾越的。②因此,要科学理解列宁的新经济政策实施的背景、原因,从中找出列宁如何对待经典马克思主义理论以及如何建设社会主义的基本经验。

（一）迫于现实压力的实用主义方法

俄国的无产阶级革命处于第一次世界大战导致的经济萧条期,列宁利用了俄国国内人民对战争的厌恶心理以及俄国无产阶级与资产阶级的矛盾达到顶点的现状,领导了俄国工人阶级取得革命的胜利。因此,俄国面临的迫切任务是恢复生产力,提高人民的生活水平。但是,资本主义国家的干预导致了数年的内战,为保护新生的政权,只能采取比较激进的"战时共产主义"政策,这些做法严重损害了人民的利益,尤其是作为工人阶级的天然盟友——农民的利益。在国内战争结束后,如果不安抚好农民,将会导致国内农民群体不稳定,乃至整个社会不稳定,如果不认真对待,整个苏维埃将会从内部瓦解,新经济政策就是在这样的背景下产生的。从新经济政策的发展脉络来看,俄国出现的现实问题倒逼着列宁不得不去寻找解决方案,新经济政策就是这样的一种方法。不可否认的是,列宁对俄国社会主义经济建设思想转变的原因有外部环境的因素,但是,如果只将其归结为外部环境的原因,就是对列宁思想的僵化理解。如俄国学者尤·布尔金认为新经济政策说明了列宁在晚期已经不再将社会主义视为目的,而是将社会主义当作遥遥无期的未来,③实用主义的解释观点会把新经济政策当作一种权宜之计,是阶级之间妥协、让步的结果,④这种观点忽视了列宁的"过渡阶段"理论,列宁旗帜鲜明地说明了新经济政策属于过渡时期,过渡时期可以利用商品、商品交换来促进生产力的发展。如果将外部环境的因素作为解释列宁思想转变的根本原因,不仅无法正确理解20世纪俄国的社会主义实践,而且很容易导致思想上的混乱,歪曲或错误地理解列宁的社会主义思想。

（二）从"直接过渡"到"间接过渡"到社会主义的思想转变

新经济政策的实施是列宁从"直接过渡"到"间接过渡"到社会主义社会的

---

①② 叶卫平.西方"列宁学"研究[M].北京:中国人民大学出版社,1991:168.
③ 孙凌齐."三个列宁"与"另一种社会主义"[J].国外理论动态,1999(5).
④ 王丽荣.列宁的"新经济政策"仍是权宜之计[J].华中科技大学学报(社会科学版),2001(1).

标志,因为"战时共产主义"政策非常符合马克思、恩格斯描述的未来社会的基本特征,即生产资料的公有制、国家计划生产、分配方式上的按需分配政策,并且列宁也在一些讲话中提到"战时共产主义"政策是一种迅速、直接实现社会主义原则的生产和分配。但是,列宁也说过"战时共产主义是战争和经济破坏迫使我们实行的。它不是而且也不能是一项适应无产阶级经济任务的政策,它是一种临时的办法"①,从列宁对俄国社会主义的建设方案来看,他倾向于认为"战时共产主义"是一种临时性的方法。单从"战时共产主义"与西方资本主义的战时策略的比较来看,俄国所实行的粮食垄断、配给制、普遍劳动义务制被当作传统社会主义性质的内容,与资本主义战时经济的策略没什么区别,如此看来,把"战时共产主义"政策作为列宁"直接过渡"到社会主义的理论根据是值得商榷的。列宁说过俄国的经济政策要回到1918年初的政策,②这说明列宁对社会主义经济建设的思考是连贯的,并未发生过重大转折。1918年初的经济政策是通过国家资本主义的过渡阶段来实现社会主义,马克思在《哥达纲领批判》中指出,无产阶级在取得政权后,并不能立即建成共产主义社会,在此之间,还有一个初级阶段,列宁"过渡时期"思想符合马克思的基本原则,因此,"直接过渡"到社会主义的观点在理论上不成立。

(三) 商品经济是社会发展的必然阶段

马克思按照生产力水平将人类社会分为三个阶段,即自然经济、商品经济、产品经济,并且认为这三个阶段不以人的意志力而发生跨越性的发展。因此,一些学者认为俄国还停留在商品经济的阶段,新经济政策的实施证明俄国"回到了马克思主义原来关于社会主义只能是成熟的资本主义的继承人的主张"③,他们认为新经济政策属于资本主义的范畴。但是,这种观点把商品交换和商品经济的社会属性范畴混淆了,因为奴隶社会都有商品交换和商品经济所形成的小市场,商品交换并不是商品经济的专有活动。列宁分析了俄国存在五种性质的经济结构:宗法式、小商品生产、私人资本主义、国家资本主义、社会主义。他认为俄国的社会形态中可以存在多种经济形式,社会主义也可

---

① 中共中央马克思恩格斯列宁斯大林著作编译局.列宁全集(第四十一卷)[M].北京:人民出版社,2017:208-209.
② 匈牙利学者格·萨穆利认为列宁1921年的新经济政策跟1918年的政策有很大不一样,1918年的农业跟工业的交换属于产品交换的范畴,1921年的属于商品交换的范畴。
③ 叶卫平.西方"列宁学"研究[M].北京:中国人民大学出版社,1991:168.

以有商品经济和商品交换,列宁所说的发展商品交换、商品经济,并不是要回到资本主义,而是在无产阶级掌握政权的情况下,由国家控制大部分的生产资料,利用市场来提高资源的配置效率。

(四)适合俄国国情的社会主义发展道路

列宁始终在马克思主义的指导下,充分认识俄国的国情,探索出了一条落后国家如何建设社会主义的道路。历史上,西欧的资本主义国家形成的方式也不尽相同,①恩格斯说过,"所谓'社会主义社会'不是一种一成不变的东西,而应当和任何其他社会制度一样,把它看成是经常变化和改革的社会"②,因此,实现社会主义的途径也不应该有固定的模式。列宁按照生产力等级将整个世界分为三种类型:发达的资本主义国家、东方落后不发达的国家、介于二者之间的国家。他认为这些国家根据生产力、地理、文化等差异,实现社会主义的方式和道路也可以是多样的,俄国的社会主义道路只适合俄国的国情。因此,列宁并没有固守经典社会主义理论,而是实事求是,根据俄国特殊的历史文化和生产力水平,打破了商品经济和社会主义不可以兼容的认识,多次强调在多种经济成分的俄国,商品关系和贸易是社会主义大工业和千百万小农之间唯一可能的经济联系。③社会主义经济建设的方法发生了变化并不意味着列宁的社会主义观发生了改变,即使因为建设社会主义道路的环境和条件发生了变化,列宁改变了方法和策略,但是他始终坚持了马克思主义,坚持了社会主义的方向,按照马克思的立场和观点,与时俱进地发展了马克思主义,为生产力落后的俄国找到了一条实现社会主义的道路。

三、科学理解列宁的社会主义理论

在社会主义共运史上,列宁的新经济政策是第一次尝试将社会主义同商品交换、市场经济结合起来的做法,是他为了应对社会主义在俄国实践出现的现实问题而取得的理论创新,但是这种创新跟革命所宣扬的意识形态相矛盾。

---

① 见于厉以宁的《资本主义的起源:比较经济史研究》(商务印书馆 2015 年版),他将资本主义的起源分为两种:一种是原生型的,先有资本主义精神,后有资本主义制度;一种是先有资本主义制度,后产生资本主义精神。

② 中共中央马克思恩格斯列宁斯大林著作编译局.马克思恩格斯全集(第三十七卷)[M].北京:人民出版社,1971:443.

③ 中共中央马克思恩格斯列宁斯大林著作编译局.列宁全集(第三十三卷)[M].北京:人民出版社,1985:89.

实际上，列宁认为在资本主义和社会主义之间还有一个过渡时期，这是资本主义同共产主义彼此斗争的时期，因而它同时包含社会主义和资本主义的两种因素。列宁对俄国的过渡时期做过经典评述："由于历史进程的曲折而不得不开始社会主义革命的那个国家愈落后，它由旧的资本主义关系过渡到社会主义关系就愈困难。"列宁承认俄国的革命是社会主义革命，但是俄国的现实并不具备实现社会主义的条件，俄国要想完全进入社会主义还需要很大的发展，远比发达国家更加困难。

（一）先进的生产力是社会主义的基本条件

马克思所观察的社会现象处于资本主义繁荣发展的年代，社会矛盾刚刚显露出来，资本主义追求利润的过程没有得到限制，人和人、人和社会、人和自然的矛盾已经到了必须要解决的程度，马克思揭示出了"资本主义必然灭亡，社会主义必然胜利"的历史趋势。但是，电气化的技术革命以及资本主义内部的改革极大地缓解了社会矛盾，并且社会主义首先在落后的国家里变成现实，与经典理论出现了差别。如何在落后的国家里建设社会主义是20世纪世界社会主义运动史的一大难题。

在苏维埃取得政权后，列宁并没有从教条主义出发，直接废除私有制，建立生产资料公有制的社会，而是根据俄国生产力的实际水平，不断调整建设社会主义的办法，但是，列宁始终认为社会主义必须要建立在生产力高度发达的社会，"我们不能设想，除了建立在庞大的资本主义文化所获得的一切经验教训的基础上的社会主义，还有别的社会主义"，[①]列宁认为必须要经过资本主义的充分发展才能进入社会主义，这是马克思主义的自然史观，是不以人的意志力为转移的客观规律。列宁认为，俄国当前的主要任务是发展生产力，这是进入社会主义社会的唯一通道："谁能在这方面取得最大的成绩，即使是用私人资本主义的办法，甚至没有经过合作社，没有把这种资本主义直接变为国家资本主义，那他给全俄社会主义建设事业带来的益处，也比那些只是'关心'共产主义纯洁性，只是为国家资本主义和合作社起草规章、条文、细则，而实际上却不去推动流转的人，要多得多。"[②]列宁在社会主义建设的方法上非常务实，体现了马克思主义一以

[①] 中共中央马克思恩格斯列宁斯大林著作编译局.列宁全集(第三十四卷)[M].北京：人民出版社,1985:252.

[②] 中共中央马克思恩格斯列宁斯大林著作编译局.列宁全集(第四十一卷)[M].北京：人民出版社,1986:220-221.

贯之的唯物史观以及实事求是的优良作风。列宁在理论上和实践上并没有照搬马克思、恩格斯所认为的社会主义没有市场和商品交换的观点,他认为落后的俄国通往社会主义社会中间还应该有一个过渡阶段,这一阶段有社会主义的成分,也有资本主义的成分。在社会主义阶段可以用资本主义的先进技术和管理方式发展生产力,因为先进的生产力是进入社会主义的充分必要条件这一前提不可改变。

(二)落后的社会主义国家需要市场的调节

理论上,社会主义建立在生产力高度发达的基础上,但是在现实中,社会主义全部在落后的国家取得了胜利,这是经典社会主义与社会主义实践之间存在的差别。"十月革命"胜利后,列宁等早期的革命家对建立社会主义抱有"乌托邦"般的幻想,试图按照经典理论来建设俄国。但是随着现实不断出现的问题,他们很快改变了原初的设想,不仅开始大力提倡利用旧社会的专家学者,而且主张采取计件工资和泰罗制等具有资本主义特征的分配方式,试图通过国家资本主义的方式实现社会主义的目标。"战时共产主义"的教训让列宁更加坚定了要利用资本主义的优秀成果发展社会主义生产力的决心,他在分析俄国存在的五种不同的经济成分的基础上,认为"我们必须立足于现有的资本主义关系"。[①]历史证明,市场是有效的资源配置方式,生产力落后的俄国要想快速发展生产力,实现社会主义,也需要利用市场的资源配置作用。不仅如此,列宁还非常重视经济核算的重要性,社会主义建设需要依靠个人利益和经济核算,而不是革命的热情。[②]对于市场所带来的竞争现象,列宁认为只要社会主义国家掌握了商品货币的领导艺术,市场就可以成为有益于社会主义的资源配置方式,甚至认为私人资本在市场上的竞争是"新经济政策的关键"。

(三)党的领导是社会主义的基本保障

列宁在俄国的经济建设期间始终贯彻一个观点——坚持无产阶级的领导地位。社会主义革命是资本主义矛盾发展的必然结果,社会主义与资本主义最主要的区别在于由哪个阶级掌握政权。列宁说过,只要生产资料掌握在无

---

① 中共中央马克思恩格斯列宁斯大林著作编译局.列宁全集(第四十二卷)[M].北京:人民出版社,1987:230.

② 见于《十月革命四周年》,《列宁全集》(第三十三卷,人民出版社1985年版),"现实生活中我们犯了错误……不能直接依靠热情,而是要借助伟大革命所产生的热情,依靠个人兴趣、依靠个人利益、依靠经济核算"。

产阶级手里,那么俄国就是社会主义国家。在利用商品交换、商品生产等具有资本主义特点的经济手段的问题上,列宁认为:"只要还存在生产资料私有制(即使土地私有制已经废除,还存在农具和耕畜的私有制)和自由贸易,资本主义的经济基础也就存在。而无产阶级专政则是同这个基础进行胜利斗争的唯一手段,是消灭阶级的唯一途径。"①共产党是实现无产阶级专政的队伍,是专政的形式,列宁越是向资本主义退步,实行新经济政策,就越重视阶级斗争问题。②列宁不仅抓经济建设问题,也没有放松党的建设,他大力发展党员,加强社会主义文化教育,以此来保证红色革命的方向。列宁认为只要"主要经济力量操在我们手里。一切具有决定意义的大企业、铁路等,都操在我们手里……俄国无产阶级国家掌握的经济力量完全足以保证向社会主义过渡"③,有数据表明,俄国在新经济政策时期,国有经济在全国经济总量的比重逐渐增加。④俄国的另一个理论家布哈林也认为虽然新经济政策制造出了资产阶级,但是无产阶级能够掌握政权和国家权力机关,能够运用经济手段同资产阶级作斗争,以此保证国家始终走在社会主义的道路上。

本章小结　科学对待经典社会主义经济理论

马克思、恩格斯在深刻分析资本主义生产的内在矛盾的基础上,提出了未来社会的经济结构。经典社会主义经济理论揭示了社会主义运动的目的,指明了人类历史发展的一般趋势,是世界社会主义运动的行动指南。经典社会主义理论继承了空想社会主义的公平、正义等原则,在价值理念层面实现了对资本主义的超越。马克思、恩格斯依据历史唯物主义的方法论,从资本主义经济的运行体系中发现否定资本主义的物质因素,实现了社会主义理论从空想到科学的飞跃。马克思、恩格斯关于未来社会的经济特征具有高度抽象的特点,其对未来社会的预测只是在资本主义经济的基础上进行扬弃性规定,只是

---

　① 中共中央马克思恩格斯列宁斯大林著作编译局.列宁全集(第三十九卷)[M].北京:人民出版社,1986:424-425.
　② 杨奎松.十月革命前后列宁的社会主义主张与实践[J].俄罗斯研究,2013(1).
　③ 中共中央马克思恩格斯列宁斯大林著作编译局.列宁选集(第四卷)[M].北京:人民出版社,2012:679.
　④ 苏联科学院经济研究所.苏联社会主义经济史(第二卷)[M].北京:生活·读书·新知三联书店,1980:323-325.

粗线条式地描绘未来社会的经济特征,揭示了人类历史发展的一般规律,无法预测历史发展中的特殊现象。再者,马克思、恩格斯概括性地揭示未来社会生产、分配、交换理论,并没有提到具体环节,如公有制、计划生产、按劳分配只是一个概念,反映了公平、正义、有序的价值理念。如果把马克思的公有制、计划生产、按劳分配当作具体形式,忽视了抽象与具体之间的区别,则会引起社会主义建设与经典理论出现较大的差别,进而产生对经典理论科学性的质疑。在世界社会主义运动初期,马克思主义把经典社会主义理论直接与现实对接,形成了以公有制为基础、计划经济为主体的传统社会主义经济理论。传统社会主义理论把政府对经济的直接管理当作社会主义经济的特征,从列宁对俄国社会主义建设的思想变化就可见一斑。整个20世纪的社会主义实践证明,不能将马克思、恩格斯对未来社会的经济特征的预测当作现实社会主义经济特征的概括。需要在实践中不断检验马克思主义,根据马克思主义的立场和方法,对具体问题具体分析,不断丰富和发展马克思主义理论。

有学者把社会主义观分为传统社会主义观和新社会主义观,传统社会主义指的是马克思、斯大林、毛泽东的社会主义思想,即以公有制、计划经济为特征的社会主义;新社会主义指的是列宁晚期的社会主义和中国特色社会主义,[①]旨在说明要认识经典社会主义理论与现实之间的区别。传统社会主义理论来源于科学社会主义理论,如公有制和计划经济都来源于马克思、恩格斯的经典论述。然而,传统社会主义教条式地运用了科学社会主义理论,把马克思、恩格斯对未来社会最抽象的规定当作社会主义建设的具体方法,忽视了经济规律的复杂性。马克思对未来社会的预测是基于18世纪的生产力水平和社会环境,社会主义从理论变成现实是在20世纪,但是一些马克思主义者忽视了历史背景已发生了极大的变化,把马克思的基本理论当作最完美的理论,忽视了社会的进步以及现实的历史条件,导致了现实与理论的差异。科学对待传统社会主义与科学社会主义,就是要认识人类社会历史发展的一般与个别、抽象与具体、逻辑与历史。以马克思的科学社会主义理论作为逻辑起点,深入现实生活,完整、具体地去把握社会主义经济理论,继承马克思主义合理的成分,超越传统社会主义理论,不断开拓创新,丰富和发展马克思主义。

---

① 苑秀丽."传统社会主义观"与"新社会主义观"评析[J].马克思主义研究,2013(8).

第二章　苏联社会主义关于计划与市场的争论及发展

新经济政策打破了社会主义经济只能是计划经济的传统社会主义认识，丰富和发展了马克思主义，为世界社会主义的实践提供了丰富的经验。本书通过对苏联"计划"与"市场"之争的回溯，试图还原经典理论在现实中出现的理论问题和实践问题，以此找出马克思主义的一般性和特殊性的规律。新经济政策在实践过程中一直都伴随着较大的争议，列宁去世后，新经济政策在实践中出现了一些问题。与此同时，世界格局发生了新的变化，让社会主义理论与实践面临双重困境，内部与外部的双重影响，促使苏联①社会主义最终走向了以计划体制为特征的社会主义道路。

第一节　苏联社会主义经济建设的理论矛盾与实践困境

俄国"十月革命"前，普遍的观点是单独一个国家无法取得对资本主义的胜利，必须要由几个先进的国家共同取得革命的胜利，组织社会大生产，实现社会主义的世界革命。老牌资本主义国家在第一次世界大战中消耗了过多的力量，导致世界民族主义抬头，世界社会主义革命进入高潮。随着老牌资本主义力量的恢复，世界社会主义运动随即进入低谷。资本主义国家也因此意识到社会主义所蕴含的庞大力量，资本主义为保住政权，借鉴了很多社会主义的社会方案，甚至一些资本主义国家的左翼党和社会党上台执政，缓解了资产阶级与无产阶级之间的矛盾。因此，俄国的无产阶级政权虽然取得了内部战争的胜利，但是从国际环境来看，仍处在资本主义国家的包围中，战争随时可能

---

① 苏联成立于1922年12月，为了便于统一论述，在此章节将俄国与苏联等同论述，不再将1922年之前称为俄国，1922年之后称为苏联。

会降临。苏联的社会主义在主张商品经济、市场经济、自由均衡发展的同时，因战争的威胁，国内工业始终以重工业为主，以军事供应优先，国家掌握社会的经济活动。

新经济政策为苏联经济的复苏做出了巨大的贡献，也为社会主义与市场经济的结合提供了现实借鉴。随着实践逐渐深入，它也出现了制度上的弊端。新经济政策的实质是通过工业和农业的联动，实现剩余产品的自由交换，但是苏联社会主义的政策主要依靠"剪刀差"的方式，压低农产品的价格，以补贴工业，实现工业的快速增长，工业产品以较高的价格卖给农民，产品的实际价格悬殊，导致工业产品价格过高，农产品价格过低，农民手中没有积累，工业品也就失去了广大的农村市场，产品因此滞销，导致整个市场出现了销售危机，市场产能过剩，市场的"溢出"效应必然导致大量工人失业。据统计，苏联的失业工人一度达到了一百多万人，与苏联共产党所宣传的社会主义没有下岗的口号相冲突，从而导致马克思主义意识形态出现了认同危机。罢工现象不仅出现在资本主义社会，社会主义也出现了罢工，这给马克思主义政党很大的冲击。意大利共产党在一次大会上说："在历史上还未出现下述情况，即统治阶级整体的生活水平，比被统治被奴役阶级中某些成分的生活低这样多。这一闻所未闻的矛盾是历史留给无产阶级的一种厄运；无产阶级专政的主要危险就存在于这一矛盾之中。"[①]社会主义既然是资本主义主要矛盾的最终解决方式，作为世界第一个社会主义政权还出现了属于资本主义性质的经济问题，这是对社会主义理论的挑战。

列宁分析国内外出现的新变化，总结了资本主义发展不平衡的特点，提出了"社会主义不能在所有国家内同时获得胜利，它将首先在一个或几个国家中获得胜利"的观点。他认为俄国建立第一个社会主义政权是世界历史发展的必然结果，同时落后的国家建立社会主义必须要向发达国家学习先进技术，实施过渡时期的经济政策，即新经济政策。[②]但是，列宁不认为社会主义与市场有必然的联系，市场属于资本主义的范畴，即使列宁开创了社会主义可以利用市场的先河，但他仍然认为社会主义经济应该回到科学社会主义的基本原则上来，即社会主义的经济特征应该是公有制、计划经济、按劳分配。苏联的领导

---

① 鲁道夫·巴罗.抉择——对现实存在的社会主义的批判[M].严涛，译.北京：人民出版社，1983：84.
② 根据上文对新经济政策的叙述，可以得出新经济政策的特点主要在于强调利用市场机制，用市场的手段来发展经济。

人认为新经济政策中的市场部分是"国内小资产阶级类型的经济占优势的直接结果",①关于市场和计划的关系,社会主义初期阶段要发展生产力,所以要利用市场,但是也不能忽视了计划,计划最终还是要取代市场的作用。苏共十二大指出:"只有发展到最后,计划方法才能够而且也应该使市场服从自己并从而取消市场。"可见,新经济政策能够成功在于利用了市场资源配置作用,有效地解决了供求问题,但是市场与社会主义意识形态相冲突,导致在实践中被意识形态束缚,苏联的社会主义建设逐渐走向保守。列宁去世后,私人工业在全国工业总产值的比重逐渐降低,私人企业的贷款逐渐减少甚至停止,②苏联的社会主义最终走向了"传统社会主义"模式。

第二节 苏联内部关于社会主义经济计划的争论

理论与实践的双重困境,导致了苏联领导人对社会主义的理解出现了分歧。由此引发了斯大林、布哈林同托洛茨基、季诺维也夫关于"一国建成社会主义"的争论,斯大林同布哈林、李可夫关于是否全盘实行农业集体化的争论。

一、关于"一国建成社会主义"的争论

1923 年苏联出现的销售危机,导致苏共在经济政策方面出现了截然相反的两种立场。以托洛茨基为首的一派认为要想摆脱危机,需要提高农民的税收,通过剪刀差的方式,用农业的剩余来补贴工业,为工业提供急需的资金;以布哈林、斯大林、季诺维也夫为首的一派认为国民经济的健康状态应该是各部门的均衡发展,农民不应该承受过重的负担,经济危机的主要原因在于工业品价格过高,农民税收过重,农民无力购买工业品,导致供过于求。虽然执政当局采取了降低工业品价格等措施,但由于销售危机没有从根本上得到解决,仍然无法提高农民的生产积极性,农业上的减产导致苏联在 1927 年出现了粮食收购危机。季诺维也夫、加米涅夫认为农业和工业的自由流转,让农民有了剩余,导致苏联社会出现了资本主义的倾向,政府应该及时制止这种"倒退"现象。针对工业品过多的问题,他们认为应该加快工业化建设,但是不能剥夺农

---

① 苏联共产党和苏联政府经济问题决议汇编(第二卷)[M].北京:中国人民大学出版社,1987:137.
② 参考薛汉伟《时代发展与中国特色:当代社会主义在中国的兴起》(北京大学出版社 1996 年版)中的数据。

民的利益(通过高额的税收)来补贴工业,所以,季诺维也夫、加米涅夫认为如果没有发达国家援助苏联的无产阶级革命,苏联将无法建成社会主义。

列宁认为"经济和政治发展的不平衡是资本主义的绝对规律",因此"社会主义可能首先在少数甚至在单独一个资本主义国家内获得胜利"。①资本主义经济发展不平衡的特点为落后国家建设社会主义提供了外部条件。与此相反,国际社会主义运动陷入低谷以及苏联社会主义出现的经济危机,导致以托洛茨基为首的一派认为生产力落后的俄国不可能建成社会主义,"工人国家在一国而且是在落后的一国抗住了全世界,这个事实证明了无产阶级有雄伟的力量,这种力量在其他比较先进、比较文明的国家里是真能做出奇迹来的。可是,我们虽然在政治上和军事上保持一个国家,但是我们并没有达到甚至还没有走近建立社会主义社会的阶段","俄国社会主义经济的真正高涨只有无产阶级在欧洲几个最重要的国家内获得胜利后,才会是可能的"。托洛茨基认为俄国的社会主义不可能单独成功,俄国的社会主义必须要退到国家资本主义阶段,要补生产力的课。斯大林批判了托洛茨基的观点:"从前认为革命在一个国家内胜利是不可能的,以为要战胜资产阶级就必须要有一切先进国家内或至少要多数先进国家内无产者的共同发动。现在,这个观点已经不合乎实际情形了。现在必须从这种胜利是可能的出发,因为各种不同的资本主义国家在帝国主义环境内发展的不平衡和跳跃性,帝国主义内部那些必然引起战胜的灾难性矛盾的发展,世界各国革命运动的增长——所有这一切都使无产阶级在个别国家内的胜利不仅是可能的,而且是必然的。"②在这一阶段,斯大林以列宁的继承人标榜自己,继承了列宁的政治资源,借列宁的权威压制托洛茨基。1925年4月召开的俄共(布)第十四次代表会议上,斯大林取得了争论的最终胜利,此次会议明确苏联社会主义革命问题,确立了列宁的指导方针,谴责托洛茨基的"不断革命"论,总结概括了"一国建成社会主义"的理论经验。会议通过的《关于共产国际和俄共(布)因共产国际执行委员会扩大会议的决议而产生的任务和提纲》明确指出:"两个直接对立的社会制度的存在,经常引起资本主义封锁、其他种种经济压力……但由此决不能得出结论说,在俄国这样落后

---

① 中共中央马克思恩格斯列宁斯大林著作编译局.列宁选集(第二卷)[M].北京:人民出版社,1995:554.
② 中共中央马克思恩格斯列宁斯大林著作编译局.斯大林选集(上卷)[M].北京:人民出版社,1979:212-213.

的国家中,如果没有技术上、经济上比较发达国家的'国家援助',就不可能建成完全的社会主义社会。"①同年5月初的《俄共(布)第十四次代表会议的工作总结》中,对于"一国建成社会主义"的问题,斯大林认为俄国存在两个矛盾,即无产阶级和农民之间的矛盾、俄国社会主义国家和其他资本主义国家之间的矛盾。无产阶级和农民有共同利益,可以实现联盟,这个矛盾是内部矛盾,可以在苏联内部得到解决;外部矛盾是敌我矛盾,只有实现世界革命才能使矛盾得到最终解决。两个矛盾有本质上的区别,不能混为一谈,"谁把两个矛盾混为一谈,谁就犯了最粗暴地反对列宁主义的错误,谁就是糊涂虫,或者是不可救药的机会主义者",②斯大林认为苏联有建成社会主义的基础,但要想取得最终的胜利,就必须要有其他社会主义国家的物质支持,这是俄国能够取得最终胜利的必要前提。

斯大林取得对托洛茨基的胜利后,季诺维也夫、加米涅夫同斯大林的矛盾抬头,对"俄国能否建成社会主义"的问题,两方争论的分歧较大。季诺维也夫、加米涅夫偏向托洛茨基的观点,他们认为苏联不可能最终建成社会主义。季诺维也夫在《列宁主义——列宁主义研究导论》一书中认为,"建设社会主义的有保障的可能性——建设社会主义的这种可能性在一个国家的范围内自然是可以想象的","最终建成和巩固社会主义,即实现社会主义制度,社会主义社会,完成向共产主义的第二阶段即高级阶段过渡——社会主义在一个国家内的这种最终胜利是否可能? 这一问题有待解决"。③随后,他又明确指出:"一个国家也可以胜利地开始社会主义革命。国际社会主义革命能够在一个国家取得巨大胜利。但是社会主义制度在一国不能取得最终胜利。"④季诺维也夫对苏联社会主义的最终胜利持怀疑态度。以斯大林为首的苏共领导人非常反对苏联不能取得社会主义胜利的观点,斯大林认为季诺维也夫犯了民族狭隘性的错误,曲解了列宁的观点。随后,季诺维也夫、加米涅夫放弃了同托洛茨基的争论,组成了"联合反对派"同斯大林对抗,他们认为社会主义如果没有其他国家的援助,仅凭一个国家无法取得成功,并且托洛茨基否定了列宁关于资本主

---

① 苏联共产党和苏联政府经济问题决议汇编(第三卷)[M].北京:中国人民大学出版社,1988:47.
② 中共中央马克思恩格斯列宁斯大林著作编译局.斯大林全集(第八卷)[M].北京:人民出版社,1954:62-63.
③ 格·季诺维也夫.列宁主义——列宁主义研究导论[M].郑异凡,郑桥,译.北京:东方出版社,1989:236.
④ 中共中央马克思恩格斯列宁斯大林著作编译局国际共运史研究所."一国社会主义"问题论争资料[M].北京:东方出版社,1986:15.

义经济发展不平衡的观点,以达到其否定"一国建成社会主义"的目的。为此,斯大林在《论我们党内的社会民主主义倾向》和《再论我们党内的社会民主主义倾向》两篇报告里,对托洛茨基和季诺维也夫进行了批判,斯大林认为托洛茨基将资本主义早期的经济发展不平衡同现在的帝国主义的发展混淆了,二者没有可比性,并且指出了帝国主义发展不平衡的趋势日益严重,这种不平衡的态势可以促使落后国家的生产力迅速超越发达国家。"联合反对派"认为苏联社会主义胜利需要世界无产阶级革命的支持,苏联的经济离不开世界资本主义市场。斯大林认为苏联的经济需要资本主义,但是资本主义国家也需要苏联,二者的关系是互相依赖的。苏联要想取得社会主义的最终胜利,就需要有几个主要资本主义国家取得无产阶级革命的胜利。布哈林对斯大林的观点表示赞同,他认为:"我们不会由于国内的阶级差别和技术上的落后而灭亡,甚至在低下的技术基础上我们也能够建设社会主义,社会主义的这种发展将非常缓慢,我们将以乌龟速度爬行,但我们终究在建设社会主义,并且我们定将建成它。"①布哈林引证了列宁的观点,认为俄国具有建成社会主义所必需的一切条件,并且批判那些认为俄国不能建成社会主义的观点忽视了俄国农民的革命性,俄国可以通过工农联盟来实现社会主义。俄国的农民阶级同工人阶级的联盟力量不差于发达国家工人阶级的力量。最终,斯大林、布哈林取得了争论的胜利,确立了落后国家能够建成社会主义的共识,并指出了工农联盟是建成社会主义的力量源泉。

二、关于"农业集体化"的争论

苏联国内出现的恶劣天气导致粮食歉收,粮食收购出现危机,农产品价格上涨,工人工资变相降低,工人对执政当局表达了强烈的不满。与此同时,国外掀起一股反共潮流,苏联与资本主义国家的战争一触即发。在此背景下,斯大林主张实行农业集体化,以保证工业和军队的粮食供给,通过剪刀差的方式,快速积累原始资本,大力发展重工业,为军队提供武器。因此,为集中资源应对战争,斯大林间接放弃了新经济政策。但是,布哈林②仍然主张新经济政

---

① 中共中央马克思恩格斯列宁斯大林著作编译局国际共运史研究所."一国建成社会主义"问题论争资料[M].北京:东方出版社,1986:27.
② 布哈林在新经济政策初期认为社会主义是计划经济,在通往社会主义过程中,商品生产会逐渐消失,经过列宁耐心说服后,布哈林成为新经济政策最坚定的支持者,认为苏联要"通过市场关系走向社会主义"。

策是通往社会主义的唯一道路,农业和工业应该保持均衡发展。

在粮食收购中,斯大林采取国家行政手段征集余粮,他认为富农和粮食收购商破坏了苏维埃的余粮收购工作,应该逮捕这些投机者。布哈林认为斯大林的做法可能会使苏联回到余粮收集制的老路上去,他反对采取行政的方法,认为应该用市场手段、市场机制来调节经济危机,"经济影响的一些最大杠杆掌握在我们手中,只要我们将来不犯大错误,占有这些杠杆就会使我们在国内关系方面是不可战胜的",并且"用暴力没收富农财产,必然会使农业无法积累,生产的发展将会受到严重的阻碍而迟滞不前"。[①]布哈林认为苏联出现的粮食收购危机跟资本主义危机有很大的区别,苏联的经济危机是过渡时期的相对计划生产造成的,是过度追求工业的高速度发展,忽视了工农业,导致了粮价过低,工业品价格过高,农产品价格与工业品价格不相称,造成农业和工业的发展都受到了阻碍,政府应该放开管制,实现农业和工业的自发交换。布哈林认为危机完全可以通过市场的办法来解决,他说:"如果某个生产部门不能经常地收回生产费用并加上一个增加额(这个增加额相当于一部分剩余劳动,能够成为扩大再生产的来源),那么这个部门就会停滞或退化。这个规律也适用于'谷物业'。如果它的临近的农业部门处于一种较有利的地位,那么就会出现生产力的重新分配的过程。"[②]

对于富农问题,布哈林认为:"生产力的增长带动富农的增长,而且我们如果没有生产力的增长是不行的……我们有税收政策这样的杠杆,它能够让我们几乎在不出动中农的情况下剥夺富农,但是我们只是很少想到,该是怎样的计算和怎样把这个杠杆使用起来,才能经常地把富农积累中坐享其成的那部分剥离下来,把他们变成社会主义的建设事业使用,而同时又不得罪中农。"布哈林反对直接消灭富农,他认为富农是生产力增长的必然结果。列宁在新经济政策中指出社会主义建设应该同个人利益相结合,富农的出现本身就是社会发展的自然过程,布哈林也赞同这一点,他主张市场的方法就是防止资本主义生产关系的复辟。但是,斯大林认为富农是收购危机的主要原因,应该消灭富农。在斯大林的领导下,苏维埃政权采取了暴力方式剥夺了富农的财产,严重打击了农民生产的积极性。

---

① 马健行.二十世纪社会主义经济思想史[M].北京:中共中央党校出版社,2003:222.
② 中共中央马克思恩格斯列宁斯大林著作编译局国际共运史研究所.布哈林文选[M].北京:东方出版社,1988:272.

在工业化方面,斯大林同布哈林的分歧更加突出。斯大林主张苏联工业目标是高速度发展工业,以避免成为"资本主义国家的玩物",他认为:"我们所以采取新经济政策,就是因为它为社会主义事业服务。当它不再为社会主义事业服务的时候,我们就把它抛开。"[1]世界资本主义工业化方式一般有三种:一是欧美等资本主义国家通过剥削工人、压榨殖民地来获取工业化的资金,二是德国等国家靠战争赔款从战败国获得大量资金,三是沙俄等国家通过大量的外债来实现工业化。但是,这三种方法在苏联行不通,苏联被世界资本主义国家封锁,世界殖民地已被老牌帝国主义国家瓜分完毕,无产阶级实现了阶级觉醒,因此,苏联只能通过自身的积累来获取工业化的资本。斯大林主张向农民征收"贡税"[2]来获取资金,为工业化的发展提供原始积累,这也是农业集体化[3]能够实施的现实背景。布哈林不反对高速发展工业的计划,但反对用行政的手段通过剪刀差的方式实现工业的快速发展,他认为斯大林的这种工业化道路实际上回到了托洛茨基的老路,农村的集体化不符合列宁的新经济政策,又回到了"战时共产主义"的策略,是一种倒退。在1929年的中央委员会会议中,布哈林明确表达了自己的观点,他认为应该在保留市场的前提下,通过行政手段消灭资本主义的成分,放弃经济建设过程中的非常规措施,构建灵活的税收和价格体系,实现工业和农业的均衡发展。但是斯大林把布哈林打成了右倾资本主义分子,将其排除在政治局之外。在政治上,斯大林逐渐排除了异己,废除了新经济政策,开启了高度集权的斯大林模式。

三、斯大林模式的形成

斯大林取得了关于"一国建成社会主义"和"农业集体化"争论的胜利,为斯大林模式的形成提供了理论准备和政治保障,也为他抛弃新经济政策,建立斯大林模式提供了法理的正当性。可以说,放弃列宁的新经济政策,实行全盘

---

[1] 中共中央马克思恩格斯列宁斯大林著作编译局.斯大林文集(1934—1952年)[M].北京:人民出版社,1985:232.

[2] 斯大林在同托洛茨基斗争时,曾经批评托派阵营的普列奥布拉任斯基的"社会主义原始积累规律",认为它过度压榨农民,会破坏工农关系。但是,在苏联出现粮食危机以及国际反共浪潮的压力下,为了加快发展重工业,斯大林回到普列奥布拉任斯基的"旧路"上来,虽然他初始承诺"贡税"是一种临时性政策,必要时,会取消这一政策,但是后来他将这一政策常态化了,为苏联经济的失衡发展埋下了祸根。

[3] 虽然苏共十五大也强调列宁的合作化思想,但是随着布哈林在斗争中的失败,农业政策也就按照斯大林的观点实行了全盘的集体化。

农业集体化,是斯大林模式成型的序幕。苏联第一个五年计划的成功以及苏联20世纪30年代的大清洗,正处于斯大林模式的最终形成时期。斯大林模式狭义上指的是斯大林按照他自己的社会主义思想建设苏联的具体做法,广义上指的是苏联的社会主义实践。

斯大林模式确立以后,历任的苏共领导人都没有从根本上触动过这一模式,直到1991年苏联解体,整个苏联的政治、经济、社会仍在这一体制下运转。斯大林模式这个概念最初由西方学者提出,用来否定苏联社会主义,代表着"极权主义""独裁暴政"等,企图把苏联发生剧变归咎于社会主义基本制度,从而达到全盘否定社会主义的目的。中国通常谈的斯大林模式这个概念与西方有很大的不同,主要指的是苏联建设社会主义的具体做法,是同科学社会主义的基本特征、基本制度区别开来的概念。苏联建设社会主义的做法是错误的,但这并不代表苏联建设社会主义本身有错。社会主义需要与时俱进、实事求是,所以社会主义在不同国家里要根据具体的国情进行适当的调整,但决不能动摇和否定社会主义的方向和基本制度。

斯大林模式主要包括经济上的公有制、计划管理,政治上的一党专政。斯大林时期,苏联建立的公有制有两种形式:一是以国有企业为代表的全民所有制,斯大林认为全民所有制是社会主义公有制的最高形式;二是以集体农庄为代表的集体所有制,在斯大林的社会主义理论体系中,支配生产资料的是党和国家,人民共同拥有生产资料的所有权,从而建立了以公有制为基础、高度集中的指令性计划经济体制。在政治上,斯大林实行一党制,党政合一,党国合一,把权力集中到少数人手里,实质是集中到他一个人手里,形成了高度集权的政治体制;在意识形态上,斯大林垄断了马克思列宁主义的解释权,为这一套体制提供法理上的合理性。

斯大林的社会主义观与科学社会主义既有联系又有区别。马克思、恩格斯认为无产阶级夺取政权的主要目的是使占人口绝大多数的工人阶级和农民群众成为国家和社会的主人,然后通过国家权力机器逐渐消灭阶级,消除两极分化,达到"人的自由而全面发展"的理想状态。科学社会主义的生产方式是劳动者与生产资料所有权的统一,劳动者占有生产资料,属于生产资料个人所有制的性质。人民对生产资料拥有所有权,生产资料使用权归集体所有。斯大林的社会主义借鉴了科学社会主义的观点,但他片面化地将公有制、计划经济当作具体做法,在实践中僵化地进行生产资料的国有化、经济的高度集中化,人民拥有生产资料所有权成为空文,高估了国家行政的力量,认为政府部门能够自如掌握经济规律。从实践上来看,斯大林建设社会主义的方法不仅与列宁的社会主义思想相差很大,也与马克思主义经典作家的设想相距甚远。

　　计划经济理论源于马克思、恩格斯未来社会的设想,经典作家认为生产力得到极大发展的未来社会不存在商品货币关系,也就不存在商品交换。[1]20世纪末苏联社会主义弊病渐露,东欧的一些国家不断尝试社会主义改革,"市场社会主义"大行其道,但是把社会主义等同于计划经济的认识在思想界仍占主导地位。虽然斯大林模式僵化地理解社会主义概念,但是这一套体制也取得了令人吃惊的成就,苏联在短短几年时间内就走完了西方资本主义国家需要几十年甚至上百年才能建立起来的工业体系和国防体系,为保卫社会主义胜利果实发挥了重要作用。对于社会主义到底该如何建设,邓小平说:"社会主义究竟是个什么样子,苏联搞了很多年,也并没有完全搞清楚。可能列宁的思路比较好,搞了个新经济政策,但是后来苏联的模式僵化了。"[2]邓小平认为苏联的社会主义模式并不是社会主义的固定模式,他更加认可列宁的方式,即运用市场的方法来发展生产力。新中国成立初期,中国走上了"以苏为师"的道路,随着这一套体制的深化,逐渐暴露出很多同苏联相似的问题,所以邓小平认为中国的改革改的应该是从苏联"搬过来""长期没解决好"的一些问题。

第三节　社会主义经济核算问题的论战

　　苏联是世界第一个由马克思列宁主义政党领导的社会主义国家,社会主义由理论变成了现实,由此开启了人类历史的新篇章,社会主义成为20世纪的主流。20世纪初,米塞斯发表的《社会主义制度下的经济计算》引发了近二十年的社会主义经济核算问题的论战。[3]社会主义经济核算问题的争论发展和完善了社会主义经济理论。论战主要在三个阵营之间展开:一是以米塞斯、哈

---

[1]　商品在短缺的情况下,才会出现交换,即价格取决于使用价值。
[2]　邓小平文选(第三卷)[M].北京:人民出版社,1993:139.
[3]　关于论战的起点,众说纷纭,有的学者说是由自由主义学者皮尔逊和马克思主义学者考茨基关于社会主义经济体系中价值问题的争论所引发的;有的说是苏联在20世纪30年代经济危机中一枝独秀,才使学术界的论战引起了广泛的关注。从已有的研究来看,更多学者普遍接受的是论战由米塞斯在1920年发表的《社会主义制度下的经济计算》以及1922年出版的《社会主义》所引发,当时正值苏联新经济政策实行。普遍认为,1937年兰格《社会主义经济理论》的发表象征着论战的终止。

耶克为首的奥地利学派,二是以多布为代表的马克思主义学派,三是以兰格为代表的新古典学派。从论战的内容来看,主要分为两个阶段:第一阶段是奥地利学派对传统马克思主义的挑战,主要是以米塞斯为首的奥地利学派同以多布为首的马克思主义学派之间的论战;第二阶段是兰格以"试错法"来模拟市场社会主义,以此来反击奥地利学派。三个有着不同立场的阵营对社会主义经济核算问题展开了激烈的争论,其结果影响至今。

一、米塞斯对传统社会主义的挑战

自由主义在早期以反对专制主义和封建主义著称,在20世纪初,自由主义又站在了社会主义的对立面,其中,以奥地利学派最为著名。米塞斯是奥地利学派的代表性人物,他掀起了对苏联社会主义的论战,其后他的学生哈耶克继承了米塞斯的意志,成了坚定的反社会主义者。

(一) 对社会主义经济合理性运行的否定

米塞斯是奥地利学派的代表性人物,该学派继承了英国古典自由主义的"自发秩序",认为社会主义的计划经济不可能达到有效的资源配置。马克思、恩格斯认为社会主义生产力可以发展到一个很高的程度,人们的生活需求将不再短缺,人的劳动成为人的本质,社会剥削将不复存在,"异化"现象在社会中消失。米塞斯认为"大自然没有赐予我们任何权利,正是由于她供给我们的生存资料极为匮乏,并且需求实际上是没有止境的,人们才被迫从事经济活动"[1],西方经济学理论的起点是资源具有短缺性,经济学的本质在于有效配置稀缺的资源,所以他认为马克思、恩格斯未来社会的经济方式在现实世界不可能被实现。

经典马克思主义理论认为竞争造成资源浪费。资本主义发展的趋势是大企业吞并小企业,资本逐渐集中,这样就形成了一种恶性循环,即大企业拥有更多的资金来创新,以此提高生产力,大资本逐渐战胜小资本,最终形成垄断或寡头。"在一个社会里,只有当社会总资本或者合并在唯一的资本家手中,或者合并在唯一的资本家公司手中的时候,集中才算达到极限。"[2]企业规模的扩大导致贫富差距日益扩大,财富逐渐向少数人手中转移,从而造成阶级对抗,这是资本主义生产的必然结果。米塞斯认为:"机构或企业的集中却绝不

---

[1] 米瑟斯.社会主义[M].王建民,等,译.北京:中国社会科学出版社,2012:11.
[2] 中共中央马克思恩格斯列宁斯大林著作编译局.马克思恩格斯文集(第五卷)[M].北京:人民出版社,2009:723.

等于财富的集中趋势。随着机构和企业变得越来越大、越来越现代,现代资本主义也在同样程度上发展出了使人能以小财富干大事业的企业形式。看看这些已经出现并变得日益重要的企业类型的数量,而独资商人已经几乎从大型工业、采矿业和运输业中消失殆尽,即可证明不存在财富集中的趋势。"①现代企业虽然逐渐集中,但是所有权却在不断地稀释、分散。如随着上市公司的逐渐增多,社会的持股人也越来越多,甚至控制一家公司的持股量不到5%就可以,②米塞斯认为现代企业在市场竞争中虽然会出现兼并和垄断现象,但是这一现象有益于社会经济发展,况且,市场最终并不会出现金融寡头。

米塞斯认为社会主义计划经济最难以解决的是计算问题。恩格斯、列宁等经典作家都思考过社会主义经济计算问题,恩格斯试图将复杂劳动折算成简单劳动,"比较复杂的劳动只是自乘的或不如说多倍的简单劳动,因此,少量的复杂劳动等于多量的简单劳动。经验表明,这种简化是经常进行的。一个商品可能是最复杂的劳动的产品,但是它的价值使它与简单劳动的产品相等,因而本身只表示一定量的简单劳动"。③但是恩格斯忽视了不同质的劳动折算的比例问题,这是难以解决的。米塞斯质疑了用劳动作为社会经济的计量标准,他认为:"简单劳动与复杂劳动之间的代换率表现在一个交换经济的工资率上。这一均等化的过程是市场交易的结果而不是市场交易的前提。用劳动进行的计算必定为简单劳动代换复杂劳动规定一个任意的比例,这就是它不能用于经济管理的目的。"④列宁企图通过劳动人民的计算和监督⑤,实现社会主义的经济核算,可是他很快就认识到"计算和监督"是"主要的困难"。在苏联的社会主义实践中,列宁逐渐认识到社会主义需要市场来实现资源的有效配置。

价格机制是市场的信号源,能够正确反映市场的真实状况。价格反映商品的珍稀程度,通过"无形之手"把各种生产要素投入到利用率最高的地方,以获取利润。米塞斯认为社会主义经济是国家支配生产资料,以消灭市场为目标,因此,货币、价格等经济要素在社会主义经济体系中无法发挥作用,没有货

---

① 米瑟斯.社会主义[M].王建民,等,译.北京:中国社会科学出版社,2012:19.
② 通用公司的5家最大的股东合起来的持股量还不到6%。
③ 中共中央马克思恩格斯列宁斯大林著作编译局.马克思恩格斯全集(第二十三卷)[M].北京:人民出版社,1972:58.
④ 路·冯·米塞斯,陈国雄.社会主义制度下的经济计算[J].经济社会体制比较,1986(6).
⑤ 在前文中已经谈到了计算和监督,列宁在早期对劳动人民的计算和监督是寄予厚望的。

币和价格的经济必然会导致无效率的资源配置。因此,他认为在社会主义条件下不可能对经济进行合理的计算,政府对经济的干预势必影响生产效率的提升。米塞斯对苏联的新经济政策也持否定意见,他认为苏联的社会主义经济开放了消费市场,但仍旧掌握生产资料,只有消费品市场可以通过价格来调节,生产要素市场仍通过政府调节,这种方式不可能实现市场的有效配置。生产资料不进入交换环节,货币失去了在社会经济生活中的计算功能,生产进入无序状态。一些右翼学者认为20世纪社会主义国家改革失败的原因在于只将市场机制引入消费品市场而忽视了生产资料市场,如波兰的经济学家布鲁斯和拉斯基认为匈牙利改革失败主要因为"在原则上都把市场力量的作用范围只局限于产品市场内,而把生产要素市场,尤其是把资本市场摒除在外"。①米塞斯认为有效的生产、交换应该是以市场为原则的机制,"在任何制度下,应该生产什么消费品和生产多少都是很容易决定的。但是,一旦做出决定,仍然存在着如何最有效地利用现有生产资料来生产这些产品的问题。为了解决这些问题,必须要有经济计算。这就是说,必须有土地、原料、半成品的货币价格,必须有货币工资和利息率。因此,问题仍然是二者必居其一,要么是社会主义,要么是市场经济"。米塞斯表达了一贯的立场,经济有效运转一定要有核算,而有效核算只能在市场经济的价格体系下才能实现。可以看到,米塞斯对社会主义的认识出现了误解,他认为社会主义不可能有市场经济,市场经济只属于资本主义社会。在当时的背景下,社会主义的实践和理论限制了米塞斯对社会主义的认识,但应认识到,米塞斯非常有体系、很明确地提出了社会主义核算问题,引起了马克思主义学者对社会主义经济核算的思考,从而引发了对社会主义与市场的结合的探索。

(二)马克思主义学者对米塞斯的驳斥

以多布、泰勒为首的社会主义学者对奥地利学派展开了反驳。多布是传统的马克思主义学者,对劳动价值论做出了巨大的贡献,对奥地利的"经验价格"提出了尖锐的批评。泰勒是美国经济学会的主席,主要提出社会主义也可以进行经济核算的观点。

莫里斯·多布是一位传统的马克思主义者。多布认为不能将价格、市场、

---

① W.布鲁斯,K.拉斯基.从马克思到市场:社会主义对经济体制的求索[M].银温泉,译.上海:上海三联书店,上海人民出版社,1998:97-98.

竞争等属于资本主义范畴的东西应用到社会主义中来。他最突出的研究论题是对劳动价值论的研究,他认为在政治经济学中,价值理论起普遍作用,要坚持和发展马克思的劳动价值论,不仅要厘清价值理论在政治经济学体系中的重要作用,而且要驳倒那些"经验价格"(奥地利学派的观点)的思想。如果局限于边际主义的价格理论的争论,那么似乎就说明了社会主义经济和资本主义经济被同一种规律所支配,以至于不同社会制度之间出现的经济问题,需要用同一种机制来解决。多布认为个体的短视行为造成整个社会的无序生产,从而引发资本主义经济危机,社会主义作为集体经济,能够避免资本主义经济危机,克服经济上的短视行为。对于生产资料的配置问题,多布认为:"以一种自主的方式构建这种比例,像一个医生为病人开药方一样,或基于借助于调查表的抽样的意见,或基于合作社会所提供的信息,或根据这些方法的综合。"[①]政府在经济活动中扮演着主要角色,通过不同渠道掌握市场信息来分配有限资源,实现资源的有效配置。对于消费品的分配,多布认为中央当局有足够的能力来完成这个任务。多布的观点代表了传统马克思主义学者对社会主义经济的认识,他们推崇计划经济,认为社会主义在现实社会的实践要遵守科学社会主义基本原则,如公有制、计划经济、按劳分配等。但是苏联的社会主义实践经验表明,直接照搬经典理论对社会主义建设进行指导,会引起现实社会出现与理论截然相反的结果,进而引起对经典理论科学性的质疑。

泰勒是美国经济学会的主席,在马克思主义研究史上占有一席之地。他反对米塞斯的观点,认为社会主义可以同资本主义一样,通过经济核算来实现资源的有效配置,不同的是社会主义国家主要运用国家行政手段,资本主义国家主要通过市场手段。1928年,泰勒在美国经济学会上发表了《社会主义国家的生产指导》的演讲,他认为"如果政府自身控制着全部的生产机构,并对所有的生产活动进行指导,那么这个国家就被认定为社会主义国家",社会主义国家的特征是公有制和计划经济,在这一点上,泰勒同传统马克思主义的观点一致。即便如此,泰勒也不是马克思主义学者,他虽然认可在某些领域公有制比私有制要好,但是认为私有制并不是一无是处,也有其好的一面。在政府与市场的关系上,泰勒主张政府尽量用商品货币关系来实现对经济的调控,而不是让市场完全自发地进行调节。在分配问题上,泰勒认为资本主义国家最大的

---

① M.Dobb. Political Economy and Capitalism[M]. London: Routledge and Kegan Paul, 1937:272.

问题是贫富分化,国家应该在分配问题上加强控制,消除无产阶级和资本家之间的矛盾;同时他认为马克思的分配方式是建立在剩余劳动基础上的分配,不适合当前社会的经济基础。泰勒分析了资本主义和苏联社会主义的经济,他认为两种经济体都存在同一个经济问题,即"应该采用什么样适当的方法来决定,从可以支配的经济资源中到底该生产何种商品"。在泰勒假设的条件下,国家掌握生产资料,指导生产,工人生产产品,国家付给工人货币,允许公民自由购买消费品,国家根据社会需求制订生产计划。国家在确定产品价格时,必须保证价格等于生产成本,保证分配上的价值公平。为了做到科学的经济核算,政府还应该建立生产要素评估表,也就是生产要素的"试错法",以对生产要素的估价为依据进行生产,根据市场上生产要素的剩余或者短缺,来判断政府对生产要素的估价是否正确,然后不断调整估价,以达到各生产要素既不出现剩余也不出现短缺的目的,即供给需求之间的平衡。实际上,泰勒评估生产要素的价格运用了奥地利学派的边际效用理论,但是他并不认可这一点,认为这种均衡理论并不是奥地利学派首创的理论性内容,而是由以往的经济学家总结得出。

二、兰格"市场社会主义"理论的形成

第一阶段的论战让思想界认识到经济核算在社会主义经济中是必要的。同时,资本主义世界的经济危机与苏联经济的一枝独秀形成鲜明的对比,让西方的思想家将更多的目光转移到了社会主义经济的理论探讨上来。以哈耶克、罗宾斯为代表的奥地利学派认可了社会主义的计划经济的核算在理论上可行,但在现实社会的实践中并不可行。对此,波兰经济学家奥斯卡·兰格在泰勒的基础上,提出了竞争性质的"试验错误",将市场竞争的方法引入到社会主义经济中来,兰格是第一个理论上将社会主义与市场经济结合起来的学者,并提出一套理论上可行的方式,他也因此被市场社会主义称为鼻祖。

(一)哈耶克对米塞斯观点的扩展

哈耶克是米塞斯的学生,他继承了米塞斯的观点,认为市场的"真实价格"在经济中起着关键作用,价格能够反映市场的变化,为企业家的决策提供有效的信息,从而达到资源的有效配置。哈耶克对米塞斯的观点进行了补充和扩展,对于计划经济,他认为只要中央机关能够掌握各生产单位的生产、交换、消费等信息,就可以实现所谓的"计划生产"。

第二章　苏联社会主义关于计划与市场的争论及发展

哈耶克认为市场体制的主要动力是价格机制在传递市场信息,信息是整个市场能够自发运转的必要条件。商品价格在于使用价值,商品失去了有用性,也就不存在价值,市场的作用在于为商品寻找市场,"经济是满足社会个体需要的一种手段,任何事物都不具备内在的使用价值;只有在它对于人们具有主观上的使用价值的时候,客观的使用价值才会具有价值"。①所以,奥地利学派认为一个商品的价值在于个体对其喜爱的程度,价格的变动是整个社会对该商品的喜欢程度及短缺程度的直接反映。正如一些古典的经济学家所认为的,只有在竞争市场中才能达到一种"自然"(自发、真实)的价格,这种真实价格并不是某人或某个组织或某种规则能够决定的,而是市场合力的结果。哈耶克认为:"价格中所反映的或积聚的信息总量,完全是竞争的产物……竞争乃是作为一种发现过程起作用的,而它发挥作用的具体方式不仅是向任何有机会运用特殊情势的人开放出从中谋取利益的可能性,而且还在于向其他当事人传递存在着这样一种机会的信息。"②哈耶克非常反对政府管制物价或者制定价格规则,他认为政府无法制定出长期有效的价格体系,因为价格是一种动态的过程,政府无法完全掌握这些信息,做出正确的判断;如果政府强制制定价格体系的话,同一件商品就会有不同的价格,市场失去了其内在的调节功能,从而无法发挥应有的作用,只有"自然"价格能够正确反映出健康的供求关系,但是政府一旦对价格进行管制,或是扭曲了真实的市场价格,那么就会出现人为的供大于求或者商品短缺现象。③不仅如此,对于价格所反映的信息,哈耶克也做过一定的规定:"第一,在可供选用的技术手段中,何者在给定的情势中是最经济的;第二,不同的物质原料以及其他要素在相对稀缺程度方面所发生的种种变化,而这些变化会改变不同的生产手段所具有的相对优势。一如我们所知,几乎任何产品都是可以经由对各种生产要素的无数组合而被生产出来的,但是在这些组合当中究竟何者组合成本最低这样的问题,却是由这些生产要素的相对价格来指示的。"可以看出,自由的价格体系在哈耶克的理论中是一个基础性的理论,因此,奥地利学派认为政府不应该在经济活动中设置任何障碍。

---

① 安德鲁·甘布尔.自由的铁笼:哈耶克传[M].王晓冬,朱之江,译.南京:江苏人民出版社,2002:79.
② 哈耶克.法律、立法与自由(第二、三卷)[M].邓正来,等,译.北京:中国大百科全书出版社,2000:204.
③ 哈耶克.自由宪章[M].杨玉生,等,译.北京:中国社会科学出版社,2012:359.

哈耶克指出市场信息是高度分散的,甚至是互相冲突地存在着,只能由不同的个人掌握,不可能存在一个全知全能的人或组织掌握所有分散的市场信息以及如何分配信息资源的能力,因此中央计划生产在现实中不可行。知识的分立性所带来的必然后果是每个社会的单个成员对于社会存在的大多数事实处于无知状态。在社会经济生产上不可能人为地制造出一种供给和需求之间的均衡。哈耶克认为经济的核心问题就是对分散化知识的利用,那么这种可以被利用的运转方式就是市场的价格体制。通过价格变动所传递的信息,市场个体可以利用自己了解的信息进行一些行为和判断,尽管无法掌握到全部的市场行为,但是价格体制可以利用自己独特的方式来让不同的人获得需要的知识,从而打破市场的局限性。哈耶克拓展了经济学领域的研究范畴,之前是研究给定知识利用问题,而他对知识的论述,就将"研究转向研究知识的发现过程和分散的知识得以传递和利用的机制"。[1]

哈耶克认为马克思的劳动价值理论是在探索虚无缥缈的价值概念,忽视了经济个体的行为,以劳动价值论为中心的经济思想在学界已失去了地位,价格取决于商品的稀缺程度以及消费者对其偏爱的程度。只有在商品对于人们具有主观上的使用价值的时候,客观的使用价值才会具有经济意义,这也变成了古典经济学派、马克思主义学派与奥地利学派争论的一个中心问题。哈耶克参照了苏联社会主义实践,认为计划经济容易产生集权,滋生腐败,影响市场机制发挥作用。哈耶克认为苏联的社会主义经济模式是最坏的方式,当然,从他的理论背景上来看,有这样的结论本身也不足为怪,但是,他的知识社会学对经济学的影响是不可忽视的。

(二)兰格的社会主义与市场经济结合的理论

兰格认为社会主义也可以通过市场的方法进行经济核算。他认为社会主义的基本特征是生产资料的公有制,但是人民有消费和选择职业的自由,"生产资料公有制的事实本身并不决定分配消费品和分配人民各种职业的制度,也不决定指导商品生产的原则",[2]他将消费品市场和生产资料市场分开,认为社会主义并不一定是计划经济。兰格打破了传统社会主义的束缚,认为社会主义公有制跟计划经济没有必然的联系。计划经济只有在三种情形下才能发

---

[1] William N. Butos, Thomas J. McQuade. Mind, Market and Institutions: The Knowledge Problem in Hayek's Thought[J]. History of Political Economy,1997,29(2):327-359.

[2] 奥斯卡·兰格.社会主义经济理论[M].王宏昌,译.北京:中国社会科学出版社,1981:9-10.

挥作用——战时经济、社会主义革命初级阶段、工业化时期,除此之外,计划经济只能成为社会主义经济发展的障碍。计划经济具有刚性特点,缺乏灵活的空间,机制容易僵化,不能及时反映市场需求,因此,社会主义经济必须要采取市场的方法,来进行资源的合理配置。

兰格肯定了奥地利学派以价格为中心的分析范式,他认为资本主义达到的一般均衡是在竞争的前提下,通过价格的上下波动不断形成的,在社会主义条件下,也可以达到这样的结果。兰格提出中央计划当局通过模拟竞争市场机能,不断地以"试错"的方式来达到一种均衡,找到在竞争条件下商品的真实价格和产量。早在20世纪初,巴罗尼的论文提到过采用数学计算的方法来实现经济体系的均衡,他建议建立数以千计的联立方程体系来实现市场均衡,试图解决中央计划下的经济核算问题。哈耶克提出反对意见,他认为这样的方程式在理论上可行,但市场是不可捉摸的,变量太多,根本无法求出最终结果,社会主义的计划生产在实践中无法变成现实。兰格认为,可以在社会主义经济条件下,设立一组方程式,用实验的方法求解,从而达到市场上的供求均衡,求大于供时就提高价格,供大于求时就降低价格,"它规定组合生产要素和确定生产规模的规则,确定一个产业的产量规则,分配资源的规则,以及在核算中将价格作为参数应用的规则"。①

不同的是,资本主义生产的目的是追求利润的最大化,社会主义生产是为了满足人民的需求。社会主义生产资料所有制是公有制,不存在生产资料市场,但是,为了核算的需要,生产资料也要有一种计算价格,即"知识为会计目的确定的现有选择的指数",价格必须由中央计划当局来制定,"对于公有的资本和自然资源,中央计划局必须确定一个价格,并规定这些资源只能给支付或者不如说能计算这个价格的产业……已知最终生产资源的服务价格,它们在不同产业之间的分配也被决定"。②中央计划当局根据消费品市场的消费偏好,通过"试错法"找出均衡价格,工厂经理也必须按照中央下发的"物价参数函数"来规定产品价格,然后根据消费品在市场中的价格变动,不断调整生产要素价格以及产量大小。这里有一个前提,"只有在价格为已知时,使平均成本为最小的要素组合,使边际成本与产品价格相等的产量,以及最终生产资源的

---

① 杨玉生.社会主义市场经济理论史[M].济南:山东人民出版社,1999:96.
② 奥斯卡·兰格.社会主义经济理论[M].王宏昌,译.北京:中国社会科学出版社,1981:13.

最佳分配才能决定",①物价作为常数的话,商品就能达到固定的均衡。如此,社会主义的经济核算方式同自由市场的机制一样,不同的是,自由市场实现资源配置要通过市场自发进行,而社会主义的资源配置由中央计划当局通过均衡价格不断地"试错"达到均衡。

在资源配置层面,兰格认为计划能够通过制度设计达到市场配置同样的结果,社会主义比资本主义优越应该体现在分配机制上。资本主义的经济基础是生产资料私有制,它通过占有生产资料达到占有劳动者剩余价值的目的。社会主义优越性体现在分配的公平性,兰格认为社会主义的分配要达到两个条件:一是"使不同消费者们提出的需求价格代表相等的需求迫切性",二是"使不同职业中劳动的边际产品价值的差别等于他们的职业中涉及的边际反效用的差别"。②如此,才能达到社会的最大福利。社会主义还应更加注重人权和社会责任,兰格认为资本主义的资本家只考虑自己的利益,忽视了人文关怀,"工人的生命、安全和健康"等因素并没有被算作生产成本,而社会主义经济将这些当作社会成本并纳入国民经济核算过程中,从而实现真正意义上的公平正义。经济核算内容的不同,体现了整个社会的制度性质,社会主义制度实现了人与人平等,这是与资本主义制度最大的不同。

三、对两次论战的评析

两次论战的观点可以分为三种:第一种观点认为以计划经济为特征的社会主义不能进行经济核算;第二种观点认为社会主义计划经济可以运用奥地利的边际效用理论通过"试错法"进行经济核算,实现资源的合理配置;第三种观点认为传统社会主义本身就可以实现资源的配置。从争论的主体上来看,传统马克思主义学派并没有围绕经济核算来展开,因此,论战的实质转移到了社会主义能不能用实验的方式实现资源的有效配置。从社会主义现实问题出发,经济核算是社会主义经济史上一个很有必要研究的问题,③虽然论战各方的观点在理论上和实践上都有缺陷,但此次论战影响了整个20世纪社会主义观念史和实践史的进程。

---

① 奥斯卡·兰格.社会主义经济理论[M].王宏昌,译.北京:中国社会科学出版社,1981:13.
② 奥斯卡·兰格.社会主义经济理论[M].王宏昌,译.北京:中国社会科学出版社,1981:25.
③ 有很多的学者认为,关于经济核算问题的争论至今尚未结束,如林毅夫、张维迎关于产业政策之争。

米塞斯反对社会主义的观点在理论和现实上不容易站得住脚,短缺经济一直是西方经济学的观点,是为资本主义法权背书的理论,资本主义经济理论是站在资产阶级立场上的观点。他试图通过"机构或企业的集中绝不等于财富的集中趋势"的观点来反驳社会主义对资本主义关于平等的批判,这种观点在实践中已经被证明是错误的。当代西方资本主义国家主要形成了以法人资本所有制为主导的所有制格局。近年来,西方的机构投资者的股份不断上升,在1981年至1990年的十年时间里,美国法人股东持有的股票比例超过了50%,这些法人股东大多是商业银行。①实质上,这种分散性所有权变成了金融垄断,比过去的资本集中速度更快,法国左翼学者皮凯蒂分析了西方国家近两百年来的政府统计数据、纳税单据、银行账目和报纸杂志,认为近两百年来世界发展的趋势是资本的收益率大于经济增长率。②可见,财富的集中在历史长趋势中是逐渐加剧的。

米塞斯批判了泰勒的社会主义经济核算的"试错法",为社会主义经济核算理论的发展提供了另一种可能。米塞斯认为:"如果生产是按照'计划'进行,也就是说,是由主宰一切的中央集权来实施,盈利性核算的基础也就消失了;剩余的就剩下实物核算了。"③生产要素的真实价格只能在市场的自由竞争中才能产生,无论用何种办法模拟市场,都无法正确反映出市场的真实变化,他认为"权力干预的作用不存在任何可以用来衡量和核算的标准,因为中央权力不可能受到市场中形成的交换关系的影响"。米塞斯认为计划经济、生产资料公有制必然导致腐败和低效率,市场无法进行有效的竞争,无法形成真实的生产要素价格。而泰勒的观点主要将市场分为生产资料市场和消费品市场:生产资料市场由国家控制,由国家安排生产,不参与市场交换,维持社会主义的基本特征;消费品市场运用市场机制,参与市场竞争。参与争论的左翼学者海曼认为"只要消费品市场上存在着真正的竞争,由它所决定的价格就会向生产的各阶段扩散,这决定了定价是理性的;而这种定价是独立发生的,与生产资料市场参与者的体制无关"④,只要消费品市场能够反映出真实的价格,就能囊括生产资料市场的要素价格,关键问题是,如何设计消费品市场影响生产资料市场的机制。但是米塞斯反对这一观点,他认为只有"人人都在生产赢利前

---

① 高建昆,程恩富.现代资本主义市场经济中的垄断与反垄断新析[J].经济纵横,2015(11).
② 托马斯·皮凯蒂.21世纪资本论[M].巴曙松,等,译.北京:中信出版社,2014:28.
③④ 米瑟斯.社会主义[M].王建民,等,译.北京:中国社会科学出版社,2012:489.

景似乎最好的东西时,才存在竞争",并且经济核算的核心问题,不是"如何运用现有流动资本的问题",而是"资本的更新和新增资本的投资"。①双方虽然都在围绕经济核算问题,但是他们有一个共同点——计划经济是社会主义经济的基本特征。虽然泰勒一方在计划经济的大框架上试图对社会主义进行市场化改进,但他依旧没有突破社会主义的经济只能是计划的认识。

  有的学者提出社会主义经济缺乏合理的计算机制,导致低效率,但是低效率导致的社会财富的减少,却会促进财富分配的公平,他们将社会主义经济核算问题转化为公平与效率的关系。对于这个说法,哈耶克并不认同,他认为根据市场原则来办事,就是公平,也就是奥地利学派所谓的"市场正义"。无论是米塞斯还是哈耶克,他们所讲的社会主义可行性主要说的是社会主义计划经济的可行性,新古典学派的辩论也是围绕着计划经济在做文章,他们将计划当作社会主义最本质的特征,这是当时认识的一个误区。新古典经济学家与奥地利学派达成了一个共识,即没有市场和价格机制,就无法实现资源的有效配置,所不同的是新古典经济学派认为可以运用瓦尔拉斯的一般均衡理论,从而在资源配置上达到同自由市场一样的结果。这种"试错法"有非常明显的缺陷,它分析的是一种静态市场过程,而自由竞争市场的信息每时每刻都在发生变化,政府无法掌握市场中的每一个变动和细节,一般均衡理论仍旧无法克服信息不足难题。兰格的理论有一个前提,他的理论假设中不会出现短缺现象,这同马克思"无限生产力"的前提一样,不符合社会的实际状况。尽管如此,兰格的"试错法"仍旧具有非常深远的影响,"中央计划模拟市场"理论为社会主义和市场经济的结合提供了理论上的可能,为社会主义的实践提供了理论的指导,开创了社会主义新的研究方向。

  可以说,正是有了这场论战,文明才得以进步,思想才得以前行。论战的双方都有其无法遮掩的瑕疵,但也无法忽视论战双方对思想发展的贡献。奥地利学派将公有制、计划经济、极权政治当作社会主义的内在属性,无论是米塞斯还是哈耶克,他们所批判的都是计划经济的不可操作性,而非社会主义的价值理念。奥地利学派所谓的"自由"与马克思的自由观也需要有所区分:奥地利学派的"自由"仅仅是法治之下的个人行为自由,属于人类社会发展的第二阶段;马克思、恩格斯认为人应该作为人独立存在,"代替那存在着阶级和阶

---

① 米瑟斯.社会主义[M].王建民,等,译.北京:中国社会科学出版社,2012:489.

第二章　苏联社会主义关于计划与市场的争论及发展

级对立的资产阶级旧社会的,将是这样一个联合体,在那里,每个人的自由发展是一切人的自由发展的条件"。①马克思的自由观高于米塞斯和哈耶克,他是建立在全人类共同利益上的自由观。囿于时代,米塞斯、哈耶克无法看到科学技术的发展排除信息障碍的可能。有学者说,大数据的发展将使社会主义经济核算成为可能,大数据能够克服市场信息不对称的缺陷,但是,也有学者认为,纵使大数据时代获取信息比过去更加方便和快捷,但是时代的发展只会使信息越来越复杂,更加难以通过计划来实现对资源的有效配置。总之,直到今天,计划与市场之争仍没有一个肯定性的结论。

本章小结　在历史与实践中把握市场经济的内涵

经典马克思主义认为市场经济是商品经济的高级阶段,属于资本主义范畴,虽然这套机制能够很好地解决资源的配置问题,却也容易引起社会的无序化生产以及供给和需求的失衡,从而导致经济危机。理论上,社会主义以高水平的生产力以及无限资源为前提,但是,古典经济学认为社会资源具有稀缺性,价值虽然蕴含在商品当中,但真正建立在稀缺性和使用价值的基础上,所以,如何把稀缺的资源进行最有效的配置是经济学最核心的命题。苏联的社会主义实践证明了经济文化落后的社会主义国家要想建成社会主义,必须要利用市场,通过市场实现资源的有效配置,社会主义也可以有市场,市场不具有制度属性。社会主义经济核算的论战,证明了只有真实的市场价格才能实现资源的有效配置。计划与市场之间的区别归根结底是正确处理好政府与市场之间的关系,计划经济主要是以政府为资源配置的主要方式,市场经济则主要是以市场为资源配置的主要方式,两种配置方式都有优势,也有弊端,因此,计划与市场之间的关系归根结底是如何利用好计划与市场,分清两种资源配置方式的边界,以实现资源配置的最优效率。

一、资本主义市场经济的价值悖论

新自由主义认为市场经济不仅具有资源配置作用,也蕴含着一套价值理

---

① 中共中央马克思恩格斯列宁斯大林著作编译局.马克思恩格斯选集(第一卷)[M].北京:人民出版社,2012:422.

念,新自由主义极力反对社会主义国家运用政府行政手段干预经济运行。新自由主义一派认为经济自由是一切自由的前提,并形成与之相协调的自由、平等、民主等理念。20世纪70年代,世界经济出现的滞胀危机,导致新自由主义理念迅速风靡全球,并且被英美政府所认可,以政策、法律的形态进入政策主张层面,进而成为一种主要的社会意识形态,并且,西方国家具有生产力示范作用,追赶中的发展中国家通过对发达国家的研究,间接接受"市场经济"等价值理念。然而,资本主义市场经济存在价值悖论,主要包括以下几点:

市场经济的平等观与实际产生的不平等之间的价值冲突。新自由主义宣扬的平等主要指的是生命权、自由权、财产权等基本权利的平等,主张机会平等,反对国家通过再分配的方式实现实质性平等,[①]主张国家应该是"最弱意义的国家"。一些西方的经济学家极力宣扬"最小的政府",让市场自发地发挥作用,但是,市场本身具有的趋利性,必然造成资源和机会分配的不平等。当然,平等也是社会主义最核心的内容,不仅指代机会平等,也强调结果平等。随着时代的发展,平等原则逐渐被各种社会思潮和政治思想所接受,新自由主义对平等原则的变种以适应整个社会潮流的变化,具有极大的伪装性和欺骗性。马克思分析世界历史的发展,认为只要还存在生产资料私有制,就会产生不平等。虽然所谓绝对平等在目前条件下还无法实现,但是财富分配悬殊的市场经济绝对不是一种现代性质的平等观。

市场经济的公平观与实际产生的不公正之间的冲突。首先,新自由主义的市场经济所讲的公平是墨守成规的市场竞争,企业必须根据法律来进行市场活动,这些维持市场经济有效运行的法律法规便是公平的原则,市场会奖励那些高效率、辛勤工作以及天赋超于常人的群体。市场对资源的分配主要是基于个体在获取市场信息后自发进行的市场活动,其缺点在于市场对那些有能力获取更多信息的人回报得更多,存在着阶级偏见,忽视了资源禀赋差的群体。没有生产资料的工人只能出卖自己的劳动力给雇主,市场的动力依旧来源于资本家对利润的追求,而且市场只对具有支付能力的人的需求做出反应,那些没有支付能力的人无法通过市场来反馈社会的真实需求,导致市场所反

---

① 虽然后来新自由主义代表人物德沃金讲资源平等,但是他一方面强调应该尽可能地实现物质资源平等分配;另一方面也强调个人具体责任原则,对个人的主观因素所导致的不平等,将由个人承担。其实,这个观点跟新自由主义的程序平等并没有什么区别,因为人生来就禀赋不同,所以生来就"不平等"。

馈的信息并不是社会真正的需求。其次,马克思提出的资本主义经济走向垄断的观点,逐渐被西方的古典经济学和新自由主义所接受,市场经济的公平观指的是竞争公平,实际上却产生了不公平的结果。

市场调节与政府调节边界之间的冲突。马克思深刻分析了资本主义生产的内在机理,认为个别企业生产的有组织和整个社会生产的无政府状态之间的矛盾是周期性经济危机产生的主要原因。市场对短缺资源的过度开发和产品的供过于求,都表明市场作为资源配置的机制也具有无效率的一面。但是,现实社会主义实践表明,生产力不发达的计划经济所导致的无效率相对于市场经济的无效率,可能更加严重。只有市场无效率的时候,政府在资源配置方面才有发挥作用的空间,从西方资本主义的发展史来看,没有任何一个国家出现过完全意义上的自由市场经济,因此,划定出一个合理的政府与市场的边界是经济学的关键。

以自由为核心的市场经济与实质性的反自由之间的冲突。首先,新自由主义一派强调自由的价值,他们主张的自由是公共权力界限的问题,个人享有权利,不受国家干预,甚至"法无禁止皆自由"。这一套自由观受到世界大多数人的青睐。值得反思的是,资本主义世界的游戏规则主要掌握在那些拥有大量资源的人手里,这种自由的权利名义上人人享有,实际上只有那些资本的独裁者才能获取,真正的自由无从谈起。只要整个社会尚处于"第二阶段",即人受物的限制的阶段,生产力还不足以满足人的物质文化需求,就不可能实现真正意义上的自由,即马克思所说的"人的自由而全面的发展"。再者,控制经济权力的资本家会对政府规则的制定施加影响,与自由对应的民主制也会被资本权力所篡夺。总之,由市场经济所带来的分配不平等必然带来一系列的差别,并形成对市场经济所宣扬的价值的自我瓦解。

二、市场经济的非制度属性

马克思并没有设计未来社会的具体形式。俄国"十月革命"之前,社会主义尚是一种思潮,一些思想家和学者就已经开始批评社会主义在资源配置上的无效率,如19世纪德国的经济学家戈森认为政府指导下的生产是不合理和无效率的;瑞典经济学家古斯塔夫·卡塞尔认为以劳动为核心的市场核算体系,无法反映出市场的真实需求,不可能达到资源的有效配置;荷兰经济学家皮尔逊认为没有商品交换,就无法衡量产品的真实价值,就不可能实现资源的有效配置。①俄国的社会主义实践也证明了经典作家的社会主义在现实中困难重重。在20世纪社会主义可行性论战中,米塞斯和哈耶克分别从货币价格和知识社会学两个层面来论述社会主义无法进行有效资源配置的实质。社会主义经济最主要的问题转移到了如何实现资源的有效配置上来。

瓦尔拉斯认为只要营造完全竞争的市场环境,实现一般均衡价格,便可有效配置资源,社会主义国家只需要通过国家立法的方式消除垄断,市场价格便具有完全的弹性。②奥地利经济学家维塞尔认为共产主义经济也需要经济核算:"即使在一个按共产主义原则管理经济事务的社会或国家里,财务也不会没有价值。那里像别的地方一样,还会有各种需要;要全部满足这些需求,可利用的资财还会感到不足;人心对于私有财产还会恋恋不舍。凡属不是自由的财物,还会被认为不仅是没有用处,而且是没有价值。这些财务在价值上还会依据它的现有数量对需求的关系排定等次,而这次关系最终还会用边际效用来表现自己。"③意大利经济学家帕累托在瓦尔拉斯和维塞尔的基础上,提出了著名的"帕累托最优理论"④,并据此认为社会主义的计划经济也可以根据制度设计实现资本主义自由市场竞争下的经济均衡。帕累托的学生巴罗内在1908年发表的论文《集体主义国家的生产部》,发展了帕累托的设想,阐明了社会主义经济达到最优的资源配置所需要的条件,并第一次提出了通过"试错法"的方式求得均衡价格,使计算价格与最低成本相等,从而实现资源的有效配置。⑤兰格、泰勒等经济学家继承并拓展了均衡学派的思想,开创了"市场社

---

① 克里斯托弗·皮尔森.新市场社会主义——对社会主义命运和前途的探索[M].姜辉,译.北京:东方出版社,1999:2.

② 见于克里斯托弗·皮尔森《新市场社会主义——对社会主义命运和前途的探索》(东方出版社1999年版),"瓦尔拉斯是一般均衡理论的首创者,他在文集《应用政治经济学研究》中进一步提出,在社会主义条件下可以通过国家立法组织和维持自由经济竞争,建立完全竞争机制,从而使一般均衡价格得以实现"。马克思、恩格斯在分析资本主义制度下的生产时,明确反对市场和市场竞争,显然,从社会主义元理论出发,是不可能得出市场价格的。

③ 见于弗·冯·维塞尔《自然价值》(商务印书馆1982年版)。不过在这一点上,维塞尔犯了一个与瓦尔拉斯一样的错误,马克思笔下的共产主义是一个生产力极大发展的社会,人不会再受物的限制,因此,也就不会产生对资财的不足。

④ 指的是资源分配的一种理想状态,假定固有的一群人和可分配的资源,从一种分配状态到另一种状态的变化中,在没有使任何人境况变坏的前提下,使得至少一个人变得更好。

⑤ V. Pareto. Les Systèmes Socialistes[M]. New York: Wentworth Press, 2018; E. Barone. The Ministry of Production in the Collectivist State[J]. Giornale degli Economisti e Annali di Economia, 2012, 71(2/3):75-112.

会主义"。值得注意的是,瓦尔拉斯、维塞尔、帕累托这一批学者,并不是社会主义的同情者,他们只是在对资源配置的理论探索中,证明资本主义同社会主义一样,都可以通过价格作用实现对资源的配置,这一想法被社会主义思想家吸纳,发展和改进了社会主义经济的核算模式。

总之,市场经济并非表面意义上的代表着资源配置作用的经济方式。资本主义从诞生起已经有三百多年,市场经济为人类社会发展发挥了不可磨灭的作用,推动了人类文明的不断进步。新自由主义思潮兴盛以来,逐渐赋予市场经济以自由、平等、公正等概念,但是资本家无限地追求利润的实质,意味着资本主义社会生产的无政府状态的系统性危机不可避免,这一套体系必然会产生自我瓦解的力量,即"新自由主义体系不可避免的内爆"。[1]

---

[1] 于海青.新自由主义体系无可避免的内爆——萨米尔·阿明论当前世界局势[J].世界社会主义研究,2017(2).

第三章　市场经济国家的几种代表性类型及评价

从工业革命伊始,西方通过坚船利炮取得了文明的话语权,并通过话语扩张,推销西方的制度,以此树立西方的文化霸权。而市场经济穿上意识形态的外衣后,成为新自由主义思潮的重要部分,也是西方国家文化扩张的利器。如不少人认为西方的现代化模式充满活力,可以被其他国家复制,只有向西方学习,才能进入现代文明。西方国家也自以为站在文明的最高点,利用东欧、拉美等国家亟须改革的心理,以推行新自由主义经济政策为条件,实现在其他国家的文化扩张,"华盛顿共识"是其达到顶峰的标志。新自由主义在西方国家内部起到了维护国际垄断资本的作用,并为其资本扩张提供合法性辩护,强化了西方国家对世界话语权的垄断。所以,西方国家向发展中国家进行资本垄断时,必然以新自由主义为思想武器。值得注意的是,在西方国家内部并没有统一的市场经济模式,总体而言,西方的市场经济国家可以分为三种模式。分析三种模式的异同,有助于我们深刻掌握市场经济的内涵,从而认识到西方国家向外推销的新自由主义的本质。

第一节　英　美　模　式

在西方资本主义发展过程中,英美模式最为瞩目,可以说,英美两国主导了从工业革命以来的世界秩序,其经济、政治模式影响了全世界的所有国家。英国创立了世界第一个资本主义模式和第一个自由竞争的市场经济模式,在18—20世纪上半叶,英国依靠强大的海军以及广阔的海外殖民地,建立了一个世界性的贸易市场。两次世界大战后,依靠美元作为世界货币,美国接过英国的霸主地位。美国的市场经济模式深受英国的影响,英美模式是自由市场经济的典型代表。分析两国的市场经济模式发现,英美两国的市场经济并非完全的自由市场经济模式,而是有政府干预的市场经济模式。

英国的自由市场经济经历了一个从国内市场向国外市场扩张的过程。首先,依靠圈地运动,让农民变成了工人阶级,工人所需要的一切生活用品都要从市场中购得,从而开辟了一个国内市场;其次,1825年,英国建成了世界第一条铁路,其后,逐渐发展成贯穿全国的铁路网,构建了一个全国性质的商品市场。地理大发现后,英国凭借强大的海军以及先进的工业能力,率先开辟国际市场,通过国际殖民,为本国的工业提供原材料以及商品销售市场,在此阶段,英国的商品可以销售到世界各国。在英国的工业革命阶段,英国生产力得到显著提高,商品竞争力与欧洲其他国家相比,占有非常明显的优势,英国成为世界商品的工厂。此时,英国凭借其强大的工业能力,渴望竞争,不惧怕其他国家对其挑战,因此,产生了以亚当·斯密、李嘉图为代表的经济学家。他们认为政府只需要做好"守夜人"的角色,不需要来干预市场,"政府的职能仅限制在三个方面:一是保护国家免受外来侵犯。二是保护公民免受不公正的压迫。三是建立和维持公共机构"。市场由价值规律这只"看不见的手"来调节。特别是在维多利亚时代,英国生产力得到了空前发展,其商品在世界上更是所向无敌,人们对政府的期待非常低,甚至流传着"管事最少的政府是最好的政府"的说法。19世纪后期,以马歇尔为代表的剑桥学派认为市场可以自动调节供求双方的平衡,国家没有必要干预经济活动。

但是,德国和美国的崛起,挑战了英国世界霸主的地位。从19世纪末期开始,英国的外贸开始出现了逆差并逐年升高;同时,英国在世界贸易中所占的比重也从1870年的36%下降到1929年的10.8%。英国的自由主义市场经济在此阶段制约其整体发展,尤其是德、美等国实行关税保护制度,这些加剧了英国经济地位的下降。

值得注意的是,19世纪50年代开始,英国的自由市场经济内部也在发生变化,英国的采煤、钢铁和机械工程等产业由私营转变为国营,股份制的出现也让私人资本逐渐向社会资本转变。1862年,英国政府备案的股份公司仅有165家,到了1897年,共有股份公司5 184家。与产权制度的变化相对应,国家对经济的干预也开始出现。尤其是1929—1933年的世界性经济萧条,造成了英国企业的大规模倒闭,英国彻底放弃了自由放任的经济政策,实行关税保护。英国依靠其庞大的海外殖民地,建立了"英镑集团",实行"日不落帝国"内部的特惠制,防止其他国家向英国及其殖民地的商品输出。这一阶段,凯恩斯主义是政府干预的主要理论依据,凯恩斯认为:"资本主义市场并不先天具备自动调节供给与需求的机制,一定程度的、以需求为导向的、积极财政政策的政府干预行为是解决问题的方法。"凯恩斯认为,必须借助国家机器的力量,加强对经济的干预,通过税收政策,改变国民收入分配,提高私人消费需求,实行赤字财政,增加社会消费需求,通过货币政策,刺激私人投资。凯恩斯的理论与罗斯福新政的实践,最终形成了主张充分就业、刺激有效需求的政府干预市场经济模式。

凯恩斯的理论改变了西方各国的市场经济体制,西方各国纷纷出台各种经济政策,加强政府干预。恰逢第二次世界大战爆发,西方各国进入战时管制状态,市场调节更是被放到了边缘的地位。到了1946年,英国在铁路、电力、煤气、电信、航运等方面推行国有化。1946年,成立的航空公司成为国营经济的一部分,随后,英格兰银行也被收归国有。1964年,英国对主要的生产资料企业进行了大规模的国有化,到了1977年,银行、煤炭、铁路、造船、广播、邮政等关乎国家命脉的领域都为国有。在这一时期,英国的市场经济是一种私人垄断资本主义和国家垄断资本主义相结合的混合经济,主要特征是:在所有权上,是私人企业制度和国营经济相结合;在经济调节上,是计划和自由市场相结合;在国家干预与自由竞争的关系上,也是二者的统一结合。

1973—1975年,世界经济发生滞胀危机,宣告了凯恩斯主义的破产。西方国家重回自由经济模式,以英国撒切尔政府和美国里根政府为代表。撒切尔认为"大政府"是滞胀产生的主要原因,政府过度干预经济,导致财政收入赤字,同时出现高通货膨胀和高失业率,从而使经济停滞。撒切尔夫人执政之后,减少政府在一系列领域的干预行为,缩减公共企业和公共服务的规模,在国有企业中引用市场机制,并且鼓励国有企业私有化。到了1991年,英国近三分之二的国有企业私有化。撒切尔夫人认为国有企业经济效益不高,由于其处于垄断地位,缺乏敏锐的市场洞察能力,致使企业缺乏创新。英国的自由化改革后,通胀率逐年下降,英国的经济增长率也不断提高。自由市场经济模式在20世纪八九十年代的英国达到顶峰。

1997年,布莱尔就任英国首相后,提出新混合经济政策的概念,既包括政府在经济中的积极作用,又肯定了"自由放任"的市场经济。布莱尔认为:"21世纪不是公有制与私有制之间相互拼杀的世纪,公有制只是为实现平等和自由等目的而运用的一个手段。"政府要创造良好的营商环境,如良好的社会环境、稳定的市场秩序以及完善的基础设施等。此后,英国政府继承了新混合经济政策,于2017年发布了产业战略白皮书,规划了英国未来数十年的产业策略,主要形式是政府与企业的共同合作。

美国在市场经济上与英国也有很多相似,尤其是第二次世界大战后,美国成为发达国家的霸主,其经济政策的变动会对世界其他国家也产生一定的影响。

在1929年经济大萧条之前,美国国有企业的比例是世界最少的。经济危机爆发后,罗斯福总统采纳了凯恩斯的理论,政府直接干预经济,在农业、工业、金融业等领域成立了一些国有企业,美国政府的财政支出由危机之前的2%至5%,增长到20%至25%。第二次世界大战期间,一切社会资源更是倾向于军工企业,政府直接取代市场,在此期间,美国政府成立了两千多家国有企业,以更好为战争提供资源。这种政府干预经济的态势一直持续到20世纪70年代世纪性的滞胀,里根总统和撒切尔夫人采取新自由主义政策,减少政府对市场的干预。在新自由主义理论的影响下,美国实行了大幅度减税、企业私有化、减少政府提供的福利待遇等改革措施。英美两国实行了较为自由的经济制度,率先走出低迷的状态,直到2007年爆发的全球性的经济危机。

美国通过美元霸权的经济地位,在全球化时代,不断转移低利润的制造业到其他成本低的国家,这也导致美国过度资本化,其实体产业空心化。据调查,2015年,美国的实体产业占其GDP的六分之一,家庭财富中,虚拟经济占到三分之二。而这样的态势,导致普通家庭根本无法阻挡大资本的收割,面对危机,普通家庭损失惨重,而大资本的力量空前强大,又导致政府根本没有力量对金融业进行制约,政府应对危机的措施从以前的改革转变为救济,这些措施不仅无法缓解危机,而且还在不断加重危机的危害。奥巴马成为美国总统后,美国政府又重新开始干预市场,如以美国政府的信用为背书,出台了全球最大规模的救市计划,强行干预濒临破产的汽车制造业,加大基础设施建设以保障就业,以及加大培育新技术的力度,为未来经济提供新的增长点。特朗普总统上台后,更是明确了"美国为先"的施政纲领,出台各种优惠政策,保障制造业重回美国,并且通过大规模的减税、国际贸易保护政策等方式扶持本国的制造业。美国近十年来的种种政策表明,当美国在国际竞争中处于优势的时候,会大肆鼓吹自由贸易,以此排挤比美国商品成本高的其他国家的产品,从而冲击他国的产业,并抢夺他国市场。但是,当美国在国际竞争中处于劣势的时候,美国也会出台各种反垄断法和关贸协定,以打击他国市场跟美国市场的直接竞争。

第二节 日 本 模 式

日本是整个亚洲地区最接近西方的国家,其在明治维新之后,主张"脱亚入欧",其制度大多模仿西方,市场经济制度亦是如此。但由于其独特的地理环境和文化特征,日本的市场经济制度有其浓厚的本土色彩,是东西文化结合后的产物。日本的市场经济是政府导向型的模式,对国家市场的依赖程度较高。

日本的经济有显著的亚洲特征,自明治维新起,日本政府凭借着对经济的直接干预,取得了飞速的发展,如日本政府直接负责兴办生产资料部门,1870年成立工部省,负责产业培育,1873年成立内务省,重点发展轻工业。因此,日本的国有企业的一个作用就是实行政府的经济政策,这些措施都让日本的经济获得了一定的成功。

政府导向是日本市场经济的显著特征,产业政策是政府干预经济的主要方式。通过扶持特定的产业政策,实现国民经济的发展目标,是日本战后一段时间内实行的宏观经济政策之一,也是日本战后经济腾飞的重要原因。日本在战后认为要想振兴经济,达到发达国家的水平,仅仅依靠市场机制的自发作用是不够的,还要规定产业结构高度化的目标,确定带动整个经济起飞的产业战略,通过政府的统筹规划、经济立法和政策扶持等措施,扶持战略产业按既定目标发展。这一套政策模式扩展了凯恩斯主义,解决了国家干预仅限于总需求和总供给平衡的调节以及税收的问题。

产业经济在经济理论上的主要根据是充分利用规模经济,培育本国的产业环境。这也是后发国家追赶发达国家的主要方式,可以充分吸取发达国家的经验教训,集中社会资源,短期内达到发达国家的生产力水平。产业政策最主要的特点是注重供给管理,主张以政府管理为纽带,实施国家对社会再生产过程和产业内部资源分配过程的干预。

日本的产业政策在每一个发展时期都由政府确定战略产业。据日本通产省及经团联介绍,大致每隔十年就有一次大调整,战后从1945年至1955年为复兴期,1955年至1973年为高速增长期,此后为实质性充实期。在复兴期,日本实行"倾斜生产方式",大力促进煤炭、钢铁等基础产业的发展,同时培养机械、化工、电子工业等一批新产业;在高速增长期,全力推进产业结构的工业化,使经济效益高的产业(如汽车、机械、家电工业)成为日本的新兴产业及日本经济的主要增长点;20世纪70年代后,日本产业调整进入实质性充实期,以知识集约型产业结构为调整目标,鼓励发展高新技术产业,以微电子、计算机、生物工程、机器人、光纤、新材料、宇宙和海洋开发为中心的技术密集型产业,是日本在国际上极具竞争力的产业。

围绕产业结构调整进行立法,依据法制化管理,发挥国家导向作用,是日本政府在通过执行产业政策发挥导向作用时采取的重要措施。日本每提出一项产业政策,国会就会通过一项相应的法律。有了法律作为依据,既有利于提高产业政策的质量水平,又保证了通过产业政策发挥导向作用的权威性。至今日本国会制定和通过的与调整产业结构有关的法律已有57件,这些法律大致包括以下两类:一是培育公正公平的营商环境的法律,如禁止垄断法、企业破产法、技术研究组合法、产业合理化法、中小企业基本法等;二是培育振兴的法律与法规,如机械工业振兴措施法、汽车工业振兴法等。这些法律法规,不仅使政府扮演好"守夜人"的角色,也实现了国家导向的目标,有利于政府发挥"看得见的手"的作用,完善市场机制。

由于日本独特的发展历史,其政界和商界之间的关系比较密切,如政界的人士可以在商界兼职,而官员在退休之后亦可到大企业担任领导职务,因此,"政、财、官复合体"掌握着日本经济命脉,是日本经济运行的独特方式。日本的这一套方式中,企业家或垄断资本家以政治献金的方式扶持能够代表其利益的政客进行政治活动,从而让其制定能够有利于垄断资本利益的各种方针和法律。可以说,日本的产业政策能够顺利实施,其主要动力在于日本各利益集团从自身的利益出发,使各方利益达成一致,从而快速实施产业政策。

日本能够取得今天的经济成就,这一套体制发挥了很大的作用。如日本政府机构的职能较之西方有着更多的权威,这是由于日本的立法部门向行政部门委托权限的力度比美国等国都大,因此日本政府的权力、权威有凌驾于国会之上的趋势。因而对各种经济法规的制定和实施来说,一旦提出法案,取得国会支持,就可以形成法律并加以实施。例如大藏省曾是日本最重要的财政金融机关,它的主要职能是对日本民间金融机构的经营进行监管和控制。大藏省亲自参与税制立法。除大藏省外,通商产业省、农林省、运输省、建设省、经济企划厅、科技厅、国土厅等,对日本各行各业经济政策的制定和立法执法,都曾起着非常重要的作用。

尽管政府手中有一定的法律权限,但各省、厅在履行职能时,并非单纯地依靠法律,而是采取行政指导和行政说服等手段。如通商产业省就很重视行政指导的作用,以督促产业界实行国家的产业政策。这种行政指导,并不是政府官员通过正式文件或电话把决定传达给工商界,而是通过官员与各个产业、工商业团或经济界首脑达成正式或非正式的协议,或者通过提案、劝告、说服等手段,使民间企业同政府逐步形成相接近的目标和行动。

第三节 德国模式

欧洲大陆的市场经济跟英国的自由市场经济不同,欧洲国家的市场经济模式以德国最为明显,即社会市场经济模式,这种模式既不同于以苏联为代表的计划经济,也不同于以英美为代表的自由市场经济,它代表的是一种由强政府模式以及完善的社会保障体系构成的资本主义市场经济。社会市场经济虽然强调政府的干预作用,但仍主张让市场力量调节全国的经济活动,只有当市场失灵时,国家才能进行干预,其方式跟美国的凯恩斯主义类似。但德国的社会市场经济思想最早可追溯到19世纪,李斯特主张经济保护主义的发展模式。因此,德国长期以来的经济探索形成了"市场+秩序"的模式,而这种模式被认为是市场经济的理想类型。

德国政府自统一起,便是强政府的典范,自统一政府伊始,便加强了对生产资料部门的控制,对影响力较大的企业直接进行国有化,并且为培育本国企业,实行贸易保护,国有化的主要行业有铁路和邮政行业。如1879年,普鲁士等地区率先实行了铁路的国有化,到了20世纪初,德国铁路的国有化数量达到全国铁路总数的93.8%,基本上实现了铁路的现代化。第二次世界大战后,德国在国有化方向又有进一步的深化,联邦德国在20世纪50年代颁布法令,将水、电、煤、邮电和航空等重要部门收归国有,这些措施让联邦德国经济取得了快速的增长,成为世界上仅次于美国的第二大经济体。截至21世纪初,德国仍旧有2 000多家国有企业。这些国有企业的存在,为政府应对经济危机和调节市场起到了重要作用。

此外,德国政府也会出台一定的政策对经济进行积极干预,通过政策扶持促进企业发展,以及通过贸易协定、出口、融资、保险为海外的企业提供帮助。自21世纪以来,德国政府也同美国一样,对经济的直接控制变为了间接,即通过产业政策,引导产业发展。如2006年,德国政府出台中长期发展战略规划——《德国高科技战略》,该战略的核心点在于,政府将支持引导中小企业从事高科技研发和创新,并且对重点领域加强扶持。该项目由政府主导,并取得了一定的成效。

德国的强政府模式在应对经济危机时卓有成效,面对2007年爆发的世界性经济危机,德国以其强大的制造业抵抗着经济危机,并迅速出台工业4.0战略,重新勾勒德国企业未来持续的竞争力和盈利能力,实现智能生产,建立智能工厂。而这一战略必须由政府花大力进行培育,在这一方面,德国的制度安排、法律法规建设、经济激励等方面协调推进,创造了一个良好的外部环境。

本章小结　市场经济形式的多元化

市场经济起源于英国,其后,美、德、法、日等国效仿英国,采取了市场经济制度。但资本主义市场经济国家内部的制度也不尽相同,没有任何一个国家的市场经济是自由放任的,即使是自由度较高的英、美两国,也有国有经济,德国和日本更是以"强政府"著称。社会主义与市场经济的结合是一种动态的结合,并没有固定的模式。如同资本主义国家一样,不同国家对待市场经济也是不同的,英、美的市场经济自由度较高,德、日等国的市场经济体制中,政府的作用较强。如何看待社会主义与市场经济的关系,还是需要结合具体的时代背景以及具体的国情。

第四章　新中国成立初期对社会主义经济道路的探索

1956年,随着社会主义三大改造完成,生产资料实现了从私有制向公有制的转变,奠定了社会主义经济制度的根基。这一时期可分为两个阶段,第一阶段是1949—1952年,废除了旧时代所遗留下来的半殖民地半封建性质的经济制度,建立了国有经济主导下的多种经济成分并存、计划与市场调节相结合的新民主主义的经济制度。第二阶段是1953—1956年,由于缺乏对社会主义经济建设认识,受经典马克思主义和斯大林模式的影响,在过渡时期总路线的指导下,迅速转向了以单一公有制为特征的计划经济。随着实践中不断出现现实性问题,中国领导集体开始反思如何建设中国的社会主义道路。以党的八大为标志,提出了"以苏为鉴"的工作方针,不断总结经验,首次提出了社会主义的主要矛盾是生产关系与生产力、上层建筑和经济基础之间的矛盾,中国社会主义的主要任务是发展生产力。随着国内外局势的变化,人民内部矛盾演变成敌我矛盾,以"阶级斗争为纲"成了党和国家工作的中心,社会主义经济建设进入了缓慢增长的时期。

第一节　毛泽东的新民主主义经济思想

中国共产党取得政权后,面对的是一个经济落后、民生困苦、失业严重的烂摊子,外有资本主义势力虎视眈眈,内有国民党反动派的残余势力暗中破坏。如何恢复国民经济成为共产党执政的最大考验。1949年,新中国在上海取得经济危机的胜利,其重要性被陈毅称为不亚于解放战争时期的淮海战役。

一、新民主主义经济的构想

正确把握中国的社会性质、社会现状和主要矛盾是制定合理的政策的关键。1940年，毛泽东提出中国应该建立一个"中华民族的新社会和新国家"，即具有"新政治""新经济""新文化"等新的体制机制，新经济指新民主主义的经济，与过去的旧经济最大的区别是新经济是不存在剥削的经济。

毛泽东的新民主主义经济思想带有社会主义因素。在大型资本问题上，毛泽东主张"大银行、大工业、大商业，归这个共和国的国家所有"①，该主张同国民党第一次全国代表大会的宣言②一致。新民主主义革命时期的经济是无产阶级领导的国有经济。当时中国的主要矛盾是中华民族与日本帝国主义的矛盾，团结一切力量抵抗日本帝国主义的侵略是当时的主要任务，所以允许外国资本主义在中国的发展以团结国际力量共同抗日。在土地问题上，毛泽东指出，"共和国将采取某种必要的方法，没收地主的土地，分配给无地和少地的农民，实行孙中山'耕者有其田'的口号，扫除农村中的封建关系，把土地变为农民的私产"，"在这个阶段上，一般地还不是建立社会主义的农业，但在'耕者有其田'的基础上所发展起来的各种合作经济，也具有社会主义的因素"。③总的来说，毛泽东认为新民主主义时期的主要经济方针是"节制资本"和"平均地权"，"决不能是'少数人所得而私'，决不能让少数资本家少数地主'操纵国民生计'，决不能建立欧美式的资本主义社会，也决不能还是旧的半封建社会"，④这便是新社会的来源。毛泽东对中国未来社会的期许不是西方式的资本主义社会，也不是半封建半殖民地的社会，而是一切人都平等的社会。毛泽东在分析中国性质的基础上，提出新民主主义革命推翻三座大山的历史任务；同时，他活学活用马克思列宁主义，指出了中国革命的双重任务，即同时具有新民主主义革命和社会主义革命的任务，所以毛泽东所阐发的新民主主义经济思想中，既有资本主义的特征，也有社会主义的影子。

在党的七大会议上，毛泽东提出了中国共产党的"一般纲领"⑤，认为中国社会的性质决定了需要资本主义来发展生产力，"拿资本主义的某种发展去代替外国帝国主义和本国封建主义的压迫，不但是一个进步，而且是一个不可避

---

① 毛泽东选集(第二卷)[M].北京：人民出版社，1991：678.
② 指国共合作时期的国民党第一次代表大会宣言，"凡本国人及外国人之企业，或有独占的性质，或规模过大为私人之力所不能办者，如银行、铁路、航路之属，由国家经营管理之，使私有资本制度不能操纵国民之生计，此则节制资本之要旨也"，见于《毛泽东选集》(第二卷，人民出版社1991年版)。
③ 毛泽东选集(第二卷)[M].北京：人民出版社，1991：678.
④ 毛泽东选集(第二卷)[M].北京：人民出版社，1991：678-679.
⑤ 即《论联合政府》一文，见于《毛泽东选集》(第三卷，人民出版社1991年版)。

免的过程。它不但有利于资产阶级,同时也有利于无产阶级,或者说更有利于无产阶级"。①在当时,国民党的力量还非常强大,中国建成社会主义还是一个相当远大的目标,因此,毛泽东为了团结国民党,减少冲突,提出的新民主主义经济纲领汲取了孙中山的一些思想,如"中国的经济,必须是由国家经营、私人经营和合作社经营三者组成的"。②毛泽东认为当时的中国是半殖民地半封建的性质,生产力发展还不充分,新民主主义革命时期的主要任务是发展生产力,资本主义性质的企业对国民经济的发展有好处,但是必须保证私人资本主义"不能操纵国计民生",并且保证一切合法的私有财产。但是新民主主义的长期目标仍然是进入社会主义,这个底线不能变。毛泽东认为,新民主主义"革命的结果,将使工人阶级有可能聚集力量因而引导中国向社会主义方向发展,但在一个相当长的时期内仍将使资本主义获得适当的发展"③。总之,在新民主主义社会,资本主义经济可以发展,但必须要得到限制,国家要控制关乎国计民生的产业,新民主主义的主要任务是为了发展生产力,为顺利向社会主义过渡奠定物质基础。

国共第二次合作破裂后,无产阶级与资产阶级的对立成为社会的主要矛盾,毛泽东适时提出新民主主义的"三大经济纲领",即没收封建阶级的土地归农民所有,没收以蒋介石、宋子文、孔祥熙、陈立夫为首的垄断资本归新民主主义国家所有,保护民族工商业。到了解放战争后期,国共力量发生逆转,新民主主义革命胜利的曙光将要来临,新中国经济发展的具体政策也逐渐提上日程。对于资本主义,毛泽东认为新民主主义要消灭的对象只是封建主义和垄断资本主义,对于小资产阶级和中等资产阶级可以采取合作的方式,"由于中国经济的落后性,广大的上层小资产阶级和中等资产阶级所代表的资本主义经济,即使革命在全国胜利以后,在一个长时期内,还是必须允许它们存在;并且按照国民经济的分工,还需要它们中一切有益于国民经济的部分有一个发展;它们在整个国民经济中,还是不可缺少的一部分"④。因此,毛泽东把新中国的经济成分归结为三种:国营经济,由个体逐步向着集体方向发展的农业经济,独立小工商业者的经济和小的、中等的私人资本经济。毛泽东把新民主主

---

① 毛泽东选集(第三卷)[M].北京:人民出版社,1991:1060.
② 毛泽东选集(第三卷)[M].北京:人民出版社,1991:1058.
③ 毛泽东选集(第三卷)[M].北京:人民出版社,1991:1074.
④ 毛泽东选集(第四卷)[M].北京:人民出版社,1991:1254-1255.

义经济的总目标定义为"发展生产、繁荣经济、公私兼顾、劳资两利",即新民主主义时期的主要任务是发展生产力,可以允许公有制经济和私有制经济同时存在的现象,但是公有制经济要占到主体地位,实现资本家和工人共赢的局面。新民主主义时期的经济并没有提出要完全消灭资本主义经济,而是有选择地消灭大型资本主义企业,将国家经济命脉掌握在无产阶级政党手里,实现对资产阶级的领导。

具有临时宪法性质的《中国人民政治协商会议共同纲领》在第二十六条专门对新民主主义经济进行了规定:"中华人民共和国经济建设的根本方针,是以公私兼顾、劳资两利、城乡互助、内外交流的政策,达到发展生产、繁荣经济的目的。国家应在经营范围、原料供给、销售市场、劳动条件、技术设备、财政政策、金融政策等方面,调剂国营经济、合作社经济、农民和手工业者的个体经济、私人资本主义经济和国家资本主义经济,使各种社会经济成分在国营经济领导之下,分工合作,各得其所,以促进整个社会经济的发展。"可见,新民主主义的经济不同于资本主义经济,亦不具有社会主义经济特征。资本主义经济的领导者是大资产阶级,新民主主义经济的领导被无产阶级所掌握,新民主主义经济并不排斥资本主义的经济规律,它是资本主义经济与社会主义经济结合的典型范例。

二、新民主主义观的社会主义思想透视

新民主主义的经济纲领是在中国半封建半殖民地性质的特殊国情下形成的。毛泽东充分分析了中国的国情,认为新民主主义革命胜利后中国不能直接进入社会主义社会,只有经过新民主主义时期的充分发展才能进入社会主义。毛泽东认为:"没有一个新民主主义的联合统一的国家,没有新民主主义的国家经济的发展,没有私人资本主义经济和合作社经济的发展,没有民族的科学的大众的文化即新民主主义文化的发展……没有一个由共产党领导的新式的资产阶级性质的彻底的民主革命,要想在殖民地半殖民地半封建的废墟上建立起社会主义社会来,那只是完全的空想。"[①]新民主主义社会其实是向社会主义过渡的阶段,是社会主义的前提和基础,必然带有社会主义的影子。

---

① 毛泽东选集(第三卷)[M].北京:人民出版社,1991:1060.

毛泽东分析中国革命性质,认为其有利于资本主义和社会主义的同步发展,这是中国革命的特殊性。国营经济和农民合作社等关乎国计民生的领域应该属于社会主义性质的经济,党的七届二中全会提出:"凡属于有关国家经济命脉和足以操纵国民生计的事业,均应由国家统一经营。凡属于国有资源和企业,均为全体人民的共有财产。"生产资料公有制、控制国民经济命脉的思想同社会主义初级阶段经济纲领类似。新民主主义时期经济问题的关键不在于所有制,而在于谁掌握经济的主导权。

在政治上,毛泽东认为中国采取的是人民代表大会制度和党的代表会议制度。毛泽东说:"我们不采取资产阶级共和国的国会制度,而采取无产阶级共和国的苏维埃制度……在中国,因为资产阶级共和国的国会制度在人民中已经臭了,我们不采用它,而采用社会主义国家的政权制度。"毛泽东在新民主主义时期就采取具有社会主义性质的制度设计,此外,他还特别强调:"人民民主专政的基础是工人阶级、农民阶级和城市小资产阶级的联盟,而主要是工人和农民的联盟,因为这两个阶级占了中国人口的百分之八十到九十。推翻帝国主义和国民党反动派,主要是这两个阶级的力量。由新民主主义到社会主义,主要依靠这两个阶级的联盟。"①毛泽东认为新民主主义阶段的革命主体是工农联盟,与社会主义国家所依靠的力量一样,不同的是,新民主主义时期还有反封建和反官僚资本主义的历史任务,需要依靠民族资产阶级的力量来达到人民民主专政。

新民主主义社会的方针、路线主要是以《中国人民政治协商会议共同纲领》为行动指南,但是其中并没有把社会主义和共产主义的未来前途写进去。对此,毛泽东解释说:"纲领中只说现阶段的任务,如果再说得远一点就变得空洞了。"这体现了毛泽东在分析具体问题上的唯物史观和实事求是的理论品质。毛泽东认为《中国人民政治协商会议共同纲领》主要是为了解决当下问题的政策、方针,具有时效性和暂时性的特点。周恩来认为"《共同纲领》没有写社会主义前途,是因为当时新中国刚刚成立,虽然把这个前途写出来他们也是可以接受的,但是有点强加于他们,所以我们采取等待的策略,没有把社会主义前途写进去。但是这个前途是肯定的了"②。中国共产党没有在新民主主义

---

① 毛泽东选集(第四卷)[M].北京:人民出版社,1991:1478-1479.
② 周恩来选集(下卷)[M].北京:人民出版社,1984.

时期强调社会主义的目标,那么新中国该如何在政策、方针中体现出社会主义的远大理想?简单来说,就是共产党领导下的多党执政,以及国有经济在国民经济中占主体,这两点是新中国的经济建设中不可逾越的两条底线。党和国家的领导人在取得政权前后的一段时间里,面对中国经济非常落后的现状,认为要经历一段时间(具体时间有争议)的新民主主义时期,待到生产力提高到一定程度,再谈过渡到社会主义社会。至于要不要消灭私有制,以及是否完全消灭民族资本主义,都没有谈到具体措施。

三、新民主主义经济思想辨析

新民主主义时期是中国共产党领导下的同民族资本主义合作的时期,也是中国共产党初次运用市场手段调节国民经济的时期。新民主主义时期的经济思想为后来社会主义初级阶段在如何利用非公有制经济以及处理计划和市场关系上提供了很多思想借鉴,丰富了对社会主义经济规律的认识。

(一)新民主主义经济取得的成就

新中国成立初期,上海发生了影响恶劣的投机倒把事件,导致物价波动剧烈,甚至出现了拒绝使用人民币的现象,国民党反动派也在浑水摸鱼,企图通过经济危机来打击新生的政权。上海出现的经济危机严重影响了整个国民经济的复苏,甚至威胁到共产党的执政能力问题。共产党综合运用市场、法律、行政等调控手段,消除了市场恐慌,取得了物价危机的胜利,打破了当时"共产党只会打仗,经济是零分"的流言,有力地证明了中国共产党是有能力管理好市场的。

新民主主义时期的几年里,国民经济取得了快速的发展。国民收入总产值上,1952 年的产值为 810 亿元人民币,从 1949 年开始平均每年增长 25.8%,远超国民党执政时期的增长速度。1952 年工业的总产值比 1949 年要高出 145.1%,农业总产值比 1949 年要高出 53.5%,人民的生活水平得到了明显的提升。在国家财政上,1949 年还是透支状态,到了 1952 年财政收入就达到 183.7 亿元人民币,增速迅猛,为基础设施以及国防事业的完善提供了物力、财力的支持。在就业水平上,1949 年全国职工人数只有 800 万人,1952 年达到 1 600 万人;同时,全国职工的平均工资提高了 70%,显示出国民经济好转的势头。国民经济中的五种成分(国营经济、私人资本主义经济、个体经济、国家资本主义经济、合作社经济)都得到了发展,其中,1951 年相比 1950 年,个人经济总数增加了 11%,生产总值增加了 39%①,增长速度迅猛,但是与国营经济② 相比,还略显不足③。政府多次发文强调要在保持国营商业的主体地位的同时,发挥其他市场主体的作用。1952 年底,国营经济在全国商品零售总额的比重为 34.4%,合作社商业占的比重为 19.6%,私营、个体及其他经济成分的商业占的比重竟达到了 46%④。从各类经济成分展现的比例来看,新民主主义时期的经济其实就是社会主义市场经济的雏形。⑤

(二)辩证对待非公有制经济

毛泽东的新民主主义思想丰富和发展了马克思主义理论。毛泽东认为新民主主义经济应该是以国营经济为主导,半社会主义性质合作社经济、个体经济、私人资本主义经济、国家资本主义经济共同发展的经济。如何对待非社会主义因素的经济成分是党和国家面临的重要实践问题和理论问题。

如何对待资本主义经济,毛泽东早期曾有过经典的论述,他认为只要中国是半封建半殖民的性质,还处于落后的阶段,无产阶级与资产阶级的矛盾就不是主要矛盾,新民主主义经济就可以容纳属于资本主义性质的经济。毛泽东认为新中国发展资本主义是"经济落后的中国在民主革命胜利之后不可避免"的结果,在七届二中全会上,他更是肯定了私人资本主义的历史作用:"由于中国经济现在还处在落后状态,在革命胜利以后一个相当长的时期内,还需要尽可能地利用城乡私人资本主义的积极性,以利于国民经济的向前发展。"⑥此时的中国需要民族资本来增强市场活力,盘活市场总量,实现国民经济快速增长,提高国内人民生活水平。

毛泽东看到了资本主义经济积极的一面,也看到了其消极的一面。他认

---

① 数据转引自江春泽《猜想与求证——社会主义社会资源配置方式的世纪探索》(复旦大学出版社 2014 年版)。
② 国营经济主要经营的是粮食、煤炭、纱布、食油、食盐、石油等日常必需品,其他商品均由私商经营。
③ 见于中共中央党史研究室、胡绳《中国共产党的七十年》(中共党史出版社 1991 年版)。
④ 中共中央党史研究室,胡绳.中国共产党的七十年[M].北京:中共党史出版社,1991:291.
⑤ 见于江春泽《猜想与求证——社会主义社会资源配置方式的世纪探索》(复旦大学出版社 2014 年版),"现在看来,这实际上是我们现在所说的社会主义市场经济体制的雏形和现成框架。这本来是毛泽东和中国共产党在一个落后的大国治理经济的一项伟大创造,是顺乎了客观经济规律的。如果按照当时的思路和方针政策继续做下去,30 年后的中国,市场体系肯定会发育得比较健全和完善,市场经济体制也会建立起来,经济发展水平就会高得多"。
⑥ 毛泽东选集(第四卷)[M].北京:人民出版社,1991:1431.

为发展资本主义的同时也要节制资本。毛泽东说:"中国的经济,一定要走'节制资本'和'平均地权'的路,决不能是'少数人所得而私',决不能让少数资本家少数地主'操纵国民生计'。"①抗日战争时期,民族资本主义坚决反对日本帝国主义,是可以团结的对象,但官僚资本主义有向日本帝国主义妥协的可能,因此,要团结民族资本主义,打击官僚资本主义。抗日战争胜利后,毛泽东认为无产阶级与资产阶级的矛盾取代了中华民族与日本帝国主义的矛盾,成为中国社会的主要矛盾,因此,民族资本主义也需要节制,只有那些"有益于国计民生的私人资本,才不在限制之列",这给资本主义性质的经济留下了发展的空间。到了新民主主义时期,毛泽东对私人资本主义又有了新的认识,并且具体到实践层面,他认为对待中国的资本主义可以"在活动范围方面,在税收政策方面,在市场价格方面,在劳动条件方面。我们要从各方面,按照各地、各业和各个时期的具体情况,对于资本主义采取恰如其分的有伸缩性的限制政策"②。在对待国有经济和资本主义经济的关系上,毛泽东认为应该"公私兼顾、劳资两利"。

(三)计划与市场的初次结合

新民主主义时期的经济是计划与市场共同发挥作用。传统社会主义理论认为市场经济就是资本主义,计划经济是社会主义。但是社会主义在实践中需要利用资本和市场来发展生产力,理论与现实出现的冲突,是马克思主义理论亟须解决的难题。新民主主义时期的经济道路为如何处理计划与市场关系提供了可以借鉴的样本。

毛泽东认为新民主主义的经济可以在国家主导下发挥市场的积极作用。"允许自由贸易,但国民经济由我们操控"③,毛泽东明确提出新民主主义经济可以利用市场,允许商品的自由交换,但政府应掌握国民经济的命脉,规定了新民主主义的经济领导权必须由中国共产党掌握。具有临时宪法性质的《中国人民政治协商会议共同纲领》更加具体地规定了市场作用的范围,"各种社会经济成分在国营经济领导之下,分工合作,各得其所,以促进整个社会经济的发展""在国家统一的经济计划内实行国内贸易的自由,但对于扰乱市场的

---

① 毛泽东选集(第二卷)[M].北京:人民出版社,1991:678-679.
② 毛泽东选集(第四卷)[M].北京:人民出版社,1991:1431.
③ 中共中央文献研究室.毛泽东文集(第五卷)[M].北京:人民出版社,1996:236.

投机商业必须严格取缔",①并且,国营经济为主导的经济体制并不意味着要追求高度计划性的经济,而是主张一定程度上由国家主导。"国民经济的组织性与计划性,必须严格地限制在可能与必要的限度以内,并且必须是逐步地去加以实现,而决不能超出这个限度,决不能实行全部的或过高程度与过大范围内的计划经济"②,毛泽东在一开始就非常重视计划经济能够发挥作用的范围,并且很谨慎地对待国民经济中有关计划的部分,并不认为只要建成了计划经济体制,就可以进入社会主义。那么,毛泽东所认为的限制计划经济的范围是什么?他指出:"除盐外,适当划定范围,不要垄断一切。只能控制几种主要商品(粮、布、油、煤)的一定数量,例如粮食的三分之一等。"③可见,毛泽东对新民主主义时期的经济规划,具有灵活性和多样性的特点,并没有完全依照苏联的模式建设中国的社会主义。毛泽东在七届二中全会的讲话中提出:"中国资本主义的存在和发展,不是如同资本主义国家那样不受限制任其泛滥的。"④中国的资本主义在经营范围、税收等领域会受到限制,防止资本主义生产的弊端影响新民主主义经济的复苏。新民主主义经济主要以国有经济为主,对国营经济实施计划生产,对其他经济形式通过间接控制(如通过市场价格和税收、信贷等杠杆),间接影响非国有经济为社会主义服务。

新民主主义时期可以利用价格机制来调控国民经济。国民经济恢复期间,毛泽东多次强调要用市场的方法和价格工具对经济进行调控。在农业上,毛泽东认为要通过价值法则和价格政策的方式影响农业生产。在手工业问题上,政府出台的关于手工业的指示也非常重视价格和市场在当中的作用。新民主主义时期,中央政府对待计划非常谨慎,计划和市场发挥作用的主体划分得比较明晰,国家对国民经济采取以计划调控为主、其他调控方式为辅的方法,对国营经济、合作社经济、公私合营经济通过直接计划来控制,对个体经济、手工业经济、资本主义工商业主要通过市场的方法来间接控制。但是到了1953年,毛泽东认为中国社会局势发生了变化,国家计划与自由市场之间的矛盾是社会主义与资本主义之间的矛盾,党和国家对待市场的态度也发生了比较大的转变。因此,为了快速过渡到社会主义,计划逐渐成为国民经济的主要

---

① 引自《中国人民政治协商会议共同纲领》第33、37条。
② 薄一波.若干重大决策与事件的回顾(下卷)[M].北京:中共中央党校出版社,1993:30.
③ 中共中央文献研究室.毛泽东文集(第六卷)[M].北京:人民出版社,1999:50.
④ 毛泽东选集(第四卷)[M].北京:人民出版社,1991:1431.

第四章　新中国成立初期对社会主义经济道路的探索

手段。

党的七届二中全会后,为了统一领导全国的财经工作,建立了统一的宏观经济计划系统,增强政府控制经济的能力,建立了中央财经委员会。出于中央财政的需要,公粮、税收、库存物资以及国有企业的利润都收归国库管理,建立全国统一的财政管理体系。通过间接控制私有企业的产品销路,国有企业向私有企业订货或者收购私有企业的产品,间接地将私有企业纳入了国家计划的范畴,限制了私有企业的自由生产,私有企业成为国有经济的附属。有数据表明,1950年,国有工业向私营工业订货:要求其加工的产品占私营工业总值的29%,1951年达到了43%,1952年达到了总值的56%。[①]概言之,这一时期国家运用市场的方法间接控制私营工业的生产,实现了在国家计划下的生产。同时,政府管制越来越多的生产资料,实行计划调拨。在市场机制方面,国家应对上海的"涨价风波"以及"五反运动"以来严厉打击市场的违法行为,实现了市场的规范化、秩序化。政府运用经济手段、法律手段等市场方法对国民经济进行有效调控,展现了中国共产党在国民经济调控方面的能力。

总之,1949—1952年,国民经济在计划与市场双重调节下取得了快速的发展,并且实现了计划和市场的有效结合,计划不仅可以直接在国有企业中发挥作用,也可以通过间接的方式影响私营经济,当然,国有经济也可以利用市场手段来进行生产经营活动。但是,从中可以看到一个明显的趋势,即政府对经济逐步实施了管控,计划的作用逐步加强,市场的作用逐步减弱。如1952年,在生产领域,计划调节的经济比重在国营企业和合作社企业部门占比为44.7%,公私合营占比为4%,完全意义的资本主义工业总值占总产值的30.7%,个体手工业占20.6%。也就是说,在工业部门,计划和市场的调节的权重差不多,国家通过对非公有制企业的间接控制,实现总生产的计划性;在零售部门,计划发挥作用的权重是42.2%,市场机制占的权重达到了57.8%。[②]可见,在新民主主义时期,两种机制相互补充,相互作用,促进了国民经济的恢复;同时,中国共产党丰富和发展了社会主义的经济机制——既有计划,也有市场的经济运行机制。不可否认的是,随着计划性的提高,市场作用的范围逐渐缩小,国家调控作用的增强,掩盖了市场在经济活动中的效能。

---

① 赵凌云.1949—1956年间中国经济体制中市场因素消亡过程的历史考察与启示[J].中国经济史研究,1994(2).

② 中华人民共和国国家统计局.我国的国民经济建设和人民生活[M].北京:统计出版社,1958:12.

第二节　社会主义过渡时期的市场因素

新民主主义时期,面对国内封建经济残余、国外资本主义虎视眈眈以及国内经济不发达的现状,毛泽东认为中国的主要矛盾是中华民族与帝国主义、无产阶级与资产阶级、落后的生产力无法满足人民需要的矛盾①,既有阶级矛盾,也有生产力的矛盾。因此,党和国家的主要领导人认为要经过一段时间的发展才能考虑进入社会主义。1952年,随着全国土地改革的基本完成,实现了"耕者有其田"的"初心",国有经济在国民经济中发挥的作用越来越大。但是,以美国为首的西方资本主义国家对社会主义阵营的中国进行了经济封锁和军事压迫,中国被迫采取"一边倒"的外交策略,毛泽东放弃新民主主义的设想,对国内三大产业进行社会主义改造,加快进入社会主义,市场在国民经济中的作用逐渐消亡。

一、非公有经济的社会主义改造

党的七届二中全会确立了中国由农业国向工业国转变的发展目标,新民主主义社会要过渡到社会主义的基本方向。经过三年的经济恢复工作,1952年底,工农业已经恢复到了历史最高水平,国家财政状况有了明显的好转。现代工业方面,国营经济的比重达到了60%以上,但还远远未达到工业国的标准。1952年,毛泽东在统战部的一个文件中提出:"在打倒地主阶级和官僚资产阶级以后,中国内部的主要矛盾即是工人阶级与民族资产阶级的矛盾。"毛泽东认为中国社会的性质和主要矛盾发生了变化。1953年2月,他同李先念等人谈到社会主义改造时说:"中国有三个敌人帝国主义、封建主义、官僚资本主义,已经被打倒了,还有民族资产阶级、个体农业和手工业、文盲这三个问题。"②毛泽东认为中国的主要矛盾转变为无产阶级同资产阶级的矛盾,需要对

---

① 对于新民主主义时期的主要矛盾,国内学者做了充分的探讨:第一种观点认为当时社会主要矛盾是工人阶级和资产阶级、社会主义道路与资本主义道路之间的矛盾;第二种观点认为中华人民共和国成立初期的主要矛盾是人民日益增长的物质文化需要同落后的社会生产之间的矛盾;第三种观点认为这一时期具有复杂性和交叉性的特点,同时具有阶级矛盾以及发展生产力的矛盾。笔者倾向于毛泽东关于新民主主义社会性质的观点,认为当时的主要矛盾是人民大众同封建势力残余、官僚资本主义之间的矛盾。

② 中共中央文献研究室.毛泽东年谱(1949—1976)(第二卷)[M].北京:中央文献出版社,2013:33.

民族资产阶级、个体农业和手工业实行社会主义改造。经过三年的过渡时期，中国逐渐转向了以中央计划为特征的社会主义国家。

（一）新民主主义革命向社会主义革命迈进的时间

毛泽东的社会主义思想具有鲜明的本土化特点。毛泽东认为中国共产党领导的中国革命，同时具有资产阶级民主主义革命、无产阶级革命和社会主义革命的性质，同时，"只有完成了前一个革命过程才有可能去完成后一个革命过程。民主主义革命是社会主义革命的必要准备，社会主义革命是民主主义革命的必然趋势"[①]。中国共产党取得政权后，有的人认为中国可以向社会主义迈进；也有人认为中国的生产力还不发达，还属于新民主主义社会的性质，还未达到进入社会主义的物质水平。但毛泽东鲜明地指出，中国的社会性质是新民主主义社会，这一思想，为新中国成立初期的政策方针提供了理论指南。

针对这些思想上的分歧，毛泽东在 1950 年 6 月的七届三中全会明确提出："有些人认为可以提早消灭资本主义实行社会主义，这种思想是错误的，是不适合我们国家情况的。"显然，毛泽东认为共产党取得政权后，不会立马步入社会主义，至于何时才能步入社会主义，他并没有给出具体的时间："我们的国家就是这样地稳步前进，经过战争，经过新民主主义的改革，而在将来，在国家经济事业和文化事业大为兴盛了以后，在各种条件具备了以后，在全国人民考虑成熟并在大家同意了以后，就可以从容地和妥善地走进社会主义的新时期。"可见，毛泽东在社会主义建设方面并没有冒进的错误，而是根据中国的现实国情，科学判断中国的现状，从而制定出合理的政策。周恩来认为向社会主义过渡需要一个相当长的时间，他在 1949 年的谈话中指出："我们要经过一个相当长的时期，使我们的国家健全地、有步骤地、不急躁地走向社会主义。"[②]至于何时才能进入社会主义，周恩来在 1950 年的统战会议中说："大家都还是说搞社会主义要十五年左右。那么在这期间，总还要跟资产阶级搞团结合作吧！"因此，从新民主主义社会到社会主义的过渡时期，还需要同资产阶级合作，在发展国有经济的同时也要发展私有经济。

对于何时才能进入社会主义，刘少奇的论述现在看来很经典。在 1951 年

---

① 毛泽东选集(第二卷)[M].北京：人民出版社,1991:651.
② 周恩来选集(下卷)[M].北京：人民出版社,1984:12.

5月的全国宣传工作会议上,刘少奇提出:"在三年准备以后,我们就来一个十年经济建设计划。十年以后,新中国的面貌就要改变一下。我们不但有庞大的农业,而且还有不少工业。那时我们就做到了自给自足,使中国变成一个比现在富足的国家。到那时我们的国家才可以考虑过渡到社会主义的问题。现在还不能提这个问题。现在就有人讲社会主义,我说这是讲早了,至少是早讲了十年。当然,作为理论和理想,我们做宣传工作还要讲,而作为实践问题,十年之内建设社会主义是讲不到的。十年以后建设得很好,那时我们看情况,就可以提一提这个问题:社会主义什么时候搞啊?但是还要看实际情况才能答复这个问题。十年以后可能采取某一些相当的社会主义步骤;也可能那时还不能采取这种步骤,还要等几年。"①刘少奇认为向社会主义过渡的前提必须是将经济建设好,使中国变成一个富足的国家,这是符合马克思主义理论的观点。刘少奇并没有对步入社会主义设定具体的时间点,他认为能够进入社会主义的标准应该是"庞大的农业""不少工业""自给自足",但是他也没有详细叙述具体富足的标准。

全国土地改革基本完成后,毛泽东认为对地主阶级和官僚资本主义的历史任务已经完成,中国的主要矛盾就变成了工人阶级同民族资产阶级之间的矛盾。1952年9月,毛泽东提出,"十年到十五年基本上完成社会主义,不是十年以后才过渡到社会主义",他对新民主主义过渡到社会主义的观点发生了变化,认为要"现在逐步过渡到社会主义"去,明确指出过渡到社会主义需要十到十五年的时间。1953年,毛泽东明确指出新民主主义是向社会主义过渡的阶段,而非过去认为的新民主主义和社会主义是两个不同的阶段,他提出了过渡时期的总路线,即对私人工商业、手工业、农业进行社会主义改造,并且指出了过渡到社会主义的具体时间,"国家实现对农业、手工业和私营工商业的社会主义改造,从现在起大约需要三个五年计划的时间,这是和逐步实现国家工业化同时进行的"。②

(二)非国有经济的政策变化

在新民主主义时期,毛泽东主张对民族资产阶级采取合作的态度,利用民族资本主义发展生产,以弥补国营经济生产的不足。国民经济取得好转后,毛

---

① 中共中央文献研究室.刘少奇论新中国经济建设[M].北京:中央文献出版社,1993:182.
② 中共中央文献研究室.毛泽东年谱(1949—1976)(第二卷)[M].北京:中央文献出版社,2013:32.

泽东认为国内的主要矛盾发生了变化,主要任务变成了解决民族资本主义工商业、个体农业和手工业的社会主义改造问题。在对待非公有制的问题上,毛泽东也给出了相应的办法,"个体农业,要用合作社和国营农场去代替,手工业要用现代工业去代替。手工业目前还要依靠,还要提倡,没有它不行。对民族资产阶级,可以采取赎买的办法"。[1]但是,在对待三者的阶级关系上,毛泽东明确了这不是敌我的关系,而是人民内部的矛盾,即民族资本主义工商业、农业以及手工业不同于西方资本主义的私人经济,它们是为社会主义服务的经济,在现行条件下,还应采取既联合又斗争的策略。那么如何实现对私有产业的社会主义改造呢?毛泽东提出了自己的见解,他认为通过几年的经济建设,社会主义工业和农业在过去的工作中已经积累了一些经验,那就是"私营工业要搞公私合营,一年搞一点,几年后资本家的问题就可解决了",[2]现阶段,还需要资本家存在。

1953年5月,中华全国总工会第七次全国代表大会关于工业部门的报告指出,1952年底中国的工业已经超过历史的最高产量,国营工业在现代工业的比重已经达到了60%左右,毛泽东认为"我国现在不但有必要而且已有可能使国民经济走上国家计划的轨道"[3]。并且,关于"十年至十五年或更多些时间在全国范围内基本上完成农村社会主义改造"的宣传逐渐减弱,甚至可以说基本上不怎么宣传。[4]1953年6月的中央政治局会议正式讨论了如何贯彻过渡时期总路线的问题,毛泽东认为,"党在过渡时期的总路线和总任务,是要在十年到十五年或者更多一些时间内,基本上完成国家工业化和对农业、手工业、资本主义工商业的社会主义改造"。[5]毛泽东在这一时期,认为过渡到社会主义的时间是十到十五年,如果认为过渡时间长了,就是"左"倾激进主义;如果没有认识到中国的社会性质发生变化了,把新民主主义社会和社会主义社会当作两个社会,就会犯右倾保守主义的错误。对待私营工业,要采取"加工订货、公私合营两种方式,加强党支部和工会的工作,加强对资产阶级基本部分的教育";对私营商业问题,应该"向商业资本家做教育工作""使商业资本家转为工

---

[1] 中共中央文献研究室.毛泽东年谱(1949—1976)(第二卷)[M].北京:中央文献出版社,2013:33.
[2] 中共中央文献研究室.毛泽东年谱(1949—1976)(第二卷)[M].北京:中央文献出版社,2013:39.
[3] 中共中央文献研究室.毛泽东年谱(1949—1976)(第二卷)[M].北京:中央文献出版社,2013:91.
[4] 中共中央文献研究室.毛泽东年谱(1949—1976)(第二卷)[M].北京:中央文献出版社,2013:100.
[5] 中共中央文献研究室.毛泽东年谱(1949—1976)(第二卷)[M].北京:中央文献出版社,2013:116.

业家,我们把店员接收过来"。①中国过去的历史经验表明,国有经济的劳动生产率要比资本主义要高,从资源的配置效率和恢复国民经济的角度出发,资源也应该转移到国有经济上来。同年6月底的政治局会议中,毛泽东对资本主义的态度发生了变化,从利用、限制和改造资本主义改为消灭资本主义,"我们有可能经过公私合营等国家资本主义形式将资本主义经济逐步改造成社会主义经济,并消灭资本主义",②并且认为,"中国现在的资本主义经济……已经不是普通的资本主义经济,而是一种特殊的资本主义经济,即新式的国家资本主义经济。它主要地不是为了资本家的利润而存在,而是为了供应人民和国家的需要而存在……这种新式国家资本主义经济是带着很大的社会主义性质的,是对工人和国家有利的"③。通过市场手段,将具有资本主义性质的经济转到计划的轨道上来,其实已经改变了这些经济的社会性质,毛泽东认为这是从新民主主义过渡到社会主义的方式,即通过国家资本主义逐步过渡到社会主义。国家资本主义如何转变为社会主义,毛泽东也讲到了这一点:"第一,有社会主义的几千个大工厂;第二,农业合作化,要有计划地、稳步地、积极地、自愿地搞互助合作;第三,国家资本主义企业内部的条件,包括党组织和工会,加上我们的领导,可以保证企业转到社会主义,取消资本家的所有权。"④至此,党和国家领导人形成了一系列关于过渡时期的理论表述,并且充分讨论了如何处理非社会主义经济,为后来社会主义与市场经济的结合提供了经验借鉴。

1953年9月,《人民日报》公布过渡时期的总路线,预计用三个五年计划的时间过渡到社会主义,原先用二十年的时间建设新民主主义的设想发生了改变,具体的方法也发生了变化。仅仅过了两年之后,由于对右倾机会主义的批判,社会主义改造的步伐猛然加速,到了1956年底,全国私营工业的99%、私营商业的82.2%分别被纳入社会主义经济,加入合作社的农户占到了全国总数的96.3%,手工业合作社占到了手工业总量的91.7%,⑤远超之前的预计,生产资料的社会主义改造已基本完成,我国基本建立了社会主义制度。

---

① 中共中央文献研究室.毛泽东年谱(1949—1976)(第二卷)[M].北京:中央文献出版社,2013:117.
② 中共中央文献研究室.毛泽东年谱(1949—1976)(第二卷)[M].北京:中央文献出版社,2013:122.
③ 中共中央文献研究室.毛泽东年谱(1949—1976)(第二卷)[M].北京:中央文献出版社,2013:130.
④ 中共中央文献研究室.毛泽东年谱(1949—1976)(第二卷)[M].北京:中央文献出版社,2013:140.
⑤ 中共中央党史研究室,胡绳.中国共产党的七十年[M].北京:中共党史出版社,1991:423.

二、社会主义过渡时期市场因素的逐渐消亡

新民主主义时期的经济特点是计划与市场并存,三大改造的基本完成,意味着逐渐形成了中央管理的计划经济体制,市场在经济中的作用几乎消失殆尽。新民主主义时期,国家为了控制资本主义经济,主要以加工订货、包销、收购的形式控制资本主义经济,变相地让资本主义经济为社会主义服务,消除了私人资本追求利润、盲目生产的弊端。"一五"计划主张集中力量发展重工业,建立现代工业,实现国防现代化。大规模的经济建设,尤其是重工业的建设,需要国家投入巨大的人力、物力、财力,对于处于贫困状态的国民经济来说,更要集中所有力量投入重工业。因此,1953年底,国家对全国10人以上私营工业企业加工、订货、包销、收购的数量达到了工业总产值的70%。[1]1954年,中央财政经济委员会提出《关于有步骤地将有十个工人以上的资本主义工业基本上改造为公私合营企业的意见》,主张通过公私合营的方式,将资本主义工商业改造成国家资本主义。由于当时国内的私营企业大多设备落后,规模小,远远没有达到国有企业的生产效率,[2]不少私营企业主纷纷支持公私合营。1955年,公私合营取得了重大进展,公私合营的企业增加到了3 193户,占到了全国私营工业(包括公私合营在内)总产值的49.6%,公私合营后,生产效率提升显著,工人生产积极性增高,显示出了社会主义制度的优越性。[3]此外,国家陆续对粮食、食用油、棉花等主要农产品和人民生活所需的必需品实行了统购统销政策。市场的作用在社会主义经济中逐渐变得忽略不计。

农业产品的统购统销[4],切断了农业和工业正常的自由交换,没有了商品交换,市场难以在经济中发挥有效作用。统购统销的范围主要是粮、油、棉等关乎国计民生的农产品,该政策出台以后,"大约占农村征收和收购总额42%的粮食、油料和棉花基本上脱离了自由市场,加上其他重要工业原料和主要副

---

[1] 薄一波.若干重大决策与事件的回顾(上卷)[M].北京:中共中央党校出版社,1991:413.
[2] 当时国有企业通过没收国外资本主义和国内官僚资本主义的资产,设备先进,企业实力雄厚,又有国家订单,生产效率高。
[3] 中共中央党史研究室,胡绳.中国共产党的七十年[M].北京:中共党史出版社,1991:419.
[4] 关于统购统销制度的来源,新中国成立初期粮食市场是自由市场,但是,有几次粮食价格波动影响了新中国的经济建设,因此国家就需要掌握大量的粮食来平衡价格。新中国成立头几年的时间里,主要是征粮为主、市场收购为辅,但是随着供应的扩大,市场收购无法满足国家需要的大量粮食,因此就出台了统购统销政策,但是由于认识上的不足,后来将统购统销视为社会主义。

食品大部分也由合作社负责收购,国营和合作社商业所掌握的农副业产品商品量从1953年的57%上升到了70%;国营和合作社商业在农村的销售总额也由1953年的44.2%上升到1954年的60.59%"。①农产品的销售市场也逐渐消失,回归到国家计划体系。统购统销的制度不仅影响了价值规律在国民经济中发挥的作用,损害了农民的生产积极性,工商企业的经济核算也得不到正确的市场信息,无法对市场供求做出合理的决策。"统购统销切断了农民同市场之间的联系:土地种什么,信息不来自市场,农民对自己的产品,处理无自主权,即使有余粮,也不能拿到市场去卖,这就排除了价值规律对农业生产的刺激作用。"②1956年,农村几乎全部实现了农业合作社,统购统销的政策基本上消灭了农产品市场;同时,由于统购统销的实施,以前农产品商业私营店只能转为国营粮油公司的代销店,国家控制了这些私营企业的货源,促使这些企业接受社会主义改造。

三大改造的完成,加快了市场主体的消失。毛泽东认为:"国营商业不能单纯追求利润,要关心工人就业问题。在不赔钱的前提下,应当加工、订货、收购。"国营经济不以利润为目,而是以人民的物质文化需要为目的,所以,国营企业不需要精准的经济核算,以国家资源为支撑,不需要通过市场对有限的资源进行配置。作为自由市场主体的私有经济在1953年至1956年逐渐消失。在手工业方面,通过合作组的形式进行社会主义改造,新中国成立初期,全国手工业工作者大约有585万人,1956年6月底,全国的手工业合作组有9.91万个,成员达到了509.1万人,占全部手工业人员的92%,③手工业完成了社会主义改造,施行集中生产,按劳分配。在私营企业方面,国家加大对私营工业的订货数量,使私营工商业无法进行自由市场的商业活动,国家订货在大型工业中占到其产量的93%;实行公私合营的企业达到了1 900多家,占到工业总产值的58%,私营工业自销的产量仅占9.2%。④1956年国营经济在国民经济中的比重上升到32.2%,合作社经济的比重上升到53.4%,公私合营经济的比重上升到7.3%,个体经济的比重由1952年的71.8%下降到

---

① 薄一波.若干重大决策与事件的回顾(上卷)[M].北京:中共中央党校出版社,1991:413.
② 薄一波.若干重大决策与事件的回顾(上卷)[M].北京:中共中央党校出版社,1991:280.
③ 薄一波.若干重大决策与事件的回顾(上卷)[M].北京:中共中央党校出版社,1991:445,449.
④ 薄一波.若干重大决策与事件的回顾(上卷)[M].北京:中共中央党校出版社,1991:416.

7.1%。①整个市场上私有经济已经不占什么份额,生产的目的不再追求利润,而是为了人民的需要。通过统购统销政策,农业合作社和手工业工作社也失去了经营上的自主权,一切生产经营活动都是国家计划。

生产要素市场逐渐萎缩。生产要素市场是生产经营活动中的各种经济资源的统称,一般包括土地、劳动力等。生产要素只有以商品的形式在市场上交易,才能实现流动和配置。国家对很多生产资源进行了管制,1953年有227种生产资料被纳入全国统配与中央部管物资,到了1956年达到了385种,②还有一部分生产资料被纳入地方政府统配列表当中,私企和国企能够在市场进行销售的产品很少。并且,企业的生产要按照国家计划进行,产品也由政府定价,这种方式已经被证明无法反映出产品的稀缺性以及社会的真实需求,无法实现准确的经济核算。随着市场范围的缩小,大量的经济活动被纳入计划范畴,市场效能日益萎缩。据国家统计局的数据,1953年自由市场总规模是174.2亿元人民币,自由市场占据社会商品零售额的42%,到了1956年,自由市场总规模是98.6亿元人民币,仅仅占社会商品零售额的21.2%。再者,国家实施户籍制度,劳动力无法自由流动;国家采取统一管理劳动力的招收和分配的政策,劳动力市场也不复存在。由于统购统销,农业和工业的双重流动消失了,市场基本上失去了"信号源"的作用,整个市场体系瘫痪了,取而代之的是国家调配。

随着三大改造的完成,市场的作用在经济中逐渐减弱,随着计划性的加强,市场在资源配置中几乎失去了作用,市场已无法在国民经济中发挥有效作用。反之,指令型经济的条件已经成熟,并为中国的重工业建设发挥了重要的作用。

三、市场因素消亡的时代局限性

社会主义三大改造的完成,确立起了社会主义基本制度,完成了中国历史上最深远的变革,被称为中国共产党三大历史成就之一。邓小平曾评价说:"我国资本主义工商业社会主义改造的胜利完成,是我国和世界社会主义历史上最

---

① 中共中央党史研究室,胡绳.中国共产党的七十年[M].北京:中共党史出版社,1991:425.
② 赵凌云.1949—1956年间中国经济体制中市场因素消亡过程的历史考察与启示[J].中国经济史研究,1994(2).

光辉的胜利之一。这个胜利的取得,是由于中国共产党领导全体工人阶级执行了毛泽东同志根据我国情况制定的马克思主义政策。"[1]公私合营后,企业也表现出了强劲的发展势头。1956年,公私合营的企业总产值就比上年增加了32%。[2]但是,毛泽东认为要加快过渡到社会主义的观点引起了一系列的讨论。

(一)放弃新民主主义的历史必然性

根据最初的设想,我国在新民主主义革命胜利后,不能直接过渡到社会主义,而是要先建立一个新民主主义性质的政权,以团结资本主义,利用市场资源配置的作用来发展生产力,待物质、文化等发展到一定程度后,再过渡到社会主义。新民主主义理论是马克思主义理论与中国特殊国情结合的产物,指导新中国成立初期的建设方略。但是,出于一系列的原因,中国共产党放弃了新民主主义,开始快速过渡到社会主义。对于放弃的原因,学界一直有不同的讨论,有的学者认为新民主主义阶段结束得太早了,在生产力还不发达的情况下就进入社会主义,不符合经典作家对社会主义的定义,应该再回到新民主主义时期。不可否认,新民主主义结束比较早,原先预计十多年过渡到社会主义,最后只用了三年,时间过于急促,对于一些工商业和个体户的处理不恰当,但是,放弃新民主主义也是当时历史条件下的必然选择。

国际局势导致中国需要步入社会主义阵营。第二次世界大战后,以美国为首的资本主义阵营和以苏联为首的社会主义阵营的两强对立格局形成。抗美援朝战争的爆发以及中国社会主义意识形态与资本主义国家意识形态的对立,导致了以美国为首的西方国家对中国进行经济封锁,为了得到国际认可,新中国只能采取"一边倒"的外交策略。同时,以苏联为首的社会主义阵营不满中国采取新民主主义政策,认为中国的步伐太慢,受苏联的影响,中国加快进入社会主义的步伐。在20世纪,苏联模式显示出了强劲的发展动力,与此对应的是,西方国家经济不景气,世界民族解放运动高涨,资本主义势力出现颓势,这些都鼓舞了中国加快向社会主义过渡的步伐。

国有经济在国民经济中的比重占主导地位,国有经济良好的经济发展形势,让中国共产党认为步入社会主义能够更快发展生产力。新民主主义时期,通过没收官僚资本主义的资产,中国共产党掌握全国80%的工矿业和交通运

---

[1] 邓小平文选(第二卷)[M].北京:人民出版社,1983:186.
[2] 薄一波.若干重大决策与事件的回顾(上卷)[M].北京:中共中央党校出版社,1991:416.

输业,银行全部为国家经营,国家掌握了国民经济的主要力量。并且,国有经济显示出极为强劲的发展动能,不仅如此,国有企业的工人福利待遇相当好,劳动积极性高,成为一支代表了先进生产力的示范群体。但由于当时社会物资短缺,私有资本兴风作浪,为了集中力量发展重工业和国防工业,加强政府抵御风险的能力,加快步入社会主义成为大势所趋。

党和国家在限制和利用资本主义工商业方面积累了许多成功的经验。资本主义经济的趋利性必然加剧了资产阶级与无产阶级的矛盾,中国的特殊国情需要对民族资本主义采取既利用又限制的策略。七届二中全会指出:"限制和反限制,将是新民主主义国家内部阶级斗争的主要形式。"[1]因此,在国民经济恢复阶段,国家通过加工订货、经销代销、统购包销等方式引导私人资本转到国家计划轨道上来,这一套方式,受到了企业主的欢迎。通过国家资本主义的方式进行社会主义改造被中国共产党当作社会主义建设的成功经验,这也是党的领导人提出加快向社会主义过渡的原因之一。

(二)正确认识新民主主义与社会主义的区别

马克思、恩格斯的设想是社会主义应该建立在高度发达的生产力基础上,但是社会主义几乎都在生产力落后的国家变成了现实,因此,如何在落后国家建设社会主义是世界社会主义运动的重要议题。中国在社会主义道路上,经历了一些挫折,也走了一些弯路,但中国领导人实事求是,基于中国的国情,提出中国的社会主义处于初级阶段,这里面有两个含义:一是中国社会性质是社会主义性质;二是中国的社会主义是不成熟的社会主义,需要大力发展经济,发展生产力。所以,有人认为社会主义初级阶段是补新民主主义的课。虽然,新民主主义和社会主义初级阶段有很多的相似性,[2]但实际上,两个阶段有很大的不同。

新民主主义和社会主义初级阶段的主要矛盾不同。新民主主义的主要任务是要推翻三座大山,即官僚资本主义、封建地主、帝国主义,新中国成立初期还存在封建主义和帝国主义性质的经济,社会的主要矛盾还是中华民族与帝

---

[1] 毛泽东选集(第四卷)[M].北京:人民出版社,1991:1432.
[2] 见于王敦琴、蒋辉明《新民主主义社会·社会主义初级阶段·思辨》(《当代世界与社会主义》2002年第4期),"政治上实行的都是中国共产党领导的以工农联盟为基础的人民民主专政,共产党领导下的多党合作和政治协商;经济上允许多种经济成分并存,允许资本主义存在和发展;文化上都是民族的科学的大众的文化"。

国主义、工农联盟与封建残余之间的矛盾。社会主义基本制度建立后,封建残余与帝国主义性质的经济基本被消灭,无产阶级与资产阶级之间的矛盾不存在了,社会主义的主要矛盾是人民日益增长的物质文化需求同落后的生产力之间的矛盾。正确认识主要矛盾,是制定路线、方针、政策的前提。

新民主主义和社会主义初级阶段的政权性质不同。新民主主义是无产阶级领导下的各革命阶级联合专政的政权,对反对社会主义的敌人实行专政,依据的力量是工人和农民,团结小资产阶级和民族资产阶级;社会主义已经消灭了剥削制度,是无产阶级专政。据统计,新中国成立时,6位副主席中党外人士有3人,中央人民政府委员的党外人士占总人数的48%,政务委员党外人士占总人数的60%,在各个部委机关任职的党外人士有41%。[1]社会主义主张的是中国共产党领导的多党合作和政治协商制度,但是,党外人士参政议政职能跟新民主主义时期差距比较明显。

新民主主义和社会主义初级阶段的经济基础不同。新民主主义时期的经济是五种经济形态共存,中国共产党控制的原始资本来自没收的官僚资本主义,所以,国家在经济层面的力量比较弱小,只能在关乎国计民生的领域发挥作用,在商品流通方面还需要其他成分的资本力量通过市场来发挥作用。社会主义时期,国有经济已经能够控制国家经济命脉,能够在经济领域发挥主导作用,国有经济的生产总值占到国民生产总值的大半。所以,新民主主义和社会主义的初级阶段的主要矛盾、政权性质、经济基础不尽相同,不能将二者混淆。

(三) 破除计划与市场对立的认识

经典作家的文献里找不到社会主义可以有市场经济的论述,马克思认为社会主义就是要消灭生产资料私有制,建立生产资料公有制,所以过去普遍认为,社会主义经济的基本特征是计划经济,资本主义经济的基本特征是市场经济,即使是苏联的社会主义实践,也并未实现对该理论的突破。中国早期的社会主义实践主要模仿苏联,斯大林的《苏联社会主义经济问题》被认为是马克思政治经济学最正统的学说,主张高度集中的计划经济。因此,在20世纪50年代的经济建设过程中,中国的经济受苏联模式影响比较大,生产资料公有制和集中的计划经济的经济制度有利于保持社会主义的纯洁性。即便新民主主

---

[1] 数据来源自金春明《试析社会主义初级阶段与新民主主义之异同》(《教学与研究》2001年第1期)。

义时期提倡利用资本主义,利用市场,也是由于经济落后,中国社会主义最终还是要回到计划经济的轨道上来,中国共产党从未将私有经济当作国民经济的一部分,而把它当作暂时性的补充。新中国成立初期的国有经济出于历史缘故,没收了大量的先进设备和工厂,在初期的发展过程中显示出了高于私有经济的生产效率,而这一切最后都被归功于计划体制。与此同时,发生的"投机倒把"等反动事件,显示出了市场的投机性、盲目性等消极的一面,为筹备发展重工业所需要的庞大资金,中国共产党不得不学习苏联,通过"剪刀差"的方式,为重工业筹集资金,最终导致国民经济快速偏向了计划时代。

第三节 适合中国国情的社会主义经济道路探索

由于国际局势以及受传统社会主义束缚等,中国的社会主义经济体制模仿了苏联的模式,建立了生产资料单一、运行体系集中的计划经济。这种体制为中国的国防体系和现代工业体系的建立做出了不可磨灭的贡献,但是,随着该体制的运行,逐渐暴露出一些弊病。苏共二十大的召开,展现了苏联模式的很多问题,斯大林模式开始走向衰落。中国的社会主义道路如何避免苏联出现的问题是摆在中国共产党面前的一道难题。中国共产党开始探索适合中国自己的社会主义道路。

一、1956 年的现状及问题

以毛泽东为代表的中国共产党人结合中国的实际,活学活用了马克思主义方法论,探索出了一条适合中国国情的道路,实现了经济的快速增长。1956年政府对经济和文教建设的投资超过了原计划的 15.3%,是 1952 年的 1.9 倍。在工业总产值方面超过了原计划的 21%,是 1952 年的 2 倍多,其中,重工业取得了快速的发展,原先占工业总量的 35.5%,现提高到了 45%;钢产量是 1952 年的 3 倍多,原煤产量比 1952 年的增产近 1 倍,发电量更是达到了 1952 年的 2.6 倍,一大批关乎国防安全及国计民生的工业建立起来了。在农业方面,完成了原计划的 101%,总产值达到了 604 亿元,缓解了中国的温饱问题。人民生活水平比 1952 年的要提高 1/3。[①]过快地进入社会主义中断了发展的势头,

---

[①] 中共中央党史研究室,胡绳.中国共产党的七十年[M].北京:中共党史出版社,1991:431.

生产资料所有制单一、中央集中管理的社会主义经济逐渐产生了很多新的问题。

农业方面放弃了原先比较稳妥过渡的原则,过多谋求合作社数量,忽视了合作社的质量,高级社发展过快,而且比较单一的合作社模式,无法适应地形复杂的中国,如平原地带的合作社有利于生产,但是在丘陵和草原地带,由于地理资源禀赋,合作社反而不利于生产。中央计划的管理模式,严重挫伤了劳动者的生产积极性,导致工业的生产效率持续下降,农产品与市场的分离,让农民无法自由地换取生活必需品,多样化的需求得不到满足,农民的生活质量并没有得到有效提高。合作化消灭了农村中的副业,数据表明,第一个五年计划期间,农村副业的增长率只有4.5%,比三年恢复时期副业增长率要少10个百分点,市场活力明显降低。

轻工业一直实行鼓励、引导、限制的方针。党中央提出过渡时期总路线后,有关机构加大对轻工业的加工订货、统购统销力度,以此引导轻工业进入计划经济的轨道,通过国家资本主义的方式控制私有资本的生产。政府通过统购的方式实现了轻工业与市场的分离,导致了轻工业工坊无法获取真实的市场需求,从而失去了对生产的合理规划;轻工业盲目合并,使一些有效的管理方式和经营方式失去了可操作的空间,有经验的资本家和技术工程师无法发挥作用,导致了企业综合生产力的下降。不仅如此,政府对产品的定价使企业失去了产品的定价权,价格不再取决于产品的优劣,市场失去了自发调节供给和需求之间平衡的功能,企业生产产品不再讲究效益,社会经济缺少活力。社会主义改造完成后,国家实现了对大多数企业的直接管理,仅1957年就有9 300多家企业由中央直接管理,企业没有生产自主权,产品生产的数量都由经济计划部门制定,政府部门缺乏完备的供求信息,无法制订出合理的生产计划,在一定程度上影响国民经济的健康发展。

二、市场作用的初次肯定

在第一个五年计划时期,新中国成立初期的党和国家领导人在实践中曾肯定了市场的作用,并形成了一系列理论,如毛泽东"可以消灭了资本主义,又搞资本主义",陈云的"三个主体,三个补充"等,充分展现了建设有中国特色的社会主义。新中国成立初期社会主义道路探索虽然涉及了社会主义与市场经济的关系问题,但是,因为历史局限性,中国没有打破传统社会主义模式,走向了更加集中的计划体制。

（一）对苏联经验的反思

中国共产党能够取得革命的胜利和社会主义建设上的成就,与苏联的支持分不开。共产主义理想以及东西方之间的冲突将两国关系紧密地联系到了一起。中国在第一个五年计划期间得到了苏联很多支持,苏联在社会主义阵营的威望以及社会主义实践所取得的成功,使中国领导人认为应该"向苏联老大哥学习""苏联的今天就是中国的明天",毛泽东也多次表明,中国的社会主义建设方案是在模仿苏联,所以中国在学习苏联技术的同时,也学到了苏联那一套经济方式,形成了自己的计划体制。

苏共二十大暴露出了斯大林模式的问题。毛泽东认为赫鲁晓夫对斯大林的反思是"揭了盖子,又捅了娄子","揭了盖子"指赫鲁晓夫破除了斯大林的迷信,有利于反教条主义,"应该把马列主义的基本原理同中国社会主义革命和建设的具体实际结合起来,探索在我们国家里建设社会主义的道路了";[1]"捅了娄子"指赫鲁晓夫全面否定了斯大林,忽视了苏联社会主义的合理部分。1956年初,毛泽东在听取中央各部门关于第一个五年计划和国民经济发展现状的报告时,表示对苏联的问题要具体问题具体分析,要打破对苏联路径的依赖,[2]"最近苏联方面暴露了他们在建设社会主义过程中的一些缺点和错误,他们走过的弯路,你还想走？过去我们就是鉴于他们的经验教训,少走了一些弯路,现在我们当然要引以为鉴"[3],苏联的错误并不意味着马克思主义理论的错误,而在于将马克思主义抽象的理论直接当作具体的做法,导致其体制变得僵化。在经济体制方面,毛泽东认识到只追求重工业、忽视轻工业和农业的方式无法满足人民的需要,导致了人民生活的匮乏,"苏联的办法把农民挖得很苦。他们采取所谓的义务交售制等项办法,把农民生产的东西拿走太多,给的代价又极低。他们这样来积累资金,使农民的生产积极性受到极大的损害"[4]。总之,苏联模式的影响以及国内、国外的特殊环境,导致中国建立指令型的计划经济体制,但是这一体制在建设伊始就产生了许多的问题,促使党和国家的领导人开始探索适合本国国情的社会主义道路。

---

[1] 中共中央文献研究室.毛泽东年谱(1949—1976)(第二卷)[M].北京:中央文献出版社,2013:550.
[2] 石仲泉.毛泽东的艰辛开拓[M].北京:中共党史资料出版社,1990:152-153.
[3] 毛泽东著作选读(下册)[M].北京:人民出版社,1986:720.
[4] 毛泽东著作选读(下册)[M].北京:人民出版社,1986:727.

(二)提出解决中国问题的经济道路

1956年4月,毛泽东征求各部委领导人关于经济发展问题的意见,通过大量的实地调研,他提出以苏联模式为教训,探索中国自己的社会主义道路。为调动一切积极因素为社会主义服务,正确处理各方面的关系,探索适合中国国情的经济道路,毛泽东提出要正确把握中国社会的"十大关系",要正确处理重工业、轻工业以及农业的关系,在集中力量发展重工业的同时,协调发展轻工业以及农业,以加快资金积累的速度,更好地改善人民的生活。基于中国工业70%在沿海、30%在内陆的现状,要正确处理沿海与内地工业之间的关系,实现区域平衡发展,内陆和沿海都要大力发展工业。由于大力发展国防工业,忽视了国计民生的方面,因此要处理好经济建设和国防建设之间的关系,发展好国民经济是发展国防事业的基础。由于社会主义改造出现的政府过度干预,生产没有积极性,要处理好国家、集体和生产者个人三方面利益的关系,要给工厂一些经济自主权。由于中央统筹一切,地方自主权小,导致地方无法正确反馈供给与需求的现状,因此要正确处理中央与地方之间的关系,给地方更多的独立性,扩大地方的权力,减少中央直接指挥造成的无效率。

党的八大正式确定了中国社会的性质是社会主义社会,中国的经济是以计划调控为主,市场调控为辅,认为中国的主要矛盾和阶级关系发生了变化。"我国的无产阶级同资产阶级之间的矛盾已经基本上解决,几千年来的阶级剥削制度的历史已经基本上结束,社会主义的社会制度在我国已经基本上建立起来了。"[①]国内的阶级矛盾已经消失,"人民对于建立先进的工业国的要求同落后的农业国的现实之间的矛盾,已经是人民对于经济文化迅速发展的需要同当前经济文化不能满足人民需要的状况之间的矛盾。这一矛盾的实质……是先进的社会主义制度同落后的社会生产力之间的矛盾"。[②]由此可见,在社会主义改造基本完成后,党和国家把发展生产力作为工作重心,以满足人民日益增长的物质文化需要,标志着中国共产党由革命到建设的转变。1957年2月,毛泽东发表了《关于正确处理人民内部矛盾的问题》的讲话,完善了社会主义矛盾学说,他认为:"在社会主义社会中,基本的矛盾仍然是生产关系和生产力之间的矛盾,上层建筑和经济基础之间的矛盾。"社会主义的主要矛盾是人民内部的矛盾,是一种非对抗性矛盾,它的解决方式有且只有发展生产力。

[①][②] 中共中央文献研究室.建国以来重要文献选编(第九册)[M].北京:中央文献出版社,1994.

刘少奇主张要发挥企业的生产积极性,避免过多行政干预。"应当保证企业在国家的统一领导和统一计划下,有适当的自治权利。"在经济制度上,要改革社会主义的计划体制,充分运用价值规律,企业要有一定的经营权,使计划性经济具有多样性和灵活性的特点。刘少奇承认社会主义经济的运行方式是计划,但是由于人类社会生活的多样性,社会主义经济也应该具有多样性,应充分利用价值规律的作用,以弥补计划性的不足。刘少奇认为计划与市场共同作用更加有利于国民经济的发展,"自由市场对我们有利,可以暴露我们的缺点,补充国营商业的不足,方便人民"。[1]虽然刘少奇没有打破计划经济是社会主义的基本特征的认识,但是他看到了市场的积极作用,强调社会主义可以运用价格机制对经济进行调控。因此,刘少奇主张办私人工厂以及积极学习资本主义的先进管理方法,运用经济手段来管理经济,用价格来刺激生产,用税收来调节利润,以此提高社会主义经济的生产效率。

周恩来认为应该更好地运用价值规律。在党的八大会议上,周恩来认为社会主义制度已经建立起来了,社会主义经济在国民经济中占统治地位,可以在适当的范围内运用价值规律,"有计划地组织一部分在国家领导下的自由市场,以满足人民日益增长的需要",[2]周恩来同其他领导人一样,允许自由市场的存在,但是自由市场要在国家的领导下进行。如何在国家的领导下发挥市场的作用,周恩来认为:"在一定范围内,将实行产品的自产自销;对某些日用工业品,将推行选购办法;对所有商品,将实行按质分等计价办法……采取这些措施,不仅不会破坏国家的统一市场,相反地,将会对国家的统一市场起有益的补充作用。"[3]因此,周恩来对企业制度做了一些调整,不再像过去那样由国家控制生产,而是扩大企业的自主权,允许企业根据市场情况自行安排生产,对于那些未纳入计划的日用产品、手工业产品以及土产品,不规定产品的生产计划,过剩的产品可由工厂自销,对产品价格施行按质定价,让价格在资源配置中起作用,工厂有了利润的激励,提高了生产效率。

陈云是最早重视自由市场的领导人,提出了著名的"三个主体,三个补充",他认为国民经济应该是计划和市场相结合。"在工商业经营方面,国家经济和集体经济是工商业的主体,一定数量的个体经济是国家经济和集体经济

---

[1] 学党史 守初心[EB/OL]. https://m.thepaper.cn/baijiahao_12089823.
[2] 周恩来选集(下卷)[M].北京:人民出版社,1984:214.
[3] 中共中央文献研究室.周恩来经济文选[M].北京:中央文献出版社,1993:311.

的补充;在生产计划方面,计划生产是工农业生产的主体,按照市场变化在国家计划许可范围内的自由生产是计划生产的补充;在社会主义的统一市场里,国家市场是它的主体,一定范围内的国家领导的自由市场是国家市场的补充。"[①]陈云认为社会主义可以存在一定的私有制,少量的私有制能够促进经济的活力,同时,国家可以通过行政或市场的手段将私有制引导到利于国计民生的轨道上。为了改变计划经济生产带来的一系列问题,陈云也提出了五条措施,[②]从措施的内容来看,基本上都是以市场的办法来弥补计划的不足。

党的八大为探索本国经验的社会主义道路提供了方向,具有突破意义的是,党和国家的领导人认为发展自由市场经济是对计划经济的补充,这里的自由市场经济不同于资本主义国家的自由市场经济,是国家控制下的自由市场经济。遗憾的是,提出用市场的办法来弥补计划的缺陷,更多的是来堵塞计划经济的漏洞,中国共产党始终没有把市场作为资源配置的主要方法,虽然新中国的早期领导人意识到了发展市场经济有利于国民经济的发展,但受苏联模式的影响,他们并没有打破社会主义经济就是计划经济的认识。

(三)自由市场的再度繁荣

党的八大过后,市场经济开始复苏,个体户开始发展壮大,一些地区甚至出现了大规模的"地下工厂"和"地下商店",仅上海就有 100 多家"地下工厂",规模大的"地下工厂"仅工人就有 5 000 多人。针对这一现象,毛泽东表示:"现在我国的自由市场,基本性质仍是资本主义的,虽然没有资本家。它与国家市场成双成对。上海的地下工厂同国有企业也是对立物。因为社会有需要,就发展起来。要使它成为地上,合法化,可以雇工……最好开私营工厂,同地上的作对,还可以开夫妻店,请工也可以,这叫新经济政策。我怀疑俄国新经济政策结束得早了,只搞了两年退却就转为进攻,到现在社会物资还不充足。"[③]

[①] 陈云文选(第二卷)[M].北京:人民出版社,1984:11.
[②] 见于顾龙生主编的《中国共产党经济思想史(1921—2011)》(山西经济出版社 2014 年版),"a.改变工商企业之间的购销关系,把商业部门对工厂实行加工订货的办法,改为由工厂购进原料、销售商品的办法。b.纠正从片面观点出发的盲目的集中生产、集中经营的现象,工业、手工业、农业副产品和商业的很大一部分必须分散生产、分散经营。c.取消市场管理中那些原来为了限制资本主义工商业投机活动而规定的办法,活跃商品的交流。d.使价格政策有利于生产。e.改变某些产品的国家计划管理的办法。应该把国家计划中对于日用百货、手工业品、小土产等产品的各项指标只作为一种参考指标,让生产这些日用百货的工厂,可以按照市场情况自定指标生产,而不受国家参考指标的束缚,并且根据年终的实绩来缴纳应缴的利润"。
[③] 中共中央文献研究室.毛泽东年谱(1949—1976)(第三卷)[M].北京:中央文献出版社,2013:47.

毛泽东认为自由市场经济属于资本主义性质,由于国内物质的匮乏,需要利用市场经济来发展生产力,满足人民需求,并且认为私人资本还可以根据社会需要逐渐增加:"只要社会需要,地下工厂还可以增加。可以开私营大厂,订个协议十年、二十年不没收。华侨投资的,二十年、一百年不没收。可以搞国营,也可以搞私营。可以消灭了资本主义,又搞资本主义。现在国营、合营企业不能满足社会需要,如果有原料,国家投资又有困难,社会有需要,私人可以开厂。"①可以看到,毛泽东不仅认可了私人资本在国内的发展,而且也提出了引进外资的观点。毛泽东对私人资本提出了具有建设性的观点,"可以消灭了资本主义,又搞资本主义",前者指的是消灭资本主义制度和剥削的生产关系;后者指的是在社会主义国营经济的前提下,可以发展私营经济和个体经济作为补充。

从社会主义改造时期的"使资本主义绝种"到"又搞资本主义"的转变,是中国共产党人根据社会主义实践经验,对如何对待市场、对待属于资本主义性质的经济的总结,并且认为市场经济也能够在社会主义中发挥积极作用,个体经济是公有经济的补充等,这突破了苏联模式的影响。虽然毛泽东等领导人仍将计划经济当作社会主义经济的基本特征,但是,在发展特点上,中国已经走出一条具有中国特色、中国经验的道路。然而,种种复杂原因使整个政治风向逐渐转向保守,人民内部矛盾被定义为敌我矛盾,中国经济回到了以计划为主的经济体制。

三、中国前三十年计划经济模式状况

党的八大虽然取得了理论上的突破,但是在实践中并未引起太大的反响,因此,中国理论界普遍认为中国的计划经济始于1953年,止于1978年的改革开放。二十多年以计划为主的经济机制导致人民物质生活匮乏,经济发展水平低于国际部分国家,虽然也取得了一些进步,但是计划的低效率在经济活动中越来越明显。

计划经济时期的资本积累为中国经济的起飞创造了条件。世界银行前副行长林毅夫认为一个国家经济起飞的必要条件是投资超过国内生产总值的11%,②而中国在计划经济体制下,长期保持的资本积累率在20%—35%,远

---

① 中共中央文献研究室.毛泽东年谱(1949—1976)(第三卷)[M].北京:中央文献出版社,2013:47.
② 林毅夫.中国经济专题[M].北京:北京大学出版社,2012:84.

远高于国际水平,①计划经济体制为中国的经济起飞积累了丰厚的资本。

国民经济稳固发展,国有经济在国民经济中的占比继续提高,彰显了社会主义经济的主要特征,同时非计划性经济继续在国民经济中发挥补充作用。可以看到(如表4-1),政府对国有经济的投资始终很高,并且逐年增长,1975年国有经济的投资额是1957年的20.6倍。在整个国民经济中,国有经济的投资额始终占到总投资的一半以上,甚至一度超过80%。虽然中国建立了生产资料公有制的计划性经济体制,但是非计划性经济的比重也在缓慢增长。1957—1978年,中国的非计划性经济主要是以农村的自留地、家庭副业等为基础的自由市场(或者称为村社企业)以及城镇的个体经济。在这段时间里,中央规定每个农民都有一定的自留地,每人平均占有土地面积最少不低于5%,最多不超过15%。到了1978年,农村社员的自留地面积约有1.14亿亩(合7.6万平方千米);农村副业也随着政策调整而改变。1960年前后,中央多次发文鼓励农村副业的发展,直到1978年农村副业才占到农村总产值的16%。总之,即使在国民经济发展的曲折阶段,自由市场经济仍在发挥作用,私人经济得到缓慢的发展,非计划性经济在国民经济的生产中依旧占据着重要的份额,而且能够弥补计划性经济的不足,增加就业。②

如表4-1所示,1957—1975年,个体经济的固定资产投资额在总额中的比例一直很低,在全民进入社会主义社会后,计划经济发挥着主导作用(如表4-2)。

表4-1 1957—1975年固定资产投资额　　　　　　　单位:亿元

年　份	1957	1959	1961	1965	1969	1971	1975
国有经济	745.9	845.3	1 185.2	3 020	5 498.7	9 615	15 369.3
集体经济	46	174.3	238.7	711.7	1 359.4	2 758.9	4 192.2
个体经济	119		409	1 022.1	1 222	1 970.6	3 744.4
总　额	910.9	1 230.4	1 832.9	4 753.8	8 080.1	17 042.1	28 406.2

数据来源:国家统计局国民经济综合统计司编《新中国五十年统计资料汇编》(中国统计出版社1999年版)。

---

① 林毅夫.解读中国经济[M].北京:北京大学出版社,2012.
② 向新,苏少之.1957—1978年中国计划经济体制下的非计划经济因素[J].中国经济史研究,2002(4).

表 4-2　1952—1978 年间各部门占国民收入份额的变化

年　　份	1952	1957	1965	1970	1978
农　　业	57.7%	46.8%	46.2%	40.4%	32.8%
工　　业	19.5%	28.3%	36.4%	41%	49.4%
其他产业	22.8%	24.9%	17.4%	18.6%	17.8%

数据来源：国家统计局编《中国统计年鉴(1992)》(中国统计出版社 1992 年版)。

在基础建设投资上，由于该时期国家战略的需要，我国一直偏向于重工业。虽然建立了现代化的工业体系，但是农业、轻工业的非常态发展，导致了中国经济结构的失衡，无法安排更多人就业，大多数的青年还停留在农村务农，劳动力要素和资本要素没有得到很好配置。如表 4-3 显示，从"一五"到"四五"时期，重工业在国民经济总产值中的比重总体呈上升趋势，到了"四五"时期，重工业从三大产业中产值最低的一类成为最高的一类，产业结构与发达国家类似。从取得的成就来看，军事工业、航天工业均达到了世界领先水平；单从产业比例的分布来看，中国已实现从农业国到工业国的转变。但是，重工业需要的资本非常庞大，能够容纳的就业岗位比较少，中国有相当大一批人仍在农业部门从事生产工作，远远没有达到发达国家的发展水平，整个重工业是在牺牲农业利益基础上发展而来的，这也被称为"剪刀差"，即压低农产品的价格，提高工业品的价格，为工业的发展积累原始资金。

表 4-3　"一五"到"四五"时期农业、轻工业、重工业总产值　　　　单位：亿元

	农业	轻工业	重工业
"一五"时期	2 767	1 672	1 173
"二五"时期	2 663	2 551	3 634
1963—1965 年	2 195	1 684	1 875
"三五"时期	4 768	4 016	4 020
"四五"时期	6 076	5 877	7 610

数据来源：国家统计局国民经济平衡统计司编《国民收入统计资料汇编(1949—1985)》(中国统计出版社 1987 年版)。

从就业率来看(见表 4-4)，中国的就业人口集中在农业。我国农业人口长期保持不少于 70% 的占比，证明了我国还是一个落后的农业国，劳动力资源并没有得到有效利用，虽然重工业得到了优先的发展，但是并没有创造太多工作

机会,导致中国的城市化率极低,生产率不高。根据世界银行的贫困标准,在改革开放前,中国几乎处于赤贫的阶段,社会主义的优越性并没有在现实中显现出来。从国民经济的增长来看,改革开放前30年中国的GDP虽然增长近2倍多,但是人民的生活水平只提高大约77%,远低于国民经济发展水平,人民并没有享受到经济发展带来的成果。

表4-4 1953—1978年农业、工业及其他的就业率

年份	农业	工业	其他
1953	83.07%	8.03%	8.90%
1956	80.56%	10.72%	8.71%
1959	62.17%	20.64%	17.19%
1962	82.12%	7.95%	9.94%
1965	81.60%	8.40%	10.00%
1968	81.66%	8.59%	9.74%
1971	79.72%	11.20%	9.08%
1974	78.46%	12.61%	8.94%
1977	74.51%	14.81%	10.68%
1978	70.53%	17.30%	12.18%

数据来源:国家统计局国民经济综合统计司编《新中国五十年统计资料汇编》(中国统计出版社1999年版)。

中国的资源利用率与发达国家相比还有段距离。国际上比较权威的衡量资源配置效率的标准是全要素生产率,从图4-1中可以看出,以1952年的水平为基准的话,之后中国资源利用效率基本上没有超过1952年,直到20世纪80年代初的经济改革,在资源的利用方面才有所起色。无疑,计划经济无法达到资源的有效配置。举个例子,中国的钢铁行业的生产主要是由计划部门统一调配,以"鞍钢"和"武钢"为例,东北地区所需要的钢铁应该由"鞍钢"来调运,湖北地区的钢铁应该由"武钢"来调运,实际的情况是,东北部分地区的钢铁由"武钢"来满足,武汉需要的钢铁却由"鞍钢"来调运,因此经常出现资源浪费的现象。隔壁是所需产品的工厂,却只能用几千里外的产品,无疑提高了工业成本,造成资源浪费。国家统一的调配需要大量的人力、物力和财力,也提高了交易成本;同时,经济的调配掌握在少数人手里,很容易滋生官僚主义。中央

计划部门很难掌握到种类繁多、多变的市场信息,真实市场是一个动态的过程,计划体制的前提是国民经济是静态的供需关系,现实情况是经济的静态现象根本无法实现,计划经济依靠精神鼓励以及自上而下的行政命令来推进,缺少经济行为的自发性,而一般情况下,只有激发劳动者的劳动积极性,同劳动者的个人利益结合在一起,才能促进生产更具有效率。

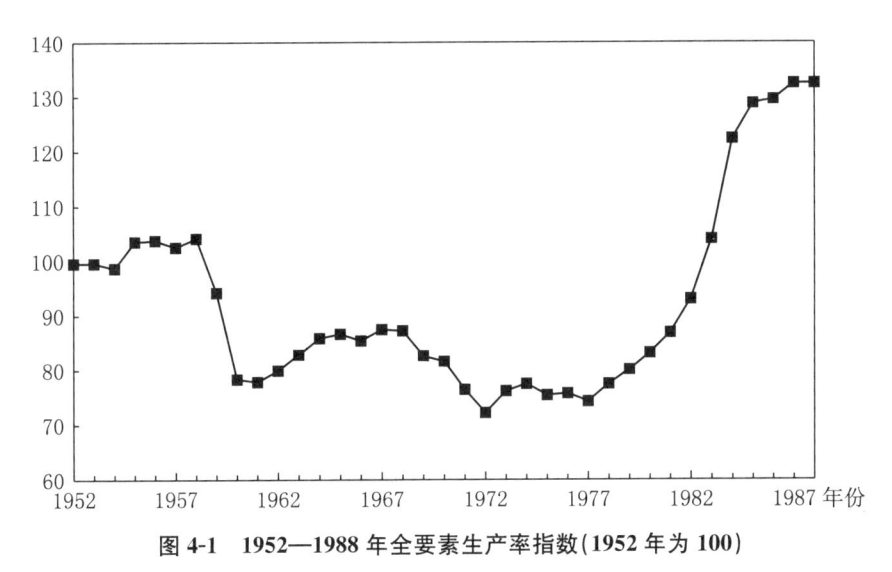

图 4-1　1952—1988 年全要素生产率指数(1952 年为 100)

数据来源:林毅夫《解读中国经济》(北京大学出版社 2012 年版)。

本章小结　中国早期的社会主义经济道路探索的基本经验

总的来看,新中国成立初期对经济发展方向经历的几次调整和变革,有成功也有挫折。新民主主义革命成功的主要原因是对时代脉络的把握以及正确认识社会主要矛盾。种种原因使我国加快步入社会主义,人们高估了对经济规律的认识,最终导致国民经济出现"倒车"现象。社会主义基本制度的建立是中国历史上第一次消灭剥削制度,但是我国走上了一条以计划为主的经济道路,忽视了中国落后的生产力现状。苏联的经济体制虽然取得了很大的成果,但这一套体制所产生的一系列弊端也导致了苏联的解体。我国的计划经济体制始于苏联,但又不同于苏联,是在中国具体的实践中形成的,始终给非计划性经济因素留有发展的空间。此外,中国的计划经济体制积累了大量的资本，建立了完善的工业体系和国防体系，为以后的经济腾飞奠定了物质基础。虽然优先发展重工业的赶超战略让中国重回强国序列，保证了中国的外部安全，但是为了给重工业提供资金支持，人为地扭曲了价格体系，无法计算出准确的市场需求，导致很多企业的生产无法满足社会的需求。重工业占用大量的公共资金，产业单一，无法满足人民多样化的需要，也无法吸纳大量的劳动力人口就业，从比较优势来看，忽视了中国人口多的特点。相反，因意识形态被忽视的个体经济，因为投资少、发展快、就业率高，受社会的青睐，经济效益也好，同计划性的经济形成了互补。计划同市场形成的双向实践，为后来的市场化改革提供了现实借鉴。

第五章 反思与探索：中国特色社会主义与市场的结合

新中国成立初期，为保证国防安全，中国的首要任务是要集中一切力量提升国家综合实力，尤其是国防力量。历史经验表明，苏联模式在战争年代非常有效，但是在和平与发展的年代，它就显得格格不入，在生产力方面没有太大的成效。中国共产党根据时代主题的变化，在充分认识中国特殊国情的基础上，形成了中国特色社会主义理论，回答了如何发展的问题。中国特色社会主义是根植于中国国情的科学社会主义，是马克思主义同中国的实际国情以及社会主义在中国的实践相结合而形成的理论。邓小平开创的中国特色社会主义道路系统地回答了落后国家如何建设社会主义的历史命题，中国特色社会主义市场经济打破了传统社会主义只能是计划经济的认识，科学阐明了社会主义与市场经济之间的关系，明确了"什么是社会主义"的问题。

第一节 中国社会主义与市场结合的历史必然性

苏联的社会主义实践表明"一国模式"[①]的社会主义不可能取得成功，20世纪的社会主义应该是各具特色、彰显国情的社会主义。中国前三十年的社会主义实践证明，指令型的计划经济难以在生产力落后的国家取得成功。随着社会主义和资本主义矛盾的缓和，资本主义国家不断进行内部改良，同19世纪相比，整个世界环境发生了很大的变化，和平与发展成为新的时代主题。新技术革命促进了生产力极大发展，世界贸易关系代替意识形态的对立成为国与国之间最主要的关系，资本主义发展到了一个新的阶段。20世纪下半叶的世界社会主义翻开了新的篇章，即中国特色社会主义的兴起。

---

① 指代的是苏联的社会主义模式。

一、对苏联模式的反思

苏联的解体导致世界社会主义运动面临严重的发展危机,甚至资本主义思想家叫嚣资本主义是"历史的终结"。关于苏联解体的原因,理论界对其做了深入研究,主要有八种观点:西方国家对苏联的和平演变,苏共中央的错误领导,斯大林模式的僵化,苏联特色文化的缺失,民族政策的失误,生产力长期落后于生产关系,政府高度腐败,对先进生产力缺乏回应。[①] 总的来说,苏联出现的社会主义危机是对社会主义本质认识的僵化,苏联模式是战争思维下的产物,不适合和平时期的发展。虽然苏联领导人试图改革,但已经是积重难返,且意识形态固化愈发严重。

苏联模式是战争思维下的产物,其主要特征是超高速的工业化、农业全盘集体化以及重工业发展的集中化。苏联模式属于临战型的暂时性应对措施,苏联正是靠这一体制守住了社会主义胜利的果实,并最终取得第二次世界大战的胜利,使苏联的声望达到了顶峰。第二次世界大战后,斯大林没有从战争思维转换到民生建设上去,他在《苏联社会主义经济问题》中提出:"两个对立阵营的存在所造成的经济结果,就是统一的无所不包的世界市场瓦解了,因而现在就有了两个平行的也是互相对立的世界市场。"斯大林在第二次世界大战后依旧将社会主义与资本主义视作敌我关系,导致世界陷入了四十多年的冷战,国内资源主要向军事领域倾斜,军工业现代化程度高,但是其他领域并没有得到太大的发展,尤其是人民的生活水平没有得到实质性提高,与西方发达国家的差距越来越大,社会主义的意识形态在苏联的现实生活中遭遇了信任危机。

随着苏联工业化和农业集体化的完成,1936年,斯大林宣布苏联已经基本上建成了社会主义社会。科学社会主义的经济特征是生产力高度发达下的生产资料公有制、计划经济、按劳分配。但是,苏联的社会主义主要特征是国家工业化、农业集体化,苏联的社会主义与科学社会主义理论相差甚远,苏联农民的生活水平并没有得到明显的提高,相反,过度发展重工业导致苏联人民的生活物资匮乏,苏联的人均GDP也远远不如西方发达国家。第二次世界大战结束后,斯大林表示"要建成无产阶级的社会主义社会,逐渐从社会主义向共

---

① 郭欣根.苏联解体原因的几种主要观点述评[J].社会主义研究,2003(2).

产主义过渡"。①1952年,苏共十九大正式将苏联进入社会主义写入党章,规定了苏联的主要目标是建成共产主义社会。显然,斯大林并没有从生产力的层面来理解社会主义,他将马克思对社会主义的抽象描述当作具体的做法,形成了生产资料高度集中的苏联模式。

虽然新经济政策时期提出要利用商品货币关系,经济发展要与个人利益相结合,但是斯大林始终认为社会主义不可以与市场经济相容,也不存在商品生产,并且只承认价值规律在消费品市场中起作用,生产资料市场不是商品市场。此外,计划体制难以实现技术创新,社会发展的活力越高,激励效应越好的地区越有创新活力,计划体制没有保护创新的奖励机制,也就无法利用新的技术来发展自己,整个20世纪80年代,世界经济在信息革命的带动下,出现了快速增长,与之相反,苏联的经济逐渐衰落。

二、中国社会主义道路前三十年的反思

新中国成立初期,中国的经济模式主要照搬苏联的经验,种种原因使"左"倾激进主义逐渐成为影响政局的力量。中苏关系的恶化,进一步推动了"左"倾思维的发展。中国不仅错过了世界发展的黄金期,而且逐渐拉大了同其他国家的距离。"文化大革命"结束后,中国重新睁眼看世界,中国的生产力水平远远落后于世界的平均水平,国民经济难以为继,必须图变图强。

马克思认为社会主义应该建立在生产力高度发展的基础上,新民主主义阶段,毛泽东等领导人认为中国的主要问题是生产力不发达、苏联的影响以及以美国为首的资本主义阵营对中国经济的封锁,导致中国外交采取了"一边倒"的策略。中国在意识形态上偏向苏联,中国的经济体制模仿苏联。苏联模式本身带有天然的缺陷,导致中国的社会主义建设上走了弯路,没有正确把握经济发展规律;盲目根据苏联的经济计划来安排本国的经济计划,导致计划经济的运转只能凭借广大人民群众的支持以及政治热情来维持。事实证明,光靠热情不足以提高生产力的水平,中国前三十年的社会主义实践削弱了群众的积极性。此外,社会主义在理论上意味着幸福、美满、富足的生活状态,"文化大革命"期间,阶级斗争成为社会主要意识形态,忽视了生产力的发展,导致

---

① 中共中央马克思恩格斯列宁斯大林著作编译局国际共运史研究室.沃兹涅辛斯基经济论文选[M].北京:人民出版社,1983:402.

人民生活水平低下,理论与实践脱节,很难让人民对社会主义产生认同感与归属感。

中国前三十年的社会主义实践没有突破苏联模式的束缚。传统社会主义认为社会主义不存在市场,市场经济会产生不平等。新中国成立初期的社会主义实践,逐渐压缩了市场发挥作用的空间,从而建立了生产资料公有制的计划体制。为了体现社会主义的公平公正,公有制经济的生产不以利润为目的,没有利润的激励作用,国有企业没有动力提高生产效率,从而造成企业的亏损经营,严重影响国家财政。又由于社会主义与资本主义意识形态相冲突,中国在外交上陷入孤立无援的状态,同世界的交流几乎处于中断状态。

基于对中国前三十年发展道路的深刻反思,党的领导集体认为要从以阶级斗争为纲转移到以经济建设为中心上来,不断派遣访问团和留学者去国外学习先进技术,积极反思体制机制问题;不断调整对社会主义的认识,缓慢放开国家对经济的控制,鼓励国外资本来华投资;提出中国社会主义处于初级阶段,社会主义初级阶段的主要任务是发展生产力。

三、中国社会主义与市场结合是经济全球化的时代命题

和平与发展是20世纪下半叶的时代主题。20世纪末,因为核武器的威慑,世界环境变得相对和平。良好的外部环境促进了商业的繁荣,第三次科技革命使生产力快速提高,"世界新科技革命蓬勃发展,经济、科技在世界竞争中的地位日益突出,这种形势,无论美国、苏联、其他发达国家和发展中国家都不能不认真对待……根据对世界大势的这些分析,以及对我们周围环境的分析,我们改变了原来认为战争的危险很迫近的看法"[①]。外部环境的变化适时地为中国改革开放创造了良好的氛围,中国同美国、日本等发达国家的关系得到缓和,加强同世界其他国家的交流和沟通,引进大量先进技术,充分发挥后发国家优势,不断优化产业结构,在全球化浪潮下,社会主义与市场结合成为必然,通过改革开放,中国抓住了20世纪末的发展机遇。

工业革命和技术革命为中国特色社会主义带来了机遇,也带来了挑战。第一次工业革命开启了世界近代史的篇章,世界历史从农耕文明进入工业文明,英国从一个岛国变成"日不落帝国";第二次电气革命,德国抓住历史的机

---

① 邓小平文选(第三卷)[M].北京:人民出版社,1993:127.

遇，一跃成为世界强国；第三次工业革命，日本抓住机遇迅速摆脱战争的阴影，一举成为世界强国，亚洲四小龙也成为世界的焦点。电子计算机技术、人类基因技术、航天技术等领域都取得了突破；世界贸易的蓬勃发展，导致世界工业大国急需一片空白的市场来销售产品。新技术以及国际贸易的发展，带来了产业结构的变化和重组，国与国之间最主要的关系已经不再是意识形态之间的差别，而需要通过贸易关系来衡量。中国庞大的人口基数为世界产品提供了广大的产品销售市场，中国与世界的联系在经济全球化的大趋势下成为必然。

社会主义没有固定的模式，而是需要根据本国国情，找出一条具有本国特色、本国经验的道路。中国前三十年的发展经验，证明了社会主义不能只靠热情，社会主义也需要市场，贫穷不是社会主义，社会主义只能建立在生产力高度发达的基础上。世界发展的态势以及技术的不断创新，为中国探索自己的社会主义提供了优越的外部环境，中国面临的环境与马克思所处的时代，甚至与苏联面临的环境存在极大的不同，社会主义在新的时代需要与时俱进，因此，在经济全球化背景下，中国要想更快地发展生产力，只能加强与世界的交流，并且开放市场，通过市场的资源配置作用发展生产力，社会主义与市场的结合成为时代必然。

第二节 邓小平的社会主义本质论

什么是社会主义，是社会主义革命和建设必须回答的基本理论问题。科学社会主义在历史上实现了三次伟大的飞跃：第一次是马克思的唯物史观和剩余价值学说，让社会主义由空想变成科学；第二次是俄国"十月革命"的胜利，社会主义实现了从理论到实践的飞跃；第三次是中国的改革开放，实现了从计划经济到市场经济的飞跃，这是马克思主义中国化的伟大成果。中国共产党从革命时期就活学活用马克思主义，开创了农村包围城市的先例，最终取得革命胜利。新中国成立后，一度没有准确把握好中国主要矛盾，导致走了十多年的弯路，究其原因，是没有完全搞清楚"什么是社会主义"的问题，没有在全党范围内实现对社会主义的共识。有些人教条式地认为中国的社会主义应该完全按照马克思的设想来，有些人认为中国的社会主义只能照搬苏联模式，而邓小平创造性地回答了"什么是社会主义"的问题，解放了思想，为中国特色社会主义的形成提供了理论准备。

一、问题的提出

  由于"左"倾思想的影响,人们对社会主义的理解存在很多误解。中国前三十年建设社会主义的方法没有切实提高人民的生活水平,各方面与西方国家的差距越来越大。对于这样的状况,有人提出要放弃社会主义道路。社会主义实践并没有体现出社会主义的优越性,相反,资本主义社会反而更加繁荣。"我们干革命几十年,搞社会主义三十多年,截至一九七八年,工人的月平均工资只有四五十元,农村的大多数地区仍处于贫困状态。这叫什么社会主义优越性?"[①]邓小平认为社会主义的优越性不能凭口号、凭宣传,而是应该实实在在地体现在人民的生活水平中,过去没有搞好社会主义,主要就是没有弄清楚什么是社会主义,"社会主义是一个很好的名词,但是如果搞不好,不能正确理解,不能采取正确的政策,那就体现不出社会主义的本质"。[②]

  为了解放思想,顺应时代要求,邓小平多次提出要搞清楚"什么是社会主义,怎样建设社会主义"的问题。1984 年,邓小平会见中日民间人士时谈道:"什么叫社会主义,什么叫马克思主义?我们过去对这个问题的认识不是完全清醒的。"[③]1985 年,他在会见坦桑尼亚联合共和国副总统时指出:"现在我们搞经济改革,仍然要坚持社会主义道路,坚持共产主义的远大理想,年轻一代尤其要懂得这一点。但问题是什么是社会主义,如何建设社会主义。我们的经验教训有许多条,最重要的一条,就是要搞清楚这个问题。"[④]邓小平在 1987 年会见西班牙工人社会党的领导人时说:"从一九四九年建国到现在三十八年,这中间我们又确实有不少失误。我们建设社会主义的方向是完全正确的,但什么叫社会主义,怎样建设社会主义,还在摸索当中。"[⑤]他在 1989 年会见戈尔巴乔夫时说道:"马克思去世以后一百多年,究竟发生了什么变化,在变化的条件下,如何认识和发展马克思主义,没有搞清楚。绝不能要求马克思为解决他去世之后上百年、几百年所产生的问题提供现成的答案……真正的马克思列宁主义者必须根据现在的情况,认识、继承和发展马克思列宁主义。"[⑥]在谈到苏联问

---

① 邓小平文选(第三卷)[M].北京:人民出版社,1993:10-11.
② 邓小平文选(第二卷)[M].北京:人民出版社,1983:313.
③ 邓小平文选(第三卷)[M].北京:人民出版社,1993:63.
④ 邓小平文选(第三卷)[M].北京:人民出版社,1993:116.
⑤ 邓小平文选(第三卷)[M].北京:人民出版社,1993:227.
⑥ 邓小平文选(第三卷)[M].北京:人民出版社,1993:291.

题时,邓小平看到了苏联社会主义的一些问题,如片面追求单一公有制,强调计划经济和重工业,忽视农业和轻工业发展,以及高度集中的政治环境,他认为:"社会主义究竟是个什么样子,苏联搞了很多年,也并没有完全搞清楚。"①邓小平进一步指出苏联的原因在于体制僵化,相比而言,列宁的新经济政策比较好。可见,什么是社会主义,是邓小平在建设中国社会主义时所思考的重要议题。

社会主义代表最先进的价值观。邓小平始终认为中国走社会主义道路是正确的,他非常强调社会主义制度的优越性。马克思关于社会主义的论述的背景是一百多年前资本主义萌芽时期,他从生产力发展的要求出发,从人的自由本性出发,对未来社会做出一种预想,社会主义被当作一种理想的社会观,代表着公正、平等、正义等价值观。实际上,社会主义首先在落后的国家建立起来了,社会主义变为现实的时代同马克思所处的时代不同,但是社会主义的公平、正义的价值理念一直是马克思主义的核心要素。整个20世纪,世界民族主义解放运动出现高涨浪潮,马克思的价值理想一直被世界的革命家视为奋斗目标,这是马克思主义能够永葆生机的关键所在。

二、生产力高速发展是社会主义制度优越性的体现

对于"什么是社会主义"的问题,邓小平没有进行直接的回答,他做的是排除法,他认为"经济长期处于停滞状态总不能叫社会主义""人民生活长期停止在很低的水平总不能叫社会主义"。②邓小平从人民的物质生活水平来理解社会主义,主要是为了区别过去所追求的纯粹的社会主义。过去在"左"的思维主导下,主张"穷社会主义""宁要社会主义的草,不要资本主义的苗",认为穷能够保持革命的热情,而富则要被批修。值得注意的是,马克思、恩格斯在论述科学社会主义时,从未有过社会主义是贫穷的论断,相反,经典作家认为社会主义应该建立在物质文化极发达的基础上,贫穷无法实现社会主义,"在极端贫困的情况下,必须重新开始争取必需品的斗争,全部陈腐污浊的东西又要死灰复燃"。③因此,"穷社会主义"的观点歪曲了马克思主义。

社会主义优越性体现在能够更快地促进生产力发展。社会主义存在的合

---

① 邓小平文选(第三卷)[M].北京:人民出版社,1993:139.
② 邓小平文选(第二卷)[M].北京:人民出版社,1983:312.
③ 中共中央马克思恩格斯列宁斯大林著作编译局.马克思恩格斯选集(第一卷)[M].北京:人民出版社,2012:86.

法性基础和根据是社会主义能够促进和发展生产力,提高人民的生活水平,实现人与人平等的目标。早在1979年,邓小平会见美国不列颠百科全书编委会副主席吉布尼时表示:"我们不要资本主义,但是我们也不要贫穷的社会主义,我们要发达的、生产力发展的、使国家富强的社会主义。"①社会主义比资本主义优越根本在于生产力的优越,"社会主义制度优越性的根本表现,就是能够允许社会生产力以旧社会所没有的速度迅速发展,使人民不断增长的物质文化生活需要能够逐步得到满足。按照历史唯物主义的观点来讲,正确的政治领导的成果,归根结底要表现在社会生产力的发展上,人民物质文化生活的改善上"。②资本的逐利性特点导致资本主义陷入了周期性的经济危机,而社会主义生产是为了满足人民的需要,能够避免资本主义生产的无政府状态,不存在周期性危机,生产力能够持续发展,这便是社会主义的优越性。

邓小平指出,"现在虽说我们也在搞社会主义,但事实上不够格。只有到了下世纪中叶,达到了中等发达国家的水平,才能说真的搞了社会主义,才能理直气壮地说社会主义优于资本主义"③,社会主义是资本主义内生出的社会制度,是批判资本主义生产的社会制度,社会主义必然要高于资本主义,"社会主义是在资本主义内部孕育并逐渐成熟起来的;社会主义是在对资本主义的批判中成长起来的,对资本主义持否定态度;社会主义是对资本主义的一种超越"。④社会主义代表着公平与正义,代表着不同于西方国家道路的现代化方式,但是社会主义制度并不代表建设社会主义的具体做法。中国过去搞的社会主义没有领会到马克思主义的精髓,这是历史发展的原因,"这不是社会主义制度造成的,从根本上讲,是解放以前的历史造成的,是帝国主义和封建主义造成的",社会主义同以前的制度相比,也取得了很多的成就,"社会主义革命已经使我国大大缩短了同发达资本主义国家在经济发展方面的差距""我们尽管犯过一些错误,但我们还是在三十年间取得了旧中国几百年、几千年所没有取得过的进步"。⑤因此,邓小平讲:"社会主义,首先就要使生产力发展,这是主要的。只有这样,才能表明社会主义的优越性。社会主义经济政策对不对,

---

① 邓小平文选(第二卷)[M].北京:人民出版社,1983:231.
② 邓小平文选(第二卷)[M].北京:人民出版社,1983:128.
③ 邓小平文选(第三卷)[M].北京:人民出版社,1993:225.
④ 王建国,冯连军.空想社会主义历史起点再探讨[J].湖北行政学院学报,2013(4).
⑤ 邓小平文选(第二卷)[M].北京:人民出版社,1983:167.

归根结底要看生产力是否发展,人民收入是否增加。这是压倒一切的标准。空讲社会主义不行,人民不相信。"①这是邓小平对社会主义建设经验的高度概括,体现了科学社会主义的精髓。

社会主义的根本任务是发展生产力。邓小平在总结中国社会主义经济建设的经验教训中,通过对"什么是社会主义"的反思,结合马克思的唯物史观、生产力和生产关系的辩证关系,认为中国的生产关系一定要适应生产力的水平,越过生产力的发展而实现社会形态的过渡是无法成功的。邓小平总结了中国社会主义前三十年的建设经验,从生产力水平来界定社会主义的概念,为中国的改革开放奠定了思想上的基础。

三、明确"社会主义"概念的理论意义

"社会主义"是人类思想史上最难理解的词语之一。有学者认为:"当代关于社会主义的定义有多少种,还没有看到确切的统计数字,大体上总在 500 种以上。"②可见,对于"什么是社会主义"的问题从来都没有定论。有的学者认为社会主义是超越资本主义,有的从社会制度的角度来理解社会主义,有的将社会主义当作一种价值观和奋斗的理想,有的将社会主义当作一种价值与制度的统一体,有的认为社会主义是理论、运动和制度的综合概念,有的认为必须要回到马克思的经典语境中去回答社会主义问题。③社会主义在中国不仅是一种理想,也是一种制度实践,应弄清楚"什么是社会主义",进一步思考如何建设具有中国特征、中国经验的社会主义。邓小平充分考虑到中国人口众多、生产力落后的特殊国情,为解决中国面临的现实性问题提供了最为正确的答案。

社会主义本质论为中国特色社会主义指明了方向。首先,党的十八大报告指出,"道路关乎党的命脉,关乎国家前途、民族命运、人民幸福",马克思没有预料到社会主义首先在经济文化落后的国家变为现实,苏联和中国的社会主义建设经历了艰苦的探索。新中国成立初期,如何建设社会主义没有多少经验可以借鉴,难免会陷入误区。邓小平总结中国社会主义建设正、反两方面的经验,提出改革开放的伟大实践,"把马克思主义的普遍真理同我国的具体实际结合起来,走自己的道路,建设有中国特色的社会主义,这就是我们总结

---

① 邓小平文选(第二卷)[M].北京:人民出版社,1983:314.
② 高放.当代世界社会主义新论[M].昆明:云南人民出版社,2002:2.
③ 王磊.21 世纪以来国内"社会主义"概念研究述评[J].社会主义研究,2017(2).

长期历史经验得出的基本结论"。①因此,中国改革开放四十多年来,立足于中国的基本国情,以经济建设为中心,走出了一条社会主义与市场经济结合的道路。

其次,社会主义的本质是为了发展生产力,但不是一味地发展生产力,而是要实现没有两极分化、最终达到共同富裕的社会主义。中国特色社会主义制度体现了社会主义的优越性,不仅能够调动全国人民的积极性来发展生产力,而且一切以人民为中心,始终以社会的公平正义为理想追求:"社会主义的目的就是要全国人民富裕,不是两极分化。如果我们的政策导致两极分化,我们就失败了;如果产生了什么新的资产阶级,那我们就真是走了邪路了……总之,一个公有制占主体,一个共同富裕,这是我们所必须坚持的社会主义的根本原则。"②邓小平认为社会主义有两个基本原则不能变,一个是生产资料公有制,一个是共同富裕,只要坚持了这两点,就能够保持社会主义的方向。生产资料公有制是共同富裕的前提,只有政府掌握经济命脉,才能实现对国民经济及收入分配的调控,而共同富裕是社会主义与资本主义的差别所在。

第三节 计划与市场的辩证关系

马克思在经典文献里批判了资本主义的市场经济,认为市场经济容易导致不公平,计划与市场是对立的关系。但是,邓小平认为计划和市场都是手段,都可以为社会主义服务,中国的社会主义需要用市场来实现资源的有效配置。马克思从生产力的角度来划分人类社会阶段,中国还处于商品经济阶段,尚未进入产品经济,过去中国的社会主义实践证明,较高的生产关系(计划经济)阻碍了生产力的发展,因此,当下中国需要重新理解市场与计划的关系,减弱苏联模式对中国社会主义的影响。

一、"社会主义也可以搞市场经济"

社会主义与市场的结合在经典文本上找不到任何的依据,相反,马克思把资本主义与市场经济联系在一起。虽然在 20 世纪初兰格等人提出社会主义

---

① 邓小平文选(第三卷)[M].北京:人民出版社,1993:3.
② 邓小平文选(第三卷)[M].北京:人民出版社,1993:110-111.

可以模拟市场的方式实现资源的有效配置,但是,在社会主义实践史上,社会主义从未有过与市场经济结合的先例。邓小平在 20 世纪 70 年代末 80 年代初出访发达国家,看到了资本主义的繁荣景象,他认为中国应该学习国外先进经验。因此,邓小平立足于中国落后的生产力水平,创造性地提出"社会主义也可以搞市场经济",此时,他只是认为社会主义可以在以计划经济为主的基础上,适当通过市场调节来实现经济的调控。党的十二大报告提出:"有计划的生产和流通,是我国国民经济的主体。同时允许对于部分产品的生产和流通不做计划,由市场来调节,也就是说,根据不同时期的具体情况,由国家统一计划划出一定的范围,由价值规律自发地起调节作用。这一部分是有计划生产和流通的补充,是从属的、次要的,但又是必需的、有益的。"[①]市场经济在改革开放初期初见成效,农村联产承包制的成功和乡镇企业的崛起,让中央领导人看到了适当的市场也可以促进生产力发展。

党的十二届三中全会提出了在公有制基础上发展有计划的商品经济,"要突破把计划经济同商品经济对立起来的传统观念,明确认识社会主义计划经济必须自觉依据和运用价值规律,是在公有制基础上的有计划的商品经济。商品经济的充分发展,是社会经济发展不可逾越的阶段,是实现我国经济现代化的必要条件。只有充分发展商品经济,才能真正搞活,促使各个企业提高效率,灵活经营,灵敏地适应复杂多变的社会需求,而这是单纯依靠行政手段和指令性计划所不能做到的"[②]。有计划的商品经济解决了大批返城知青的工作问题,促进了城市商品市场的繁荣,城市手工业开始变得活跃,人民的收入也得到了显著的提高。有计划的商品经济,仍然是以计划经济为主,商品经济为辅。商品经济取得的成果,证明了市场比计划在资源配置上更加有效,"我们过去一直搞计划,但多年的实践证明,在某种意义上说,只搞计划经济会束缚生产力的发展。把计划经济和市场经济结合起来,就更能解放生产力,加速经济发展"。党的十三大,邓小平提出社会主义初级阶段理论,以立法的形式将社会主义初级阶段的主要任务定为发展生产力。党的十四大确立了中国特色社会主义市场经济制度,社会主义与市场经济的结合得到了法律的保护。

市场经济是一种交换关系。"我们是计划经济为主,也结合市场经济,但

---

① 中共中央文献研究室.十二大以来重要文献选编(上)[M].北京:人民出版社,1986:22.
② 中共中央文献研究室.十二大以来重要文献选编(中)[M].北京:人民出版社,1986:568.

这是社会主义的市场经济。虽然方法上基本上和资本主义社会的相似,但也有不同,是全民所有制之间的关系,当然也有同集体所有制之间的关系,也有同外国资本主义的关系,但是归根结底是社会主义的,是社会主义社会的。"①邓小平将市场经济当作一种交换关系,也就是说,他认为市场经济只是工具,社会主义的经济特征是公有制,但公有制经济之间的交换也要遵循市场规律,通过市场实现资源的合理配置。

市场和计划都是资源配置的手段。邓小平从实践中总结经验,突破了传统社会主义视阈下市场经济和计划经济的制度属性概念,以一种全新的观点概括了市场和计划的关系,认为市场和计划没有制度属性,只要为社会主义服务就具有社会主义的性质。邓小平把市场和计划当作一种发展生产力的手段,他说:"学习资本主义国家的某些好东西,包括经营管理方法,也不等于实行资本主义。这是社会主义利用这种方法来发展社会生产力。把这当作方法,也不会影响整个社会主义,不会重新回到资本主义。"②邓小平把市场经济作用等同于管理方法、经营方法,是一种工具性的显现。随着实践的深化,农业产量快速增长以及乡镇企业的异军突起,让邓小平看到了市场经济在发展生产力方面的作用,他在1992年的南方谈话中进一步阐述了市场经济的重要性:"计划多一点还是市场多一点,不是社会主义与资本主义的本质区别。计划经济不等于社会主义,资本主义也有计划;市场经济不等于资本主义,社会主义也有市场。计划和市场都是经济手段。"③判断资本主义和社会主义,不在于它们实行的是哪种经济运行方式,而在于"是否有利于发展社会主义社会的生产力,是否有利于增强社会主义国家的综合国力,是否有利于提高人民的生活水平"。④显然,邓小平对市场经济的主要观点是把市场经济当作一种发展生产力的手段和方法,与社会主义制度无关,如果把市场经济同基本经济制度混为一谈,就陷入了西方经济学的陷阱。⑤

邓小平关于市场和计划只是资源配置手段的论断打破了过去对社会主义的传统认识,解决了困扰社会主义经济建设长期以来的难题,是马克思主义中

---

①② 邓小平文选(第二卷)[M].北京:人民出版社,1983:236.
③ 邓小平文选(第三卷)[M].北京:人民出版社,1993:373.
④ 邓小平文选(第三卷)[M].北京:人民出版社,1993:372.
⑤ 杨承训.探寻社会主义市场经济特殊规律——重温邓小平关于"市场经济"论述之感悟[J].思想理论教育导刊,2014(5).

国化的丰硕成果。美国前国务卿基辛格曾经评价中国的市场化改革:"像中国这样的大规模改革是任何人都没有尝试过的,世界上还没有别的国家尝试过把计划经济和市场经济结合起来。这是一个有历史意义的事件,因为你们的尝试是一个全新的试验。"①邓小平总结了中国社会主义的发展经验,及时地回应了时代主题变化带来的挑战。

二、社会主义与市场经济的结合方式

中国的社会主义处于初级阶段是"可以搞市场经济"的现实前提。马克思将人类社会分为三个阶段,即自然经济、商品经济和产品经济。从生产力水平来看,中国社会仍处于商品经济阶段,商品经济仍然是这个时代的主要特征。历史让中国选择了社会主义道路,但是中国的社会主义没有经过资本主义的充分发展,属于生产力不够发达的社会主义,是"不够格"的社会主义。社会主义初级阶段有两大内涵,一是我国已处于社会主义社会,二是我国的社会主义生产力还"不够格"。虽然我国已经是社会主义社会,但是从生产力的类型来讲仍处于商品经济阶段,中国只是建立了社会主义制度,并未达到进入社会主义的生产力水平。

当代中国的社会主义道路没有可以借鉴的经验。中国的社会主义在生产力上显然没有达到科学社会主义的标准,"马克思主义讲的共产主义是物质产品极大丰富的社会。共产主义的第一阶段是社会主义,社会主义就是要发展生产力,这是一个很长的历史阶段。生产力不断发展,最后才能达到共产主义"②。因此,解决好中国社会主义初级阶段问题是中国进入社会主义的前提,当代中国社会主义面临的问题也没有任何的历史借鉴和理论指导,"在这样的阶段上,要照搬创始人关于未来社会的设想,难免刻舟求剑之讥。如何建设初级阶段的社会主义,只有靠中国共产党人在马克思主义的指导下,进行大胆的探索和独特的创造了"③。社会主义与市场经济的结合是在中华民族崛起的伟大实践中生成的。改革开放初,社会主义与市场经济的结合被形容为"笼中之鸟",计划经济为主、市场经济为辅的方式,后来就变成了"有计划的商品经

---

① 中共中央文献研究室.邓小平思想年谱(1975—1997)[M].北京:中央文献出版社,1998:345.
② 邓小平文选(第三卷)[M].北京:人民出版社,1993:228.
③ 辅导材料编写组.为胜利实现十三大的任务而奋斗——十三大精神学习辅导材料[M].北京:新华出版社,1987:81.

济"。党的十四大确立了经济体制改革的目标是建立社会主义市场经济体制,社会主义与市场经济的结合得到了官方认可。即便如此,思想界对社会主义和市场经济的结合仍有异议。有的认为社会主义与市场经济是两张皮,无法结合;有的认为社会主义市场经济实际上是资本主义市场经济。总之,经典理论与现实状况之间的差异,导致思想界在社会主义与市场经济的关系上出现了比较大的分歧。

社会主义与市场经济的结合,必须要有相应的结合点。只有运行机制与社会制度之间相互渗透、相互促进、相互融合,社会主义制度以市场为支撑,社会主义与市场经济才能有效地结合。社会主义建立在高度发达的生产力基础上,而市场经济是最具效率的资源配置方式,社会主义制度依靠市场经济来发展生产力,巩固社会主义制度。社会主义与市场经济的结合必须要有落脚点,落脚点是社会主义与市场经济能够结合的前提。社会主义是从生产力和人的发展角度出发的一种社会制度,社会主义的优越性就在于能够体现出人的自由本性。而市场经济之所以被视为近代以来最有效的资源配置方式之一,是因为它能够提高效率,促进经济增长,发展生产力,提高人民的生活水平。因此,提高生产力以及促进人的发展是社会主义和市场经济的结合点和落脚点。

以人民为主体是社会主义与市场经济结合的根本原则。人民群众是历史的创造者,社会主义和市场经济都是人民参与的结果,因此,同一主体是社会主义与市场经济结合的纽带。社会主义始终代表着最广大人民的根本利益,这是社会主义生命力之所在。市场经济是把双刃剑,有造福人类的一面,也具有破坏性的一面,在利润的诱惑下,会产生"私人掠夺""权贵资本主义"等,导致社会的无序、社会失范以及缺乏效率等问题。社会主义作为一种理想的社会形态,始终代表着公平正义,而市场经济代表效率,因此,社会主义与市场经济的结合必须以效率与公平的统一为目的。西方的市场经济重视效率却忽视公平,社会主义与市场经济的结合是要用社会主义的内在价值祛除市场经济无序的一面,从而达到两者的统一。因此,追求公平与效率的统一是社会主义与市场经济结合的内在要求。

三、正确认识计划与市场的关系

"计划与市场都是经济手段",邓小平根据当代国际关系的新特点、新变化以及社会主义建设的历史经验,科学回答了中国特色社会主义背景下计划与市场的关系。计划与市场不是传统意义上的对立关系,而是互补关系,要辩证地对待市场,既要看到市场的积极作用,也不能忽视市场经济给社会带来的消极作用。可从以下四个方面来正确认识计划与市场的关系。

首先,充分发挥好市场规律。一般而言,市场经济就是运用市场规律、市场方法来参与市场活动,列宁和邓小平多次强调社会主义经济建设应遵循市场规律。第一,市场经济的基本规律是价值规律,邓小平指出:"我们要按价值规律办事,按经济规律办事。"[1]第二是供求关系,邓小平多次强调国企也要加强同市场的联系,对计划也要"从价值法则、供求关系来调节"。第三是竞争规律,邓小平多次强调企业应该参与到市场竞争中来,提高活力,加强竞争力,"不搞市场经济,没有竞争,没有比较,连科学技术都发展不起来,产品总是落后,影响对外贸易和出口"[2]。第四是价格规律,市场能否起到调节作用在于价格规律是否能起作用,价格规律反映商品稀缺程度,决定产品的数量,是市场资源配置的波动表,邓小平多次提出要实行价格改革,"价格没有理顺,就谈不上经济改革的真正成功"[3],中国市场化改革最深远的变化从价格改革开始。

其次,世界文明具有多样性的特点,计划与市场的共存发展具有理论上的可能。现实生活不存在纯粹的计划,也不存在纯粹的市场。凯恩斯的政府干预理论证明了资本主义国家需要政府对经济进行调控,以此保持经济的稳定增长。东欧的社会主义国家进行了计划与市场结合的实验,积累了一些有价值的经验。如匈牙利实行计划与市场相结合的经济体制,南斯拉夫的经济体制改革也是一种计划与市场共存的实践。虽然这些改革最终失败了,但是在实践上为计划与市场结合提供了可参考的样本。

再者,计划与市场是一对互补关系。在西方古典经济学中,市场经济讲究最小的政府,即政府无须干预市场,让市场自发运行。在马克思的经典论述里,社会主义与市场经济属于对立的关系。因此,长期以来,思想界普遍认为计划与市场不能共存。苏联和中国早期的社会主义实践,没有完全理解马克思关于未来社会的理论。邓小平开创的中国特色社会主义理论,破除了把市场经济和计划经济当作资本主义和社会主义的主要特征的认识。邓小平认为过去之所以理论与现实脱节,主要是因为把资源配置方式同生产关系混淆了,

---

[1] 邓小平文选(第三卷)[M].北京:人民出版社,1993:130.
[2] 中共中央文献研究室.邓小平年谱(1975—1997)[M].北京:中央文献出版社,2004:1347.
[3] 邓小平文选(第三卷)[M].北京:人民出版社,1993:278.

把基本经济制度同经济运行方式混淆了,把理想社会主义同现实社会主义混淆了。①市场经济从本质上来讲是商品经济高度发展的形态,是通过市场的供求关系来达到资源配置的一种经济方式,从其运行的逻辑来看,并没有任何意识形态属性,与资本主义市场经济不同的是,社会主义市场经济是为社会主义服务的。

最后,计划可以弥补市场的缺陷。20世纪70年代出现的全球滞胀危机,证明了市场不是万能的,有失灵的风险,也存在一些不足,如公共服务、宏观总量的不平衡以及收入分配不公等问题,市场经济给社会带来的"拜金主义"等不良价值观腐化了社会风气。邓小平肯定了市场在社会主义中的作用,但也没有完全否定计划的作用,"社会主义同资本主义比较,它的优越性就在于能做到全国一盘棋,集中力量,保证重点",②计划经济能够避免市场的无序性,做到更加宏观的资源集中,如比较经济学所谓的产业政策就是这样的原理。落后国家通过政府干预的方式在资源和政策上给予企业优惠,可以更快地实现产业升级,凝聚核心竞争力。不过,也要时刻警惕计划带来的弊端,防止走过去的老路。因此,有学者认为计划和市场"如何达到自由组合,可以看作社会主义经济管理的核心问题"③。中国属于后发国家,能够在其他发达资本主义国家的早期发展史中认识到市场存在的不足。社会主义也强调政府调控的必要性,国家的适当调控可以减少追赶阶段的时间,在资源配置领域更多依靠货币政策、法律手段、行政手段等对经济进行调节。

第四节 中国特色社会主义市场经济的建立

中国特色社会主义最主要的特征是实现了社会主义与市场经济的结合。党的十四大提出建立社会主义市场经济体制是我国经济体制改革的目标。社会主义市场经济制度的确立,解决了一直以来计划与市场争论不休的关系问题,标志着中国社会主义发展到了一个新的阶段。随着经济的发展和体制改革不断推进,社会主义市场经济理论也在不断向前发展,进一步地回答了社

---

① 张传平.市场逻辑与社会主义[M].北京:人民出版社,2002:231.
② 邓小平文选(第三卷)[M].北京:人民出版社,1993:16-17.
③ 劳埃德·G.雷诺兹.经济学的三个世界[M].朱泱,贝昱,马慈和,译.北京:商务印书馆,1990:134.

主义条件下如何发展市场经济和市场经济条件下如何建设社会主义这两大时代问题。

中国特色社会主义市场经济理论来源于实践对理论的纠偏。但是,我们仍然需要在理论上来解释社会主义与市场经济的兼容,尤其要从马克思的方法论中找到社会主义可以发展市场经济的理论根据。社会主义的实践不可能是一种盲目、自发的行动,即使邓小平发表过"摸着石头过河""不管白猫、黑猫,捉住老鼠就是好猫"的论断,这也仅仅是为了让人们放下思想的包袱,加快推动市场化改革。

一、中国特色社会主义市场经济的哲学依据

马克思的社会主义思想可以从三个层面来理解。从生产力层面来讲,社会主义生产力要达到高度发达的程度,使生产力适应先进的生产关系;从生产资料层面来讲,要实现公有制,使社会利益与个人利益一致化;从人自由而全面发展的层面来讲,要摆脱人受物限制的状态。现实中,社会主义并没有建立在发达的生产力基础上,社会资源由计划配置的现实基础也就不存在。即使现实社会主义建立了公有制,但是生产力落后的社会主义仍存在着各种各样的利益差别,人们的活动还受物质条件制约,整个社会远远没有达到马克思所讲的"自由而全面发展"的水平,也就是说,虽然我们建立了社会主义的制度,但是并没有达到社会主义该有的物质水平。但是,要深刻认识到,马克思对未来社会只是进行抽象的预测,而非具体的设计,传统社会主义只是简单意义上对马克思的未来社会进行模仿,并没有深刻理解马克思主义的精髓。

生产力水平决定社会发展阶段。马克思根据生产关系的发展阶段将人类社会划分为五个阶段,即原始社会、奴隶社会、封建社会、资本主义社会和共产主义社会。共产主义是对所有不平等社会关系的最终解决,他认为五大社会形态是不以人意志为转移的自然过程,是人类社会发展的客观规律。马克思晚年同查苏利奇讨论跨越"卡夫丁峡谷"的问题,认为社会形态可以在某种条件下实现跨越性的发展,"俄国可以不通过资本主义制度的卡夫丁峡谷,而把资本主义制度所创造的一切积极的成果用到公社中来",[①]他指的是可以跨越

---

① 中共中央马克思恩格斯列宁斯大林著作编译局.马克思恩格斯文集(第三卷)[M].北京:人民出版社,2009:575.

资本主义制度进入社会主义,并不是说可以在生产力层面跨越资本主义实现共产主义。中国已经进入了社会主义,但生产力水平上还没有达到社会主义的要求,因此中国的社会主义还是初级阶段,主要矛盾是落后的生产力同先进生产关系之间的矛盾,按照马克思三形态理论,中国尚处于"以物的依赖性为基础的人的独立性"的第二阶段,即商品经济阶段。商品经济阶段的自然资源具有稀缺性的特点,需要通过市场对资源进行合理配置,通过价格机制快速、准确地传递信息,企业等市场主体根据反馈的信息做出适当的反应,使资源发挥最大的效用;通过竞争来实现市场的优胜劣汰,促进产业结构升级,用利润来激励整个经济机制的运转。

二、中国特色社会主义市场经济的现实依据

邓小平曾经说过有两件事是他没有预料到的:一个是家庭联产承包责任制带来巨大的收获,一个是乡镇企业的异军突起。[①]安徽小岗村是中国官方宣传的典型范例。包产到户起初不被允许,在小岗村的试点取得极大成功后,才得以快速推广。到1982年末,98%的农民都有了以家庭为单位承包的土地,在此阶段,中国的农业增长率达到了每年惊人的7.7%,农民的收入翻了一番。包产到户在农村得到极大普及,中央政府于1983年正式取消人民公社,实行家庭联产责任承包制。党的十三大确保农民享有无限期的承包权。家庭联产承包制解决了集体农业无法解决的监督和奖惩机制问题,包产到户不仅提高了农民生产的积极性,更重要的是,这项制度将农民从土地中解放出来,中国经济享受到廉价劳动力带来的红利,这种经济自由所产生的意义远远比农民获得土地的使用权更加重要,从土地解放出来的农村劳动力参与到市场经济,中国经济表现出蓬勃发展的景象。农民可以自由处理农产品,小型农贸市场也如雨后春笋般出现,提高了农民的生产积极性,而且劳动力市场的放开,促进了其他类型产业的发展。

乡镇企业的强势崛起证明了社会主义需要市场对有限资源进行合理配置。邓小平说:"农村改革中,我们完全没有预料到的最大收获,就是乡镇企业发展起来了,突然冒出搞多种行业,搞商品经济,搞各种小型企业,异军突起。"

---

① 罗纳德·哈里·科斯,王宁.变革中国——市场经济的中国之路[M].徐尧,李哲民,译.北京:中信出版社,2013:79.

乡镇企业的前身是农村合作社遗留下来的小工厂和商店,乡镇企业脱离公社后实现了独立,不再受过去的地域限制,可以将生产的产品销售到其他地区。在所有权上,乡镇企业仍属于集体企业,但是在经营方式上,可以根据市场需求自主安排生产,这种灵活性的做法,让乡镇企业在这一阶段发展非常迅速。1978年,大约有2 830万人在乡镇企业工作,企业总产值在1978年到1992年的十多年时间里增长了近40倍,最高峰时期,乡镇企业的工业产值占全国的42%。[①]因此,杜润生认为乡镇企业能够成功在于政企分开后,对市场需求做出快速反应。

农村改革的突破性进展以及乡镇企业的强势崛起,让中国领导人意识到市场在资源配置方面的强大力量。改革开放初期,随着经济的发展,社会主义与市场经济的兼容问题越来越凸显,"抵制市场化改革最强烈的力量既不来自担忧市场竞争的国营企业员工,也不来自党和政府内害怕失去特权的官员,而是来自中国政府继续信仰的社会主义"。[②]所以,社会主义与市场经济的结合是总结实践经验的理论创新,"我们的现代化建设,必须从中国的实际出发。无论是革命还是建设,都要注意学习和借鉴外国经验。但是,照抄照搬别国经验、别国模式,从来不能取得成功。这方面我们有过不少教训。把马克思主义的普遍真理同我国的具体实际结合起来,走自己的道路,建设有中国特色的社会主义,这就是我们总结长期历史经验得出的基本结论"。[③]中国特色社会主义是马克思普遍真理同中国具体国情结合的产物,在经济方针上提出"计划经济为主,市场经济为辅"的原则。在城市改革中,提出社会主义有计划的商品经济理论,承认价值规律的中心作用,强调增强企业活力是经济改革的重点内容,认识到价格是经济调节最有效的手段,并且建立了以公有制为主体、多种所有制共同发展的基本经济制度,以按劳分配为主体、多种分配方式并存的分配制度。

三、社会主义市场经济体制的建立

党的十四大不仅明确了中国社会主义经济体制改革的目标,而且对社会

---

① 傅高义.邓小平时代[M].冯克利,译.北京:生活·读书·新知三联书店,2013:435.
② 罗纳德·哈里·科斯,王宁.变革中国——市场经济的中国之路[M].徐尧,李哲民,译.北京:中信出版社,2013:132.
③ 邓小平文选(第三卷)[M].北京:人民出版社,1993:2-3.

主义市场经济体制的基本特点做了详细的概括,"使市场在社会主义国家宏观调控下对资源配置起基础性作用,使经济活动遵循价值规律的要求,适应供求关系的变化;通过价格杠杆和竞争机制的功能,把资源配置到效益较好的环节中去,并给企业以压力和动力,实现优胜劣汰;运用市场对各种经济信号反应比较灵敏的优点,促进生产和需求的及时协调",这是社会主义国家第一次将市场放到资源配置的基础性位置,通过市场供求关系的变化以及价格变革引导企业进行生产,通过价格机制引导国民消费,调节社会资源流向更加具有效率的部门,实现资源组合的最佳方式。

市场在资源配置中起基础性作用,其关键在于有一套行之有效的价格机制。传统社会主义认为社会主义属于产品经济阶段,劳动力、生产资料不再是商品,资源的配置依靠国家计划调控,价格仅仅是一种核算的工具,不具有反映市场稀缺状况的功能。实际上,在资源稀缺的阶段,依靠行政方式对资源进行配置,无法准确地搜集、处理、反馈市场信息,从而导致经济的无效率,造成资源的极大浪费。虽然中国前三十年的社会主义实践曾承认过市场的积极作用,但也只是认为市场在流通领域起作用,在生产领域不起作用,在关乎国计民生的领域更是需要由政府主导。总的来说,中国特色社会主义市场经济的建立,彻底打破了传统社会主义对社会主义经济主要特征(计划经济)的认识。

中国特色社会主义市场经济可以分为三块内容,即中国特色、社会主义、市场经济,中国特色指的是中国国情、中国文化,社会主义是中国的发展方向,市场经济是中国历史阶段性的必然结果。所以,中国特色社会主义市场经济与西方资本主义市场经济必然有很大的不同。

首先,生产资料所有制的不同。社会主义市场经济是以公有制为基础、多种所有制经济共同发展的经济制度,资本主义社会主要以私有制为基础,资本主义的市场经济主要在利益的驱动下展开竞争,从而使资源得到有效配置,但是以追求利润为中心,必然会造成生产的无政府状态,导致生产过剩,极大浪费资源,而且以私有产权为中心的制度,必然造成财富的两极分化,社会不平等现象加剧。以公有制为基础的社会主义经济,消除了剥削关系,实现了实质性的平等,超越了资本主义的程序正义。公有制经济占主体的社会可以为社会公共事业提供更多的物质基础,使政府有条件、有力量纠正市场失灵的缺点,弥补市场的诸多不足。其次,在分配方式上,社会主义市场经济也同资本主义市场经济有很大的不同。资本主义的分配方式主要是财产性收入,即依靠劳动资料的占有攫取劳动者的收入价值,导致穷人越穷、富者越富,注重了效率,忽视了公平。社会主义市场经济主张按劳分配为主、多种分配方式并存的分配制度,在实现分配平等的同时,允许分配有差距,但差距不大,这样不仅实现了公平原则,也兼顾了效率。最后,两者的调控方式不同,资本主义的市场经济讲究"最小的政府",让政府充当"守夜人"的角色,对市场进行调控时,主要保证资产阶级的利益。社会主义市场经济对市场进行调控时,以人民的根本利益为中心,兼顾国家、集体和个人的利益,注重人民生活需要,不断满足人民日益增长的物质文化需求。资本主义主张放任自由,社会主义主张适当调控。

国有企业改革是社会主义市场经济体制改革的落脚点。党的十四大详细提出了改革的重点领域和内容,第一,国有企业的改革是社会主义市场经济体制改革中心环节,"转换国有企业特别是大中型企业的经营机制,把企业推向市场,增强它们的活力,提高它们的素质。这是建立社会主义市场经济体制的中心环节,是巩固社会主义制度和发挥社会主义优越性的关键所在"[①],国有企业也要面向市场,融入市场竞争,增强国有企业的效率和活力。第二,加快市场体系的培育。由于过去的局限性认识,在社会主义改造过程中消除了市场,包括劳动力市场以及金融市场等,实际上,市场经济需要培育完善的市场体系,包括技术、劳务、信息等市场,形成全国统一的、开放的市场体系。第三,深化分配制度和社会保障制度的改革,分配制度和社会保障制度是社会主义市场经济兼顾个人、集体、国家三者利益的保障。第四,加快政府职能转变,经济基础决定上层建筑,过去的计划经济是政府大包大揽的阶段,是以政府为主导的经济模式,社会主义市场经济下的政府不能盲目地参与市场行为,政府应该成为"有为政府"。

本章小结　中国特色社会主义市场经济形成的历史逻辑

中国特色社会主义市场经济的理论源头是经典马克思主义,现实经验是中国社会主义前三十年的实践,历史借鉴是对苏联模式的深刻认识。马克思认为社会主义的生产力高于资本主义,并取代资本主义,而社会主义在经济落

---

① 中国共产党第十四次全国代表大会文件汇编[M].北京:人民出版社,1992:24.

后的国家变成现实,因此现实社会主义的主要任务是发展生产力。毛泽东思想是马克思主义真理与中国革命、建设相结合的理论成果,毛泽东在对中国社会性质准确分析的基础上,提出了新民主主义的经济纲领,他认为新民主主义可以利用市场来发展生产力,极大地丰富了马克思主义理论,提出了一条不同于经典马克思主义和苏联模式的发展道路。但是,中国的社会主义实践同苏联一样建成了高度集中的计划经济。如何看待前后两个三十年是正确把握中国特色社会主义理论本质的基本要素。虽然计划经济不适合生产力落后的国家,但是也不应否认计划经济在中国发展过程中发挥的作用。因此,邓小平创见性地提出计划和市场都是手段,社会主义也可以有市场等论断,打破了过去将市场经济当作资本主义的经济方式,计划经济是社会主义基本特征的认识。因此,走社会主义与市场经济结合的道路,是当代社会主义的一个新理论,是新的历史时期社会主义的理论创新。社会主义初级阶段的历史特征决定了现实社会主义还不能抛弃市场,在还未达到马克思所预想的"生产力极大发展"的阶段,即人类实现自我解放所需要的物质基础以前,必须尊重历史辩证法的客观逻辑,通过市场来发展生产力,以最终实现"自由王国"的目标。

第六章　中国特色社会主义与市场经济关系的新理解

经过四十多年的改革开放,社会主义市场经济体制不断完善,市场在资源配置中发挥决定性作用。随着时代主题不断变化,中国共产党始终保持将马克思主义基本原理同中国的具体实际以及时代主题相结合的理论品质,与时俱进,有效应对了一个又一个的难题,实现了道路自信、制度自信、理论自信、文化自信。中国特色社会主义市场经济在中国共产党的领导下始终坚持社会主义的发展方向,切实推行市场化改革,在实践的基础上不断总结经验,正确借鉴西方经济学有益的内容,丰富社会主义与市场经济相结合的理论依据和现实依据。但是,不可忽视的是,在"中国奇迹"震惊世界的同时,也产生了很多社会、经济问题,中国社会主义如何回应新时代的社会问题,成为当下中国需要解决的重要理论问题和实践问题。

第一节　中国特色社会主义市场经济理论的发展

中国共产党在中华民族伟大复兴的事业中,紧紧围绕中国特色社会主义的主题,不断开拓创新,形成了中国特色社会主义理论体系,回答了在社会主义建设过程中的一系列问题。面对世界社会主义运动的低潮、国内各种思潮纷乱、全球化进程加快的环境,以江泽民为代表的中国共产党人创造性地回答了"建设什么样的党、怎样建设党"的问题,形成了"三个代表"重要思想。进入21世纪,市场化改革加快,中国社会面临着多方面的挑战,以胡锦涛为代表的中国共产党人回答了"实现什么样的发展、怎样发展"这一重大课题。党的十八大以来,世界局势进入大变革、大调整时期,以习近平总书记为核心的中央集体提出了五大发展理念,深刻回答了新形势、新时代的中国特色社会主义面临的重大理论问题和现实问题。

一、江泽民的社会主义市场经济思想

中国的市场化改革是世界社会主义思想史和实践史上的伟大变革。过去中国搞的是超过实际生产力水平的产品经济，没有经过商品经济充分发展，不符合马克思的唯物史观。如果从生产力的角度重新定义中国社会的发展阶段，中国的社会主义仍处于不成熟的商品经济阶段。因此，在市场化改革进程中，原先稳定的社会利益关系会发生一系列的变化，主要表现在"社会经济成分和经济利益的多样化，社会生活方式的多样化，社会组织形式的多样化，就业岗位和就业形式的多样化"。①同时，经济全球化进程加快，促使中国必须尽快加入全球化进程，中国的市场化改革是时代环境的必然。②此外，在全球化进程中，中国必须熟知市场经济机制，才能在国际贸易竞争中更好地面对机遇和挑战。社会主义与市场经济的结合，是中国社会主义初级阶段的必然选择。但是，市场经济的趋利性，也带来了很多的社会问题。如鼓励先富起来，那么工人阶级是否还是先锋队？社会主义文化和市场经济的崇富现象如何统一？多种思潮纷涌，如何坚持马克思主义的指导思想？个人、集体、国家利益如何兼顾？总之，资本主义的很多消极因素在中国有了土壤，逐渐生根发芽，并对社会主义意识形态形成了冲击。针对中国社会主义实践出现的新情况、新问题，中国主流意识形态必须做出有效应对，江泽民的"三个代表"重要思想正是在这样的背景下形成的。

中国共产党始终代表着先进生产力的发展要求是中国特色社会主义与市场经济结合的理论前提。马克思认为社会主义建立在先进生产力的基础上，生产力和生产关系的矛盾运动决定社会的发展方向，江泽民指出："我们党要始终代表中国先进生产力的发展要求，就是党的理论、路线、纲领、方针、政策和各项工作，必须努力符合生产力的发展规律，体现不断推动社会生产力的解放和发展的要求，尤其要体现推动先进生产力发展的要求，通过发展生产力不断提高人民群众的生活水平。"③高度发达的生产力是社会主义的本质要求。对于如何发展生产力，重点就放在了社会主义市场经济体制改革和对外开放上。需着力实现经济结构性改革，处理好市场机制和宏观调控的关系，逐渐缩

---

① 侯宗肇."三个代表"重要思想与社会主义市场经济[J].毛泽东邓小平理论研究，2002(4).
② WTO规定，只有市场化程度达到一定标准的国家才能享受国际贸易待遇，参与世界经济。
③ 江泽民文选(第三卷)[M].北京：人民出版社，2006：272-273.

小地区之间的发展差距,并且切实培育全国市场,培育全国统一的市场体系,拓宽外资投资渠道,扩大对外贸易,实现全方面的改革开放,将提高生产力落到实处,加快社会主义与市场经济的结合进程。

中国的先进文化是中国特色社会主义与市场经济结合的关键要素。民族的生命在于文化,中华民族能够屹立于世界民族之林,最重要的原因在于中国拥有悠久的历史文化,中国的文化融进了每个中国人的血液和灵魂。"我们党要始终代表中国先进文化的前进方向,就是党的理论、路线、纲领、方针、政策和各项工作,必须努力体现发展面向现代化、面向世界、面向未来的,民族的科学的大众的社会主义文化的要求,促进全民族思想道德素质和科学文化素养的不断提高,为我国经济发展和社会进步提供精神动力和智力支持。"[1]中国特色社会主义市场经济汲取了西方文化以及马克思主义文化和中华文化的精华;中国共产党始终代表着先进文化,是中国特色社会主义市场经济的内在要求。

始终代表中国最广大人民的根本利益是中国特色社会主义与市场经济结合的历史使命。社会主义代表公平正义的价值理念,社会主义与生俱来代表最广大人民群众的利益。中国不发达的社会主义需要通过市场的资源配置作用来发展生产力,发展生产力的根本目的是提高人民的生活水平,归根结底,社会主义市场经济的目的是满足广大人民的物质文化需要。但是在市场化进程中,必然会产生很多的利益集体,因此,需要用社会主义制度消除这些不公平、不平等的现象,中国共产党除了人民之外,不代表任何阶级的利益。以人民的利益为工作的出发点,这是中国共产党永葆生机的关键所在,也是社会主义的历史使命。中国特色社会主义与市场经济结合的历史使命在于提高生产力,发展生产力,提高人民的生活水平,全面建成小康社会,实现社会主义的现代化,所以社会主义与市场经济的结合在当下的历史使命同共产主义的历史使命达到了同一,这就为社会主义与市场经济的结合提供了合理的法理逻辑。

"三个代表"重要思想是中国特色社会主义市场经济背景下为应对新的国情、世情形成的理论成果,是马克思主义理论与中国具体实际的结合。党的十五大充分论述了社会主义初级阶段的基本路线和纲领,提出了混合所有制的

---

[1] 江泽民文选(第三卷)[M].北京:人民出版社,2006:272-276.

概念,突破了传统社会主义视阈下未来社会的经济基本特征是公有制的认识。混合所有制不仅搞活了国有经济,而且增强了市场活力,提升了市场竞争力,有效地提高了市场的资源配置效率。此外,在分配制度上,明确劳动、资本、技术等生产要素也要参与到分配中来,实现更加公平的分配方式。党的十六届三中全会充分总结了中国改革开放的历史经验,第一次提出要"大力发展国有资本、集体资本和非公有资本等参股的混合所有制经济,实现投资主体多元化,使股份制成为公有制的主要实现形式",创新了公有制的新形式,建立健全了现代产权制度;对国有资产管理体制做了具体的规定,"要建立健全国有资产管理和监督体制,深化国有企业改革,完善公司法人治理结构,加快推进和完善垄断行业改革";①强调要加快建设全国统一市场,实现生产要素的自由流动和充分竞争,市场是商品交换的场所,市场机制是资源配置的有效机制,实现统一市场,能够更好地促进市场的资源配置作用,达到资源的有效利用。

二、胡锦涛的社会主义市场经济思想

中国改革开放取得的成功经验在于社会主义与市场经济的有机结合。如果说社会主义代表着公平和正义,市场经济则代表着效率,社会主义市场经济则是公平与效率的有机结合。但是,市场经济虽然极大地提高了中国社会的生产力,加快了中国城市化进程,但也导致了社会结构的重置,造成了社会分化严重、腐败现象丛生等现象。社会主义与市场经济的结合虽然解决了生产力发展的问题,但是市场化带来的影响与社会主义的价值观形成了激烈的碰撞。如何既保持高速的发展,又突出社会主义制度的优越性,是中国改革面临的理论问题和现实问题。科学发展观科学回答了中国特色社会主义应该"实现什么样的发展、怎样发展"的问题。"科学发展观的提出意味着我们在社会主义建设指导思想上实现了重大转型,它不但从发展的目的层面突出了发展要以人为本的价值要求,而且还从发展的方式层面支持了发展要以人为本的价值要求,实现了发展目的与发展方式的价值统一。"②

---

① 中国共产党第十六届中央委员会第三次全体会议公报[N].人民日报,2003-10-14.
② 陈利权.价值取向意蕴下社会主义与市场经济的矛盾及其解答[J].中共中央党校学报,2009(3).

市场经济在现实中有五大矛盾,主要是城乡发展矛盾、区域发展矛盾、经济增长和社会之间的矛盾、人和自然之间的矛盾、国内改革和对外开放之间的矛盾。①产生这些矛盾的原因在于社会主义市场经济体制不健全,导致了社会主义的制度优越性没有很好地去消除市场经济带来的弊端。科学发展观全方位地对我国市场化改革中出现的问题做出了回答。科学发展观强调以"以人为本"为核心,把满足人民的需要作为社会主义的根本目的,胡锦涛多次强调:"必须坚持以人为本,始终把最广大人民的根本利益作为党和国家工作的根本出发点和落脚点,在经济发展基础上不断满足人民群众日益增长的物质文化需要,促进人的全面发展。"②人民是社会主义生命力所在,只有把人民的根本利益放在首位,发挥人民的主体作用,才能显示出社会主义的优越性。不断提高社会生产力和综合国力是社会主义初级阶段的根本任务,发展是解决一切问题的关键,"以人为本"与"发展"并重,应防止片面注重发展市场经济,只注重发展经济效益,忽视人文关怀。党的十八大对中国的现状做了明确的解释:"发展中不平衡、不协调、不可持续问题依然突出,科技创新能力不强,产业结构不合理,农业基础依然薄弱……反腐败斗争形势依旧严峻。"③因此,实现全面协调发展是中国现实状况的必然要求,全面协调就是要实现人口、资源、环境的协调发展,实现人与社会、人与自然的和谐发展。处理社会问题的根本方法是统筹兼顾,"统筹城乡发展、区域发展、经济社会发展、人与自然和谐发展、国内发展和对外开放,统筹中央和地方关系,统筹个人利益和集体利益、局部利益和整体利益、当前利益和长远利益,充分调动各方面积极性"④,统筹发展是为了更好地体现出社会主义平等发展、消除差别的制度属性。

科学发展观解决了社会主义与市场经济在价值取向上的矛盾。中国的共同富裕是先富带动后富,最终达到共同富裕。但是,在市场化过程中产生的利益差别、价值差别、思想差别,导致共同富裕的最初设想发生了偏离,先富并没有带动后富。科学发展观、和谐社会都强调人的主体地位,强调发展为了人民,发展的成果由人民共享。科学发展观有效地解决了社会主义与市场经济

---

① 王树荫.马克思主义中国化史(第二卷)[M].北京:中国人民大学出版社,2018:263.
② 中共中央文献研究室.十六大以来重要文献选编(中)[M].北京:中央文献出版社,2006:707.
③ 中共中央文献研究室.十八大以来重要文献选编(上)[M].北京:中央文献出版社,2014:4.
④ 中共中央文献研究室.十七大以来重要文献选编(上)[M].北京:中央文献出版社,2009:13.

结合所产生的现实问题。市场机制有效地解决了计划机制效率不足的问题，保证了社会资源的有效配置，但是市场也有失灵的地方，如公共服务、环境破坏、道德下降等问题。中国改革取得成功的关键在于社会主义与市场经济的结合；中国经济能否发展得更好，便在于能否处理好社会主义与市场经济结合所产生的问题。

社会主义市场经济的关键在于要贯彻社会主义的价值观和世界观。社会主义利用市场经济来发展生产力，归根结底是为了更好地建设社会主义。相比于苏联和东欧的社会主义，中国创造出了一种工具理性与价值理性相结合的发展模式。由于中国社会主义处于初级阶段的特殊国情，中国必须要通过市场的资源配置作用来发展生产力。改革开放的实践证明，社会主义与市场经济的结合有效地提高了综合国力、人民的生活水平。但是以自由竞争为核心的市场经济，必然会导致实际公平的丧失，科学发展观是解决这些问题的方法。和谐社会"既是社会主义市场经济在基本形成自身主体条件后政治权力运作重心转移的需要，又是社会主义市场经济正式寻找社会主义价值目标的开始，还将是人类社会主义理想模式浴火再生的过程"[1]。可以看到，邓小平和江泽民解决了社会主义与市场经济结合理论层面的问题，通过理论和实践证明了计划和市场都是手段，社会主义不仅可以与市场经济兼容，而且能在结合过程中迸发强劲的动力。市场经济本身没有价值属性，但是随着实践的推进，其所折射出的价值理念与社会主义核心价值观相冲突，社会主义与市场经济的理论问题已经转化为社会主义与现代化之间的价值问题。

三、新发展理念与中国特色社会主义市场经济

当前，资本主义金融危机仍在持续，资本主义的根本矛盾仍没有得到根本解决，世界经济随时会重新陷入低迷状态。国内经济持续放缓，经济下行和经济结构转型的双重压力凸显。信息爆炸的时代，中国在意识形态、社会制度设计、经济运行方式、日常生活方式等层面深受西方资本主义国家的影响，社会主义思潮和自由主义思潮的对立日益尖锐，社会主义理论正面临着资本主义主流意识形态和社会主义实践带来的双重挑战。在这样一个重大

---

[1] 余金成.科学发展观与社会主义对市场经济的改造[J].学习论坛,2009(11).

历史转折点,究竟是继续坚持走已经被实践证明的中国特色社会主义道路,还是走资本主义道路或民主社会主义道路这样的"改旗易帜的邪路",或是回到计划经济时期的"封闭僵化的老路"上去,仍然是摆在党和全国人民面前的重大问题。解决好中国社会、经济发展的问题,关键是要树立科学的发展理念。

中国的市场化改革实现了三十多年的高速增长,这种"中国现象"在世界上都是绝无仅有的,但是由于内部动力和外部环境都发生了变化,中国经济发展由高速发展转入高质发展阶段,进入一个新的发展时期。2014年,习近平总书记在河南考察时说:"我国发展仍处于重要战略机遇期,我们要增强信心,从当前我国经济发展的阶段性特征出发,适应新常态,保持战略上的平常心态。"①对于新常态的特点,总书记也给予了详细的回答:"一是从高速增长转为中高速增长。二是经济结构不断优化升级,第三产业、消费需求逐步成为主体,城乡区域差距逐步缩小,居民收入占比上升,发展成果惠及更广大民众。三是从要素驱动、投资驱动转向创新驱动。"②总之,我国经济已经进入了转型升级的阶段,这是今后我国经济发展的主要特征。因此,习近平总书记在新的时代背景下,多次提出要建立中国特色社会主义政治经济学,2015年,他在中央政治局关于马克思主义政治经济学基本原理和方法论的讲话中指出:"关于梳理和落实创新、协调、绿色、开放、共享的发展理念的理论……是我们在深刻总结国内外发展经验教训的基础上形成的,也是在深刻分析国内外发展大势的基础上形成的,集中反映了我们党对经济社会发展规律认识的深化,也是针对我国发展中的突出矛盾和问题提出的。"③五大发展理念是引领经济新常态的必然选择。习近平总书记的新发展理念是对中国社会主义社会、经济建设的指导,丰富和发展了对社会主义经济制度的认识、对市场经济的认识、对改革开放的认识、对经济发展的认识、对政府和市场关系的认识、对经济全球化的认识,是对经济社会发展规律认识的升华。

创新发展是解决中国发展问题的核心概念。习近平指出:"实践告诉我

---

① 习近平.在河南考察时的讲话[N].人民日报,2014-05-11.
② 习近平.谋求持久发展,共筑亚太梦想——在亚太经合组织工商领导人峰会开幕式上的演讲[N].人民日报,2014-11-10.
③ 中共中央文献研究室.十八大以来重要文献选编(中)[M].北京:中央文献出版社,2016:824.

们,自力更生是中华民族自立于世界民族之林的奋斗基点,自主创新是我们攀登世界科技高峰的必由之路。"①把创新发展放在五大发展理念的首位是符合马克思唯物史观的社会学分析,马克思认为:"随着一旦已经发生的、表现为工艺革命的生产力革命,还实现着生产关系的革命。"②生产力的创新会反映到生产关系上来,所以创新意味着提高生产力,而发展是解决中国现阶段一切问题的根本方法。创新是发展的第一动力。创新是社会的生命力,它一直是资本主义制度能够延续生命的关键,如果没有创新,资本主义能够容纳的生产力早已到了极限,资本主义制度也会不复存在。早在20世纪40年代,奥地利经济学家熊彼特在《资本主义、社会主义与民主》一书中就提出过创新能够促进社会形态进步。在社会化大生产的背景下,生产技术会不断创新、不断进步,进而改变了原先的生产关系,从而实现制度的变革,社会不断由低级向高级演变。党的十八大以来,习近平总书记多次强调要实施创新驱动战略,把创新摆在国家战略布局的核心位置。

协调发展是解决社会发展不平衡问题的主要方法。马克思认为生产资料的第一部类和生产消费资料的第二部类之间要保持平衡关系,实现总需求与总供给之间的平衡,资本主义经济危机的原因是生产的社会无组织状态与内部的有组织之间的矛盾,导致了需求与供给之间不均衡的发展,所以马克思提出的未来社会的主要特征是协调发展。正确认识中国的主要矛盾③是制定政策方针的基本依据,因此,基于中国落后的生产力现状,中国共产党创造性地探索了一条社会主义与市场经济兼容的道路。但是,市场化过程产生了很多失衡现象,如收入差距拉大、东西部发展差距拉大、人口老龄化加快、城乡发展二元结构不协调等,需要在政策上进行纠偏。党的十九大提出我国社会的主要矛盾转化为人民日益增长的对美好生活的需要和不平衡不充分的发展之间的矛盾。这种矛盾的变化,正是出于人们对共同富裕的追求,对市场经济制度建立以来产生的不平衡不充分发展现状的诉求。中国对协调发展的重视,标志着我国从过去重视高速发展转变为重视高质发展,对现代化的认识上了一

---

① 习近平谈治国理政(第一卷)[M].北京:外文出版社,2014:122.
② 中共中央马克思恩格斯列宁斯大林著作编译局.马克思恩格斯全集(第四十七卷)[M].北京:人民出版社,1979:473.
③ 虽然党的十九大提出我国的主要矛盾发生了变化,但中国生产力落后的现状没有改变,其实质仍然是生产力的问题。

个新的台阶。

绿色发展是中国面临日益恶化的自然环境下的现实要求。在经典著作中,恩格斯谈到了只有社会主义才能实现人与自然的和解:"经济学家自己也不知道他在为什么服务。他不知道,他的全部利己的论辩只不过构成人类普遍进步的链条中的一环。他不知道,他瓦解一切私人利益只不过替我们这个世纪面临的大转变,即人类与自然的和解以及人类本身的和解开辟道路。"[1]恩格斯把人与自然的和谐作为实现最终社会的一个条件,这是马克思、恩格斯对工业文明破坏自然环境的反思,资本主义文明改造自然和征服自然的能力越强,矛盾就越突出。但是,社会主义的发展是可持续的发展,是绿色发展。中国共产党始终没有忽视人与自然的关系,党的十五大确立将可持续发展理念作为战略发展目标,并在之后的会议中将可持续发展写入了党的文件;党的十七大报告第一次将建设生态文明作为与政治、经济、社会建设等同的发展目标。绿色发展理念,是应对中国日益严重的环境问题的解决之道。在新时代背景下,要遵循绿色发展的理念,尊重自然、顺应自然、保护自然,做到经济、社会、人与自然的统筹发展,建设"美丽中国""美丽家乡",这是中国特色社会主义的题中之义。

开放发展是中国特色社会主义理论与实践的经验总结。马克思经典作家认为:"无产阶级只有在世界历史意义上才能存在,就像共产主义——它的事业——只有作为'世界历史性的'存在才有可能实现一样。"[2]此外,马克思所认为的社会主义建立在生产社会化、经济全球化的基础之上,社会主义本身就是一种开放的社会形式。中国的社会主义实践证明了社会主义的发展要同世界加强联系,学习其他国家的先进经验和技术,以开放促改革、促发展,这是中国经济成功的经验。也应注意的是在对外开放过程中,应始终保持对西方资本主义的警惕,既坚定不移地走向世界,也要时刻保持社会主义的坚定信念,保持道路自信、理论自信、制度自信、文化自信,形成以开放促发展的局面。

共享发展是中国社会主义的本质内容。邓小平在界定社会主义本质时谈

---

[1] 中共中央马克思恩格斯列宁斯大林著作编译局.马克思恩格斯选集(第一卷)[M].北京:人民出版社,2012:24.

[2] 中共中央马克思恩格斯列宁斯大林著作编译局.马克思恩格斯文集(第一卷)[M].北京:人民出版社,2009:539.

到社会主义有两大基本原则：一是公有制，二是共同富裕。简而言之，社会主义的共同富裕理念在某种意义上也可以理解成共享发展，改革的成果由人民共享，这是社会主义制度优越性的体现。资本主义生产是牺牲一些人的利益以满足另一些人的利益，是存在阶级的社会，是阶级之间的冲突逐渐激烈的社会。社会主义制度是代表人民利益的制度。改革开放以来，中国政府普及九年义务教育，逐渐提高高等教育质量，努力实现教育公平；2015年全国居民人均可支配收入与2014年相比，扣除价格因素，实际增长7.4%，高于GDP增速，切实做到了人民共享发展成果的目标；基本医保、大病保险、疾病应急救助、医疗救助等社会保障制度逐渐完善。[①]共享发展的关键在于共同富裕，按照2010年世界贫困标准，2015年中国依旧有5000多万人处于贫困线以下，占到了中国总人口的5%左右，而且中国的贫富差距也在拉大，所有的现象表明，中国在共享发展道路上要做出更多的努力。历史经验表明，如果放弃了市场经济，社会主义就无法创造出超越资本主义的生产力，如果发挥市场的作用，则会产生类似于资本主义国家的两极分化问题，因此，社会主义利用市场经济发展生产力的关键就在于能否做好共享发展。

五大发展理念既凝结了中国经济实践70多年的经验，又与时俱进揭示了经济发展的新规律。将创新视为经济增长的主要动力，突破了传统的"三驾马车"作为国民经济发展引擎的认识，推动经济从粗放型发展到集约型发展的转变。环境是21世纪全球都面临的问题，近几年来，全球气温升高，雾霾严重，水质污染渐多，人类过度地利用了自然，超过了自然的承受能力，因此未来的发展必须是绿色发展，环境问题也是一场革命。开放发展重新定义了中国和其他国家的外交关系，实现共赢主义的国际关系。协调发展和共享发展都突破了过去以GDP为中心的发展理论，实现更加科学合理的发展理念。五大发展理念是具有中国特点的发展经济学，属于中国原创性概念，解决了中国未来的发展方向问题。

第二节 中国特色社会主义市场经济的现实问题

中国过去实现了40多年的快速发展，经历了"追赶期"的高速增长阶段，

[①] 曲哲涵,吴秋余,冯华.让人民对改革有更多获得感[N].人民日报,2016-01-28.

已经步入了中速阶段。中国从低收入国家转变为中等收入国家,正向高收入国家迈进。但是,在发展过程中,市场经济的一些问题逐渐暴露出来。有关调查问卷的数据表明,当前的收入差距拉大、生态环境恶化、官员腐败等问题越来越显著,这些问题损害了人民大众的利益,使一些人对社会主义市场经济理论的认同出现了危机,[①]对中国特色社会主义的意识形态提出了质疑。新自由主义认为中国过去成功的原因在于经济私有化和全球贸易化,中国现在的问题是政府干预过多,国有经济比重过大,要想进一步发展,只能实现更大的私有化,引进西方的政治和法治制度;另一种观点则认为市场经济导致了中国的贫富差距以及环境问题,社会矛盾不断激化。前一种观点否定了社会主义,后一种观点否定了市场经济,两种观点都否定了中国特色社会主义。总之,市场经济在中国的实践所产生的问题,导致了对社会主义市场经济的认同危机。

一、贫富差距拉大

改革开放以前,我国国民收入几乎不存在差距。计划经济体制实行平均主义,吃大锅饭,人民的生活质量几乎不存在差距。计划经济体制的生产资料属于国家所有和集体所有。改革开放以后,农村首先实行家庭联产承包责任制,但只解决了温饱问题,农民没有多少剩余,农村居民收入有所差别,但是构不成差距。1984年,城市开始进行改革,市场经济渐渐在中国生长起来,邓小平鼓励人民富裕起来,"先富带动后富"。社会主义市场经济制度建立后,有限资源在市场中自发流向更加具有效率的领域,结果便是优者越优,劣者越劣,收入差距显现出来(如图6-1)。进入21世纪,收入差距加速拉大,2003年以后,新闻媒体、学者等社会群体开始关注收入分配问题,"暴富""巨富""土豪"等名词成为流行词汇。2010年以后收入差距有所缩小,但是依然很大。

城乡居民可支配收入差距逐渐拉大。由图6-1可见,市场经济为中国经济带来了快速的发展,极大地提高了人均可支配收入,城镇居民的人均可支配收入从1978年的343.4元发展到2016年的31 790.3元,农村居民的人均可支配收入从1978年的133.6元发展到了2016年的10 772元,从趋势上来看,城

---

① 常荆莎.社会主义市场经济理论大众化基本问题研究[D].武汉:中国地质大学,2014.

乡差距逐渐增大。按照国际的普遍标准,城乡差距在 2 倍以下为基本平衡的程度,2—3 倍是略有差距,3 倍以上则是差距过大、失衡严重。我国在 2002 年城乡收入比首次达到 3 倍以上,2007 年城乡居民收入差距扩大到新中国成立以来的最高水平(3.33∶1)。中国政府在 2007 年以后,更加注重二次分配的公平,关注民生,城乡居民差距逐渐降低,2014 年降到 3 倍以下,2015 年的城乡收入比是2.73∶1,主要是因为近年来低端劳动力短缺,劳动力工资收入不断上涨,收入差距不断缩小。然而,最高收入群体与最低收入群体的收入差距越来越大,在过去 10 年的时间里,人均财富的平均增长率为 22%,但是农村的增长率只有 11%。①

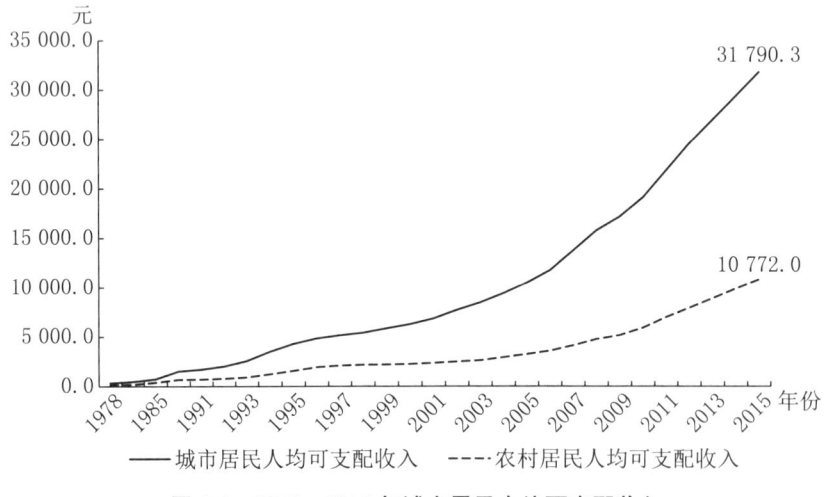

图 6-1 1978—2016 年城乡居民人均可支配收入

数据来源:中华人民共和国国家统计局编《中国统计年鉴(2016)》(中国统计出版社 2016 年版)。

基尼系数是国际通用的考察收入分配差距的指标。基尼系数为 0 表示财产或收入等完全平均分配,基尼系数为 1 表示全部财产或收入都集中在一个人手中。基尼系数在 0.2 以下表示收入处于绝对平均水平;在 0.2—0.3 之间表示比较平均;在 0.3—0.4 之间表示中等程度不平等,但是基本合理;在 0.5 以上表示收入差距悬殊;如果达到 0.6,暴发户和赤贫阶层同时出现,则社会动乱随时可能发生。国际通行经验把 0.4 定为警戒线,它意味着收入分配滑向不

---

① 冯华.一些贫者从暂时贫穷走向跨代贫穷[N].人民日报,2015-01-23.

合理的差距的边缘。我国在 2003 年之前没有官方统计的基尼系数,但是,可以预估的是 1992 年之前,中国的基尼系数应该处于平均水平。改革开放以来,允许劳动能力强的人致富,允许有财产性收入,允许资本、技术、管理、信息等生产要素参与收入分配,我国收入分配差距才逐渐拉大,甚至一度接近 0.5,世界上基尼系数超过 0.5 的国家只有 10%。近年来,虽然基尼系数有所下降,但仍处于警戒线以上,我国国内收入悬殊问题依旧严峻。

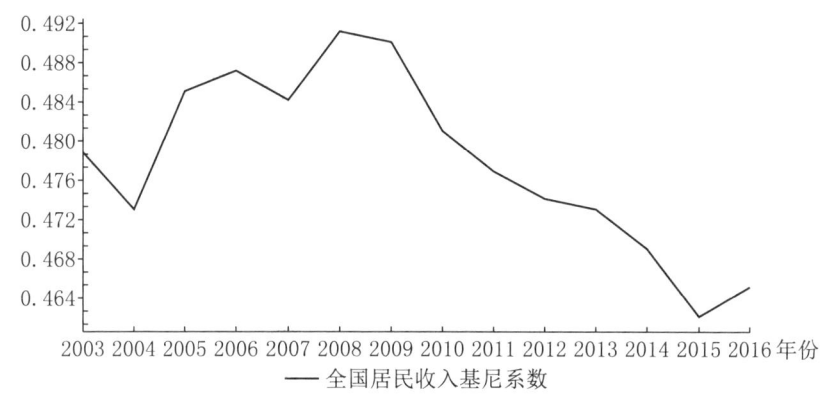

图 6-2　2003—2016 年全国居民收入基尼系数

数据来源:Wind 资讯。

财产性收入大于劳动性收入是财富集中的根本缘由。2016 年福布斯入榜的 400 人的财富占中国 2015 年 GDP 总量的 9.12%,中国富人的增长率超过了全国 GDP 增长率近一倍。根据估算,占 1% 的人口的中国财富顶尖者,占社会总财富的 30% 左右,而底端 25% 的家庭只占财产总量的 1% 左右。中国的富豪人数仅次于美国,但是尚有 5 000 多万处于温饱线边缘的人口。有意思的是,法国经济学家托马斯·皮凯蒂在《21 世纪资本论》里分析了过去 300 年欧美国家财富收入的历史数据,认为第二次世界大战以来,各个国家内的不平等现象在逐渐加剧,一个人财富的多寡不仅由劳动所得决定,更由继承的财富决定,因而出身要比后天的努力和才能更重要。收入分配的历史长周期使资本的收益率总是高于国民收入的增长率。

中国的脱贫任务仍然艰巨。中国 2016 年贫困线约为 3 000 元,2015 年为 2 800 元,中国目前贫困线以 2010 年 2 300 元不变价为基准。按照 2010 年的标准,中国在改革开放之初几乎是全民贫困,在 2015 年约有 5.7% 的人口处于贫困线以下,近5 000万人。中国的改革开放的大背景可以说就是一部脱贫史,世界银行行长金墉表示,中国解决了8亿人口的贫困问题,世界极端贫困人口比重从40%降到目前的不到10%,中国做出了绝大部分贡献。①

表6-1　1978—2015年中国人口贫困发生率

年份	人口(万人)	贫困发生率
1978	77 039	97.50%
1980	76 542	96.20%
1985	66 101	78.30%
1990	65 849	73.50%
1995	55 463	60.50%
2000	46 224	49.80%
2005	28 662	30.20%
2010	16 567	17.20%
2015	5 575	5.70%

数据来源:中华人民共和国国家统计局编《中国统计年鉴(2015)》(中国统计出版社2015年版)。

二、生态环境恶化

市场经济一方面需要生态环境供给自然资源,另一方面由于其内在逻辑必然对生态环境造成破坏。②关于市场经济是否对生态环境造成破坏,学界一直存在争论:生态马克思主义学派认为市场经济在追求利润的过程中必然对生态环境造成破坏;③西方自由主义市场经济一派认为市场经济有自我出清的功能,当生态问题阻碍市场获取利润时,市场会自发通过环境核算和激励措施来应对生态危机。从中国的现实来看,近几年来,环境问题成为社会的热点问题,河流污染、雾霾天气等充斥在社会各个角落,土壤、大气、水等污染问题突

---

① 中国扶贫经验值得中等收入国家借鉴[EB/OL]. https://mbd.baidu.com/newspage/data/landingsuper?context=%7B%22nid%22%3A%22news_7158536811477118862%22%7D.
② 马艳,肖雨.市场经济的生态逻辑[J].学术月刊,2015(12).
③ 生态马克思主义的代表人物萨拉·萨卡认为资本主义无法克服生态危机,只有传统的社会主义才能实现可持续的发展。

出,一方面我们享受着市场经济带来的物质发展,另一方面我们又在承受着市场经济带来的生态问题。

中国的生态问题与市场经济有很大的关联。市场中的资本力量必然导致生态问题,资本追求利润的劣根性,决定了市场经济对自然界的利用和破坏是无止境的,资本具有反生态的特点。[①]马克思在研究资本的过程中,揭示了资本的自我否定性的一面,也指出了资本的肯定性的一面。资本的肯定性说明资本具有有利于社会发展的一面,它代表着一种伟大的文明作用,表现为促进生产力和创造巨大历史财富等,资本的力量建立了现代社会文明体系;资本的否定性在于生产关系对生产力的束缚,在于对生产关系的破坏,在于资本血和肮脏的特点。马克思指出:"资本不可遏止地追求的普遍性,在资本本身的性质上遇到了限制,这些限制在资本发展到一定阶段时,会使人们认识到资本本身就是这种趋势的最大限制,因而驱使人们利用资本本身来消灭资本。"[②]可见,人们既不可能离开资本的发展来消灭资本,同样不可能利用尚未达到自身历史普遍性的资本来消灭资本。只要资本的运动尚未达到"资本本身才是它的限制"的历史水平,那么任何限制资本运动的力量都将被资本运动所摧毁,只有生产力极大发展,能够满足人们的一切物质文化需要,才算完成了历史普遍性的任务,资本才能消失。中国的生产力现状,显然还未达到这种历史水平,还需要资本的力量来创造文明成果,因此,资本与环境之间的对立始终是中国经济生活的主要问题。

中国部分经济发展是以生态环境恶化为代价的。如图 6-3 所示,中国工业废气排放总量从 2000 年的 138 145 亿立方米增长到 2015 年的 685 190 亿立方米,废气增长了近 4 倍,导致近年来雾霾天气频发,严重危害居民身体健康。工业固体废物产生量从 2000 年的 81 608 亿吨增长到 2015 年的 331 055 亿吨,增长了约 3 倍,工业固体废物的不妥善处理,导致了近年来地区生态的持续恶化,如祁连山地区工业废物的随便处理,被中央重点点名通报。中国水质污染问题比较严峻,全国十大水系一半水质污染,国控重点湖泊四成水质污染,31 个大型淡水湖泊中,有 17 个水质污染,水资源严重短缺、水环境严重污染、水生态严重受损,成为当下中国水资源的现状。所有的现状表明,人们向

---

① 陈学明.资本逻辑与生态危机[J].中国社会科学,2012(11).
② 中共中央马克思恩格斯列宁斯大林著作编译局.马克思恩格斯文集(第八卷)[M].北京:人民出版社,2009:91.

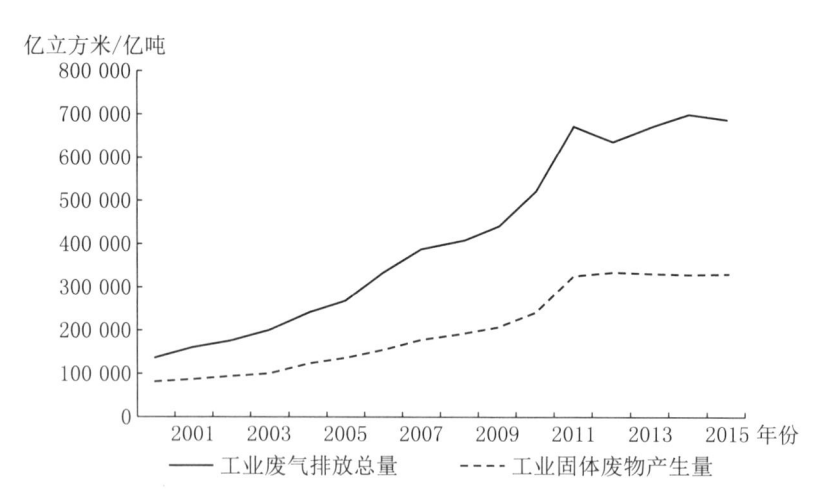

大自然无度索取,导致如今环境问题加重。

图 6-3　2000—2015 年中国工业废气排放总量及工业固体废物产生量

数据来源:国家统计局、环境保护部编《中国环境统计年鉴(2016)》(中国统计出版社 2016 年版)。

环境问题导致经济效益减少。据不完全统计,我国每年环境污染造成的经济损失约为 540 亿美元,严重制约中国经济高效发展。政府每年要投资大量的人力、物力、财力在环境污染治理上,如图 6-4 所示,环境污染治理投资总额从 2001 年的 1 166.7 亿元增加到 2015 年的 8 806.4 亿元人民币,15 年增长近 7 倍,超过 15 年间中国经济增长速度,也间接反映了中国经济问题面临的严峻性。有学者通过实证分析,认为环境资源投入对区域经济产出的经济贡献度为 7.0%,远高于环境污染造成的经济损失。[①]近年来,污染出现新的态势,随着经济生活的发展、居民消费水平的提升,居民生活污染程度逐年提高,据最新的统计报告,在废水污染中,生活废水超过工业废水,成为水污染的主要来源。

中国目前生态环境问题,已经成为影响人民群众生活质量的突出问题。随着经济发展,人民群众对美好生活的要求越来越高,美好生活不仅包括物质、文化,也包括生活环境,人民对良好生态环境的需求日益提高。中国过去的经济增长模式是以牺牲环境为代价换取经济的快速增长,"先污染,后治理"

---

① 戴红军,孙涛,白林,张坤.环境污染对区域经济发展的影响研究——基于协整分析和岭回归分析[J].华东经济管理,2015(1).

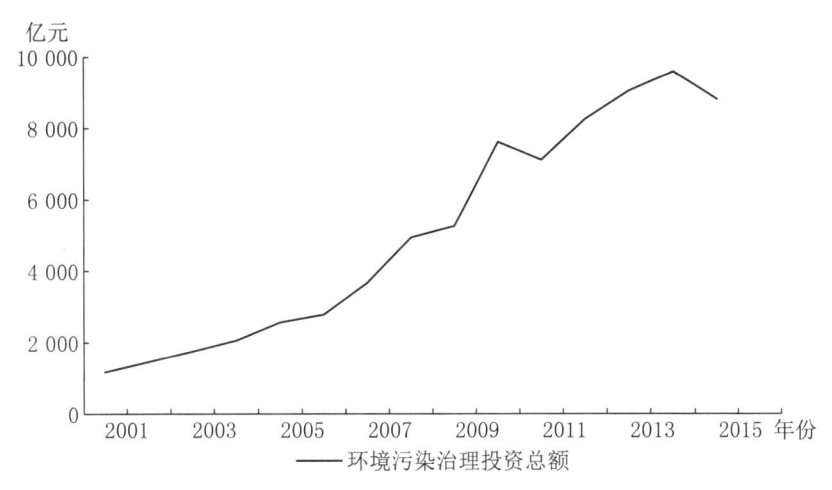

图 6-4　2001—2015 年中国环境污染治理投资总额

数据来源：国家统计局、环境保护部编《中国环境统计年鉴(2016)》(中国统计出版社 2016 年版)。

或者"边污染,边治理"的模式已不可行,习近平总书记多次强调,"绿水青山就是金山银山",实现绿色发展是今后发展的主要准则。治理大气、水和土壤污染固然会增加经济社会运行成本,降低工业产业和经济增长速度,但同时绿色产业的增长也会产生带动作用。研究表明,我国环境库兹涅茨曲线的拐点已经出现,未来经济增长和污染排放将脱钩。党的十九大报告提出,"构建市场导向的绿色技术创新体系,发展绿色金融,壮大节能环保产业、清洁生产产业、清洁能源产业。推进能源生产和消费革命,构建清洁低碳、安全高效的能源体系"。落实这些部署工作,构建充分体现生态文明要求的现代化经济体系,满足人民群众对良好生态环境的要求,是我国实现高质量发展的内在要求。

三、腐败问题丛生

社会主义与市场经济的结合,在制度上没有可借鉴的经验,很多问题缺乏约束,在转轨过程中,政府失灵与市场失灵同时存在,导致了一些掌握资源配置的官员利用权力获取财富,极大影响人民大众对社会主义市场经济的认同感。近年来,不少左翼网站刊文,比较改革前后中国的腐败状况,认为市场经济导致了中国今天的大量腐败现象,以此否认改革开放,否认社会主义市场经济。

市场经济引起的腐败问题凸显。伴随着中国经济高速的增长,随之而来的不仅是贫富差距问题,官商关系问题也成为21世纪以来的高频词汇。官员掌握着审批权以及资源配置的权力,部分商人为获得非市场竞争带来的利益,对一些官员进行寻租。因此,党的十八大以来,通过巡视的方式,对官员进行廉政检查,不断开展廉政教育,坚决杜绝腐败现象。

党的十八大以来,中央加大反腐力度,腐败现象触目惊心。截至2016年底,中央纪委共立案审查中管干部240人,处分223人,移送司法机关105人。在法治的震慑下,2016年有5.7万名党员干部主动交代违纪问题。①中央强调"苍蝇老虎一起打",近30名中央委员、候补中央委员落马,甚至有3名前政治局委员暴露出腐败问题,反映出中央反腐决心。截至2017年5月底,全国共查处违反中央八项规定精神问题17.04万起,处理23.11万人,给予12.27万人党纪政纪处分,其中包含省部级干部20人。

垄断性腐败是中国腐败问题的根源。有些人认为苏联解体的原因在于官员垄断权力、垄断资源、垄断真理,依靠特权寻租,导致人民对政府失去信心。从中国落马官员的案例来看,政府掌握大量的资源以及行业准入的审批,市场经济制度的不完善等原因形成了很多的权力寻租空间,甚至由权力寻租形成了利益群体集团,吴敬琏将这种现象称为"权贵资本主义"。权力的高度集中与不受制约是中国腐败的缘由,政府和市场的界限不分、经常出现的政府干预市场行为,导致政府的缺位和错位,必然导致腐败行为发生。新自由主义认为,在计划经济体制下,官员掌握资源配置权力,容易滋生腐败。

当前中国的腐败现象与市场经济有必然的联系。市场经济中的中坚力量是资本,资本既需要政府的强制性来保护资本的产权,又可以向权力进行寻租,这是资本追求利润的属性。计划经济时代,由于物质财富匮乏,人们仍具有很强的道德理想,腐败现象并不明显。随着市场经济的发展,消费文化逐渐成为社会的主流文化,金钱的魅力变得无可阻挡,从贫穷到富裕的快速转变,导致中国社会并没有形成一种正确的生活方式和价值导向,人的利己之心导

---

① 十八大以来反腐败的成就及启示[EB/OL]. http://theory.gmw.cn/2017-09/30/content_26401349.htm.

致很多官员走向腐败。

价值取向的扭曲是腐败现象滋生的温床。西方社会从封建主义走向资本主义,经过了文艺复兴、启蒙运动等现代性的思想启迪阶段,长时间的思想碰撞形成了一套具有强大生命力的价值体系,对正当获取利益的普遍承认以及契约精神,这一套适合资本主义发展的社会伦理为市场经济的繁荣发展奠定了基础。但是,由于中国的市场经济发展过于迅速,并且是外生的,中国的传统文化并没有很好地解释这一套经济体制下的伦理道德问题,导致中国的价值取向呈现多元化的趋势,崇拜主义、拜金主义、享乐主义成为当下受追捧的价值取向。

针对这些危害社会主义理想信念的问题,习近平总书记说:"一些党员干部中发生的贪污腐败、脱离群众、形式主义、官僚主义等问题,必须下大力气解决。全党必须警醒起来。""大量事实告诉我们,腐败问题越演越烈,最终必然会亡党亡国!"对腐败问题持续保持高压,以零容忍态度惩治腐败是当前政府对腐败问题最鲜明的态度,这也是近年来国内外估算中国清廉指数上升的根本原因。如何保持政党的纯洁性,是中国共产党目前面临的重大考验。把资源分配的权力关进法治的笼子里,让权力在阳光下运行,是中国共产党打好反腐败这场硬仗的重要方法;中国共产党领导的中国特色社会主义要杜绝腐败,是始终保持党的先进性的前提。

四、西方对中国市场经济地位的挑战

2017年11月,美国政府正式反对中国的市场经济地位,认为中国政府在经济发展中发挥了重要的作用,发放了大量的补贴扶持产业,扭曲了市场的作用,美国将对中国的产品征收高额的反倾销关税。关于市场经济地位问题,引起了国内外的普遍关注。以欧美为代表的西方资本主义国家认为中国政府过度干预经济,扭曲了市场的作用,中国在世界贸易过程中不应享受市场经济地位的待遇;国内学者认为中国的市场化程度在2010年已超过70%,属于市场化程度很高的国家。[1]西方对中国市场经济地位的挑战,主要是基于贸易保护措施和意识形态冲突。

---

[1] 北京师范大学经济与资源管理研究院.2010中国市场经济发展报告[M].北京:北京师范大学出版社,2010.

市场经济地位与市场经济的概念有很大区分。市场经济地位是贸易领域的名词,属于经济法领域的范畴,由各国根据市场经济指标来进行判定,其指标有很大的不同,如美国同欧盟的认定指标之间就有很大的区别。市场经济属于经济学的范畴,指的是市场在经济生活中发挥的决定性作用。市场经济地位与市场经济并没有绝对的联系,市场经济地位需要国与国之间的互相认同,如国际贸易中最优惠国等类似的概念;市场经济不由他国认定,只是一种经济运行机制,如市场经济、计划经济、转型经济,其代表的是政府和市场哪种力量是社会经济生活的主导力量。市场经济地位与非市场经济地位代表着政府对经济的干预程度,市场经济地位国家,在计算正常价值时适用该国(出口国)的国内价格;非市场经济地位国家由于政府影响了国内价格,在计算正常价值时需要采取其他替代性措施,如进口国价格或结构价格,由于世界主要进口贸易主要集中在欧美等发达国家,非市场经济地位国家通常在国际贸易中处于不利地位。

非市场经济地位是冷战时期的产物,与生俱来具有意识形态的特征。非市场经济地位一词首先出现在美国的《1974年贸易法》,该法出台主要是为了同以苏联为首的社会主义阵营进行经济对抗。美国对市场经济地位的标准经过几次修改,形成了最新的六条标准:"该国货币可自由兑换程度,劳资双方就工资幅度谈判的自由程度,外商设立合资企业或投资的自由程度,政府对生产资料的所有与控制程度,政府对资源分配、企业产出和价格决策的控制程度,主管机构认为合适的其他因素。"欧盟对市场经济地位的评判标准主要有五条:"企业关于价格、成本、投入的决策由市场决定,排除了政府干预;企业账目符合国际财会标准并进行独立审计;企业的生产成本和财务状况不受非市场经济体制的干扰;破产法与财产法适用于企业;汇率变化由市场决定。"可以看到,市场经济地位并没有一个普遍的认定指标,而是各国根据自己的利益来制定指标。在计算指标结果时,各国采取的计算样本不同,结果不尽相同,有很大的差距。中国在1998年之前被欧盟认定为"非市场经济国家",且从未被欧盟认定为市场经济国家。美国多年来一直批判中国是"非市场经济国家",要求中国采取放开利率等市场化措施。

中国的市场经济地位问题主要来自WTO框架。《中国加入世界贸易组织议定书》第15条规定,在2016年12月11日之后,WTO成员在针对中国的反倾销调查中,应该终止替代国做法。但是,欧盟在2016年5月12日通过一份决议,宣布反对中国"自动获得市场经济地位",[1]美国明确反对中国的市场经济地位,甚至建议其他国家不要给予中国市场经济地位。"非市场经济地位"所导致的后果是,在反倾销调查过程中,进口国在确定中国出口产品的正常价值时,不根据中国的实际成本和国内价格,而是采用替代国价格,出口产品的价值通常会被高估,从而可以轻易将中国的出口产品定义为倾销行为。如表6-2所示,在对中国实施反倾销措施次数最多的前十的经济体中,有7个国家不承认中国的市场经济地位。在美国的反倾销过程中,中国企业的反倾销税率一般达到了67%,而具有市场经济地位的国家的平均税率在44%,[2]这严重影响了中国的出口。

表6-2 1995—2014年对中国实施反倾销措施的经济体

进口方	对中国实施反倾销措施次数	中国对其出口额（亿美元）	反倾销强度
全　球	759	183.94	1.00
印　度	132	3.71	8.63
美　国	99	33.6	0.71
欧　盟	85	29.2	0.7
阿根廷	70	0.59	28.67
土耳其	63	1.32	11.6
巴　西	56	2.31	5.86
墨西哥	28	1.99	3.4
加拿大	25	2.55	2.37
哥伦比亚	21	0.43	11.87
韩　国	21	8.19	0.62
澳大利亚	20	2.98	1.63
南　非	20	1.18	2.63

数据来源:WTO官网。

国际政治博弈是中国不被承认市场经济地位的主要原因。近年来,世界经济疲软,中国经过四十多年的改革开放,有着"世界工厂"的美誉。中国

---

[1] 胡渊.2016年以后中国市场经济地位问题研究[J].当代经济管理,2016(12).
[2] Laura Puccio. Granting Market Economy Status to China: An analysis of WTO law and of selected WTO members' policy[R]. European Parliamentary Research Service,2015.

的产品输出导致国外轻工业企业也无法同中国竞争,中国的廉价劳动力对欧美多个产业形成了强有力的冲击。有数据表明,如果承认中国的市场经济地位,中国的廉价产品将大量进入欧美国家,导致其可能失去近400万个就业岗位。在欧美重回工业化的背景下,为了保护本国的利益,其势必要遏制中国的产品输出,否认中国的市场经济地位是最好的贸易保护手段。从公布的相关指数来看,美国传统基金会对世界各国的经济自由度进行测算,近年来,俄罗斯的经济自由度基本排在中国的后面,①但是,欧美国家在2002年就承认了俄罗斯的市场经济地位,可见,中国是否具有市场经济地位,并没有一个客观的评价标准,主要取决于中国在国际贸易活动中是否有利于欧美国家的利益。

第三节 加快完善社会主义市场经济体制

全面深化改革的重点是深化经济体制的改革。中国社会主义市场化改革四十多年来,经济建设取得了极大的成就,生产力得到了显著的提高,国际地位明显提升,人民生活水平大大提高。中国能取得如今的成就,关键在于充分发挥市场在资源配置中的作用,有为政府和有效市场的结合铸造了中国的经济奇迹。经济体制改革的核心问题是处理好政府与市场的关系,着力构建党政有为、微观市场决定、宏观政府主导的经济体制,为全面建成小康社会、建设社会主义现代化强国提供制度保障。

一、有为政党是社会主义市场经济体制改革的基本保障

从中国改革开放发展史来看,中国的改革经常由实践倒逼,是一个冲击—反应的结果。实际上,中国的现代化道路具有自身的内在性和动力源。整个20世纪下半叶的社会主义改革,主要围绕着两个国家来进行:一个是以苏联为代表的"休克疗法",另一个就是以中国为代表的渐进性改革。最终只有中国成功了,中国走出了一条与西方模式、苏联和东欧的激进改革截然不同的道路。中国道路的独创性和丰富性引起了世界的广泛关注,匈牙利经济学家科

---

① 美国传统基金会公布的2016年世界经济自由度排名中,中国位于第139名,俄罗斯位于第143名,中国的市场自由度比俄罗斯要高。

尔奈对中国的改革给予了极高的评价,他认为中国的改革之路是独一无二的,其他国家无法复制中国的成功之路。但是在改革初期,整个经济学界都不看好中国的双轨制改革,他们认为双轨制改革比单一计划经济体制还要无效率,会产生更多的腐败和无效率行为。[1]所以国际上更加看好苏联和东欧的社会主义改革,即以苏联、波兰为代表的"休克疗法"。

"休克疗法"主要以古典经济学为根据,主张大市场、小政府的市场经济,它包含三块主要内容:完全放开价格,价格由市场来决定;快速实现私有化;消除财政赤字,维持宏观经济稳定。主张"休克疗法"的学者认为在"休克疗法"的初期,国民经济可能会出现小阶段的下降现象,但是很快就会形成"J"形发展状态,实现快速增长。即使苏联的改革起步比中国晚,但是中国改革不彻底,会陷入停滞状态。总之,整个20世纪八九十年代,很少有学者看好中国的经济发展。

但是,最终的事实与预测截然相反,中国实现了四十多年的高速发展,并且发展势头依旧强劲。当初实行"休克疗法"的几个国家的经济逐渐衰退,国家出现了严重的通货膨胀现象,国有资产大量被私人侵吞,社会矛盾逐渐显现,苏联甚至四分五裂,其他国家也并没有实现衰退后的繁荣,而是出现了衰退后的长期疲软现象,国民经济一蹶不振。俄罗斯1995年的国民生产总值只有1990年的50%,乌克兰只有1990年的30%,阿尔巴尼亚共和国全国近1/3的企业停产,失业率达到了30%。如图6-5所示,俄罗斯与东欧国家的衰退非常厉害,之后又经历了近十年的经济停滞状态,与世界其他国家的差距越来越大。在东欧以及独联体的所有国家中,波兰的发展较好,即使这样,波兰1995年的国民经济总产值只有1990年的80%,而波兰与其他国家的"休克疗法"的不同是,波兰的国有企业并没有进行大范围的私有化,而仅仅放开了市场价格。

社会主义两大类型改革产生不同结果,引起了世界学者的广泛关注。有的学者从古典经济学机制出发,认为古典经济学在分析转型问题上存在天然的缺陷。[2]有的学者认为中国取得的成功主要在于中国政府遵循比较优势,通

---

[1] 此类观点主要是奥地利学派的理论,早在20世纪70年代,奥地利学派的中心人物哈耶克就认为双轨制比任何制度的效率都要低,恰逢改革开放初期,是自由主义抬头的阶段,自由主义是经济学界的主流,所以国际经济学家不看好中国的渐进性改革。

[2] 见于林毅夫《中国经济专题》(北京大学出版社2012年版),他认为古典经济学在分析转型经济时,忽视了企业的自主能力,导致最终的失败。

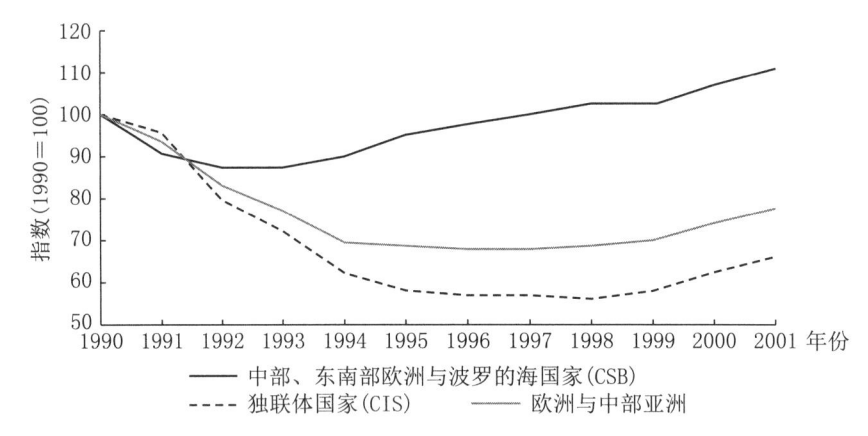

图 6-5　1990—2001 年 CSB、CIS 和欧洲与中部亚洲经济指数

数据来源：林毅夫《中国经济专题》（北京大学出版社 2012 年版）。

过市场竞争来建立符合自身优势的产业，如中国过去的发展主要来源于人口红利。比较有影响的思想家认为中国之所以取得成功，是因为其在遵循市场自发调节规律的同时，通过政府的作用来进行多层次创新。马克思主义传入中国以来，中国的思想家就对马克思主义进行本土化的创新，中国的社会主义市场经济从源头上来讲就具有创新的制度优势。社会主义的基本经济制度，可以实现长远利益与共同利益的结合，可以集中力量办大事，实现科学技术的快速发展。新中国成立以来，我国在航空领域、导弹领域、计算机领域都达到了世界领先水平。21 世纪以来，我国不仅充分发挥市场的作用，而且有效发挥政府的作用，中国从过去的"引进来"发展到现在的"走出去"，如新的"四大发明"[①]，充分发挥了我国社会主义的制度优势。只有在党的领导下，市场经济才可以被纳入社会主义的轨道，中国改革的指导思想是马克思主义，而非其他的思想，[②]所以马克思主义政党的领导是中国经济改革的有力保障，避免了苏联东欧的激进化改革，实现了中国式的渐进化改革。中国的社会主义改革是集市场化、现代化、社会主义制度完善于一体的改革，三个目标彼此联系，彼此制约，形成了中国道路的独特性。

[①]　指的是中国高铁、中国共享单车、中国电子支付、中国网购。
[②]　雷云.社会主义市场经济的优越性就在四个坚持：对《邓小平年谱》一个重要论断的初步解读[J].马克思主义研究，2007(2).

二、充分发挥市场的决定性作用

在四十多年的改革开放中对中国特色式改革的共识已经形成：中国的改革是中国共产党领导的、各个社会阶层普遍认可的、按照社会主义市场经济方向的改革。市场主体和市场体系的发展成熟，使市场在资源配置中起决定性作用。以公有制为主体、多种所有制经济共同发展的基本经济制度在中国的巩固和完善，保障了中国社会主义的发展方向。

（一）市场起决定性作用的规律与机制

市场经济的本质是要充分发挥"看不见的手"的作用。奥地利学派认为利己主义是社会的本质，人类的利己之心推动社会经济的向前发展，这种过程会很自然地使个人利益与公共利益达成一致。这种利己主义在经济活动中的主要表现是追求利润，在这个过程中，价格起了至关重要的作用，价格机制便是无形之手的主要机制。

市场发挥有效作用以知识的无知论为前提。知识是高度分散的，甚至是互相冲突地存在着，只能掌握在不同的人手中。知识的分立性所带来的必然后果就是每个社会的单个成员对于社会存在的大多数事实处于无知状态。随着科技的发展，人的认识也在不断地向前延伸，人类创造的文明更加复杂，这也让人对周围世界的认识产生了许多新的疑问，人们认识不断扩大的结果不是无知领域的缩小，而是认识到无知的范围在逐渐增大。知识具有分散、片面和不集中的特点，市场通过价格的调节作用，将每个经济主体所能掌握的诸如价格、机会、资源等认识协调起来，从而形成一种有序的规则。市场的作用就是要将分散的知识和信息集中到一起。从这一点上来讲，西方有些学者认为哈耶克的研究是关于知识的科学研究，[①]他所研究和解决的也就是知识的形成和利用的问题。

价格在市场学派里占据了非常重要的角色。市场体制传递信息的功能就在于其价格体制，而这些信息是整个市场能够健康运转的必要条件。米塞斯认为："经济是满足社会个体需要的一种手段，任何事物都不具备内在的使用价值；只有在它对于人们具有主观上的使用价值的时候，客观的使用价值才会

---

① 拉齐恩·萨丽,等.哈耶克与古典自由主义[M].秋风,译.贵阳:贵州人民出版社,2003:268.

具有价值。"①所以一个商品的价值在于个体对其喜爱的程度,价格是整个社会对该商品的喜欢程度及短缺程度的反映。正如一些古典的经济学家所认为的,只有在竞争市场中才能达到一种"自然"的价格,这种价格并不是某人或某个组织或某种规则能够决定,而是由社会中根本无法全部认识的具体情况决定。"价格中所反映的或积聚的信息总量,完全是竞争的产物……竞争乃是作为一种发现过程起作用的,而它发挥作用的具体方式不仅是向任何有机会运用特殊情势的人开放出从中谋取利益的可能性,而且还在于向其他当事人传递存在着这样一种机会的信息。"②因此,西方经济学家反对政府管制物价或者制定价格规则,他们认为价格因信息的不断变化而不断调整,政府无法完全掌握这些信息,做出正确的判断。如果政府强制制定价格规则的话,同一件商品就会有不同的价格,这样市场就失去了其内在的调节机能,从而无法发挥应有的作用,如"自然"的价格能够正确反映出健康的供求关系,一旦政府进行管制,扭曲了价格,那么就会出现人为的供大于求或者商品短缺。③自由的价格体系在哈耶克的理论中是一个基础性的部分,同时这种价格体制也是自由主义经济学家所认为的经济可核算的首要条件,所以政府不应该在经济活动中设置任何障碍。

"真实的价格"是整合市场中分散信息的最有效方式,价格会使人们关注在市场提供的各种各样的物品和服务中,哪种是值得的。因此也可以说,价格所蕴含的信息总量是竞争作用下的产物,竞争能够使价格变得更加真实,使价格所蕴含的信息反映出市场真正的状况,所以说竞争就是发现市场信息的过程。如果真的有一个"全知全能"的人在指导经济活动,那么竞争也就没有任何存在的意义了。因此,有的学者也说竞争在市场中具有一种实验的性质。④竞争也可以促使资源达到有效的配置,在竞争的作用下,市场会逐渐实现一种产品的最佳产出数量。自由主义认为与其他现存制度相比,市场具有更大的优越性。⑤这种优越性在于在竞争的环境下,能够产生更多的产品,这也间接给

---

① 安德鲁·甘布尔.自由的铁笼:哈耶克传[M].王晓冬,朱之江,译.南京:江苏人民出版社,2002:79.
② 哈耶克.法律、立法与自由(第二、三卷)[M].邓正来,等,译.北京:中国大百科全书出版社,2000:204.
③ 哈耶克.自由宪章[M].杨玉生,等,译.北京:中国社会科学出版社,2012:359.
④ F. A. Hayek. New Studies in Philosophy, Politics, Economics, and the History of Ideas[M]. Chicago: The University of Chicago Press, 1978:179-190.
⑤ 哈耶克.作为一种发现过程的竞争:哈耶克经济学、历史学论文集[M].邓正来,译.北京:首都经济贸易大学出版社,2014:36.

那些在竞争中取得巨大成就的人提供了有效的激励机制。

(二)市场起决定性作用的路径选择

国有经济始终在社会主义市场经济中起主导作用。习近平总书记在全国国有企业改革座谈会中指出,要理直气壮做强做优做大国有企业。公有制是社会主义的基本特征,社会主义制度的优越性体现在公有制能够积聚社会资源,实现公平正义的理想目标。国内有学者根据生产资料所有制测算出,截至2012年,公有制经济达到258.39万亿元,占到国民总资产的53%,公有制经济依旧在国民经济中占主体地位,而非公有制经济在利润、就业和技术创新方面优于公有制经济,公有制与非公有制经济的共同发展、互相促进,使中国经济充满活力。[1]

市场体系逐渐完善,价格机制在经济活动中取代中央指令型机制成为经济的主要调节方法。计划经济时代,生产领域市场调节的作用基本为零,在零售领域,很多商品被政府管控,由政府定价,整个市场失去了运转的有效机制,1978年,市场调节在社会商品零售领域只有3%,到了2008年,除了能源、电信等关乎国防的领域外,其他领域基本实现了市场定价,市场调节在零售领域达到了95.6%;在生产领域,市场调节由过去基本为零发展到了2008年的96.7%。[2]中国改革开放前30年的时间里,所有社会商品总额中,市场定价的比例由97%下降到了2.4%,[3]只有商品价格由市场决定,市场的这一套机制才能有效运转,价格是市场的中心。我国政府在进行市场调节时,更多的是用货币和法律手段来干预市场,以此对市场经济产生的周期性危机进行有效纠偏。

劳动力要素流动市场化。在劳动力市场方面,随着农村改革的推进,大量的农村劳动力从土地解放出来,中国的改革取得如此成就大部分来自人口红利,人口的自由流动是自由市场的重要标准之一。廉价的劳动力吸引了大量的国外资本来到中国建厂,因此,中国有着"世界工厂"的称誉,中国经济繁荣的背后是人口大量迁徙的结果,中国每年的春运造成的"返乡潮"在世界上具有特色性。总之,劳动自由度的提升有利于提高经济活力,促进经济增长。

各项计算方法都显示40多年来中国的市场化指数逐渐提高。市场化程

---

[1] 裴长洪.中国公有制主体地位的量化估算及其发展趋势[J].中国社会科学,2014(1).
[2] 徐平华.政府与市场:看得见的手与看不见的手[M].北京:新华出版社,2014:138.
[3] 徐平华.政府与市场:看得见的手与看不见的手[M].北京:新华出版社,2014:140.

度指的是市场在资源配置中的作用程度,在转型经济体制的中国,能够通过市场化程度看出中国的改革力度的强度。对市场程度进行数字化,0代表完全的计划,100%代表完全的市场化,0—15%为非市场经济,15%—30%为弱市场经济,30%—65%为转型的市场经济,65%—80%为欠发达的市场经济,80%以上为成熟的市场经济。①中国的前30年是计划经济时代,中国改革开放40多年来,市场化指数逐渐提高,世界大多数国家承认中国的市场经济地位。国内外很多学者对中国的市场化测度进行了大量的探索。从测度方法上来看,很多的评价方法不具有价值中立的特点。国家计委市场与价格研究所课题组通过对生产环节和流通环节的综合考察,认为中国的市场化程度在1995年就达到了65%的水平,取得了市场经济地位;根据WTO的标准,从行政行为规范化、经济主体自由化、生产要素市场化、贸易环境公平化、金融参数合理化五大类分析,2001年,中国的市场化指数达到了69%,近年来逐渐达到了80%的成熟市场经济的标准。国外一些攻击中国社会主义制度的组织,如美国传统基金会和加拿大的弗拉瑟研究所,根据自己定义的参数,对全球经济自由度进行测评,认为虽然中国改革开放40多年来经济自由度在不断提高,但是在全球的经济自由度排名靠后,还属于发展中的市场经济。②总之,各个组织和单位根据不同的分析框架,得出的结果也不大相同,尽管有些国家否认中国的市场经济地位,但是中国40多年的发展证明了,中国走出了一条有效的强政府和强市场之路,在政府与市场之间达到了有效的平衡,从国际视野来看,中国的这一条道路更有效。

三、健全中国特色的宏观调控体系

国家的宏观调控能力是政府治理体系的重要组成部分,也是社会主义市场经济体制的重要内容。中国特色社会主义市场经济的特色在于中国的经济体制是中国共产党领导下的有为政府和有效市场的双重机制。社会主义市场经济的改革,就是让政府管好应管的事情,市场管好市场的事。宏观调控是中国社会主义改革开放形成的理论概念,体现了社会主义与市场经济关系的中国经验,③是社会主义市场经济理论的重要内容。

---

① 赵晓雷,王昉.新中国基本经济制度研究[M].上海:上海人民出版社,2009:155.
② 赵晓雷,王昉.新中国基本经济制度研究[M].上海:上海人民出版社,2009:156-157.
③ 张勇.宏观调控——中国社会主义经济学的重要概念[J].甘肃社会科学,2017(6).

社会主义与市场经济的有效结合是中国经济成功的经验。"今后需要将市场决定性作用和更好发挥政府作用看作一个有机的整体。既要用市场调节的优良功能去抑制'国家调节失灵',又要用国家调节的优良功能来纠正'市场调节失灵',从而形成高效市场和高效政府的'双高'格局。"[①]不仅如此,中国的市场经济同西方国家的市场经济也有区分。中国的市场调控和政府的宏观调控处于等同地位,并且互相依存,并非一般意义的对立关系。市场发挥资源配置作用只在关乎民生的领域,关乎国家命脉的领域依旧由国家控制;文化、教育等特殊领域,国家要发挥作用,可以适当引进市场机制,但要避免走入市场决定论的误区。在分配问题上,初次分配以市场为主,再次分配以政府为主。所以,中国的市场经济模式是市场经济的一般规律与中国国情的结合,既充分发挥市场机制的调节作用,又发挥政府在经济社会发展中的主导作用。

宏观调控是社会主义治理体系的重要组成部分,是社会主义属性的概念,主张利用市场规律实现国家对经济的调控,突破了传统社会主义经济理论的束缚。宏观调控与西方经济学的宏观经济也有所区别。西方经济学的宏观政策的目标是经济增长、充分就业、物价稳定等,[②]而中国的宏观调控是以经济增长、均衡发展、社会公平为目标,体现社会主义的公平原则。西方的宏观政策代表了资产阶级的利益,中国的宏观调控与国家制度联系到了一起。《中华人民共和国宪法》对宏观调控做了详细的表述,认为宏观调控是社会主义市场经济的重要内容,从制度层面,将宏观调控与经济体制联系在一起。

政府的宏观调控应该尊重市场发展规律。传统社会主义过高估计了政府的作用,计划经济时代政府干预一切,导致经济效率极低;自由主义认为市场经济的最优模式是"大市场、小政府",政府在市场经济中是"裁判员";凯恩斯主义认为政府的主要作用在于弥补市场失灵的缺陷,从而对市场进行调控;新公共管理学派认为政府的作用在于服务,最优政府目标是服务型政府。中国特色社会主义经济理论提倡在尊重市场规律的前提下,实现对经济的有效调控,以贯彻政府的意图和导向,解决市场失灵等问题,彰显社会主义的制度优势。社会主义的宏观调控主要以财政政策和货币政策为主要手段,避免政府

---

① 程恩富.要分清两种市场决定性作用论[N].环球时报,2013-12-10.
② 高鸿业.西方经济学[M].北京:中国人民大学出版社,1996:557.

直接干预经济。市场失灵是经济在微观层面上出现的问题,经常由信息不对称、垄断市场主体行为的外部性因素等引发。市场失灵导致价格无法反映出市场的真实情况,市场的资源配置作用会被限制,政府必须对影响资源配置的因素进行调节。中国政府对经济的干预大幅减少主要体现在政府定价方面,过去产品统购统销,实行政府定价,价格除了经济核算的作用外,不具备反馈市场信息的功能。改革开放后,中国政府大幅度减少政府定价的商品种类,从1978年的97%降到了2016年的2.99%,超过97%的商品由市场定价,充分发挥了市场的资源配置作用;对由政府定价的那部分商品,政府也在积极建立健全定价制度、成本监审规则、信息公开制度,严格规范定价程序,让价格真正有利于人民。政府必须要规避外部性,通过明确产权、征税等方式,促使外部因素带来的后果由市场主体自己承受,市场主体为自己的行为背书才是有效的市场。政府应该增加信息透明度以及信息供给,消除信息不对称对市场带来的伤害。总之,中国特色社会主义的宏观调控是政府有为、市场有效的社会主义实践。

中国的宏观调控成果显著。改革开放以来,中国进行了7次大的宏观调控,调控结果基本成功,实现了中国经济平稳增长、产业结构升级的目标。[①]资本主义市场经济由于本身生产的无政府性,经常出现市场失灵的状况,主要体现在供给与需求的非均衡。市场主要通过价格机制对社会的总供给和总需求进行自发调节,一旦市场失灵,就会出现生产过剩、失业、通货膨胀等问题,造成社会资源的极大浪费,无法满足人民的基本需求。这种宏观性的失衡是市场经济无法避免和解决的问题,必须依靠政府进行总量的调节来调控宏观经济,如通过货币政策来进行宏观经济的调节,通过劳动力市场的优惠政策使劳动力流动,通过对宏观经济的预测来明确经济发展方向,通过制定产业政策发挥地区的比较优势,通过收入分配政策促进社会的公平正义,等等。如表6-3所示,21世纪以来,中国货币自由度指数越来越低,政府投资指数越来越低,这说明政府减少了对经济的直接干预,越来越多运用货币工具来对经济进行宏观调节,在这一时期内,中国的国民经济保持了较快增长,处理好了改革、发展、稳定的关系,彰显出社会主义市场理论的时代性与高效性。

---

① 方福前.大改革视野下中国宏观调控体系的重构[J].经济理论与经济管理,2014(5).

表 6-3　2003—2017 年中国货币自由度指数和政府投资指数①

年份	货币自由度指数	政府投资指数
2017	71.8	73
2016	70.6	74.3
2015	74.2	81.5
2014	73.3	82.9
2013	71.6	83.3
2012	74.2	84.1
2011	75.3	87
2010	70.6	88.1
2009	72.9	88.9
2008	76.5	89.7
2007	75.5	87
2006	79.4	86
2005	84.8	86
2004	86.4	88.4
2003	85.8	90.2

数据来源：美国传统基金会。

完善和发展宏观调控体系的非经济功能。中国特色社会主义事业始终以人民为中心，宏观调控的非经济功能是中国社会主义经济理论的特征。社会主义宏观调控要完善和发展在公共服务和社会管理方面的职能。公共服务是政府为全体居民提供的非营利性服务，如国防、医疗、教育、社会保障、环境保护和基础设施建设等。公共服务因为非营利性的特点，无法通过市场机制进行调节，必须由政府提供。政府提供公共产品主要有两种方式：第一种是直接

---

① 全球权威的经济自由度评价指标，分数越高，代表政府对经济的干涉水平越高，因此经济自由度越低。虽然在指数上，美国传统基金会一直不看好中国，认为中国属于政府控制经济的范畴，但是从数据的走向来看，中国近20年一直在增加市场的作用。特地说明，因为意识形态的冲突，此类数据的横向比较无任何意义，本数据从纵向比较的意义出发，旨在说明中国的市场作用越来越大，并不指代中国的市场化程度。

生产,如国防建设、国家基础建设、国土资源的开发利用等;第二种是间接生产,政府通过市场机制如市场招标的形式来引入私人企业参与公共产品的生产,如自来水、电力等领域。服务型政府是政府转型现代性的提法,提倡政府做好公共服务,为经济的发展营造良好的政策环境以及生态环境,保证公共产品的充分供给。党和国家也在越来越明确职权范围与转型方向。社会主义的本质要求是公有制和共同富裕,资本主义的分配方式的"马太效应",导致穷者越穷,富者越富,财富只能集中在少数人的手里,贫富差距逐渐拉大。中国社会主义的本质规定要实现全体人民的共同富裕,这里的共同富裕不是平均主义,而是略有差别但差别不大的收入水平。因此,政府需要通过转移支付、完善社会保障制度、增加公共支出等措施来进行二次分配。截至2017年底,社会养老保险已经覆盖9亿多人,基本医疗保险已经覆盖13.5亿人;扶贫工作取得重大进展,1 000多万农村贫困人口实现脱贫,340万贫困人口实现易地扶贫搬迁,各类棚户区改造开工数提前完成600万套目标任务。[①]政府工作的中心和根本目的便是要不断发展生产力,提高人民的物质文化生活水平,"检验我们一切工作的成效,最终都要看人民是否真正得到了实惠,人民生活是否真正得到了改善,这是坚持立党为公、执政为民的本质要求,是党和人民事业不断发展的重要保证"。[②]人民所期盼的教育、社会保障、医疗卫生服务等都需要政府的财政支持才能发展起来,所以宏观调控要多角度、多层次实现社会服务的优质化。中国经济由高速增长转向高质量增长,更应在社会服务上做文章,[③]中国特色社会主义的宏观调控的根本目标是共同富裕,[④]宏观调控的非经济职能是社会主义经济学与西方经济学的根本区别。

综上所述,中国特色社会主义要在微观领域充分发挥市场的作用,在宏观领域积极发挥政府的主导作用。"如果我国的微观和宏观经济领域都完全由市场决定资源配置,任由市场经济自发发展,其最后导向的是什么?可以肯定,不会导向社会主义公有制经济的巩固和发展,不会导向基本经济制度的完

---

① 国家主席习近平发表二〇一八年新年贺词[EB/OL]. http://www.gov.cn/xinwen/2017-12/31/content_5252083.htm.
② 习近平.全面贯彻落实党的十八大精神要突出抓好六个方面工作[J].求是,2013(1).
③ 王国平.经济体制转轨时期宏观调控特征研究[J].中共中央党校学报,2006(1).
④ 刘明国.论中国特色社会主义宏观调控——兼对当代西方主流宏观经济学的批判[J].马克思主义研究,2017(3).

善和发展……总之,不会导向社会主义的巩固和发展。"①市场不是万能的,应合理处理政府与市场的边界问题,中国改革开放的基本经验,简单来说就是市场作用只局限于微观经济领域,宏观经济领域由政府主导。根据"全球治理指数"的数据,近年来,中国的政府效率一直在稳步提升,中国的崛起离不开政府的作用。微观层面,只要企业还追求利润,市场就会自发形成真实价格,市场价格决定了市场调节的主体作用,而市场是资源配置有效的方式,利润最大化是市场运转的动力。但是,社会主义的生产目的是满足人民的物质文化需求,是实现人的自由而全面的发展,市场决定论显然不符合社会主义的价值要求,因此,中国的市场经济需要政府发挥积极作用,积极完善中国特色的宏观调控,实现社会主义经济有序、健康发展。

本章小结　从实践中把握中国特色社会主义市场经济理论

理论与现实的有效互动是正确处理社会主义与市场经济的关系的关键。当代中国特色社会主义市场经济理论与中国特色社会主义的实践联系在一起,不仅反映了中华人民共和国成立以来对经济发展的指导经验,也为中国深化经济改革和实现中华民族的伟大复兴提供了理论支持。

中国共产党始终坚持马克思主义基本原理同中国的具体实际以及时代主题相结合,与时俱进,有效应对了一个又一个难题,实现了道路自信、制度自信、理论自信、文化自信。改革开放四十多年来,中国特色社会主义市场经济在中国共产党的领导下,始终坚持社会主义的发展方向,切实推行市场化改革,在实践的基础上不断地推进理论发展,正确借鉴西方经济学有益的内容,丰富了社会主义与市场经济结合的理论依据和现实依据。

中国特色社会主义市场经济理论的每一次发展都在回答当时中国社会面临的现实性问题。只有在实践中才能实现理论的完备;只有立足于中国的实践,解决中国面临的问题,并从中总结经验,凝练理论,构建体系,才能创新和发展马克思主义。"对人类生活形式的思索,从而对这些形式的科学分析,总是采取同实际发展相反的道路。这种思索是从事后开始的,就是说,是从发展

---

① 卫兴华,闫盼.论宏观资源配置与微观资源配置的不同性质——兼论市场"决定性作用"的含义和范围[J].政治经济学评论,2014(4).

过程的完成的结果开始的。"①中国四十多年来的发展经验表明,中国特色社会主义市场经济不同于其他国家的市场经济,中国经济取得的成功,主要在于中国政党是创新型政党,实现了社会主义与市场经济结合的理论创新与实践创新,充分发挥了市场在资源配置中的决定性作用,不断完善中国特色社会主义宏观调控体系,更好地发挥政府的有为作用。

---

① 中共中央马克思恩格斯列宁斯大林著作编译局.马克思恩格斯全集(第四十四卷)[M].北京:人民出版社,2001:93.

第七章　理论体系化发展：中国特色社会主义政治经济学

改革开放以来,马克思主义政治经济学的基本原理同中国社会主义实践结合形成的观点、主张、理念、思路等,都是中国特色社会主义经济理论的基本元素。对这些基本元素进行全面系统的研究和总结,在此基础上提炼出具有学理性和普遍意义的新理论,就能构建反映时代特征、体现中国特色、具有世界高度的中国特色社会主义理论体系。改革开放四十多年来,中国取得了翻天覆地的成就,也出现了新问题。成就和问题共同形成了新时代的基本态势,在新的历史条件下,中国共产党要把握时代脉络,坚守道路自信、理论自信、制度自信、文化自信。改革没有终点,中国的改革仍在路上,坚定社会主义方向,不断开拓创新,把握时代精神,是社会主义永葆生机的关键。中国已经站在了新的历史起点上,如何在世界经济危机的常态下保持制度优越性,是当下中国面临的重要时代命题。

第一节　新时代中国特色社会主义政治经济学的重要命题

党的十八大报告指出:必须坚持走共同富裕的道路,共同富裕是中国特色社会主义的根本原则。对共同富裕的理解关涉到什么是社会主义的问题。邓小平认为社会主义有两大根本原则:一是公有制,二是共同富裕。共同富裕的内涵并不是一成不变的,而是在实践中不断发展和完善。过去,中国的主要问题是要发展生产力,因此引入了市场经济来发展社会主义生产力,但是,市场经济的趋利性导致了对社会主义意识形态的冲击。党的十九大报告指出:中国特色社会主义进入新时代,我国社会主要矛盾已经转化为人民日益增长的美好生活需要和不平衡不充分的发展之间的矛盾。不平衡不充分的发展是新时代的主要问题,十九大报告中提出新时代是"逐步实现全体人民共同富裕"的时代,共同富裕是解决不平衡不充分发展问题的关键,是充分发挥社会主义制度优越性的根本内容。

一、共同富裕是社会主义的根本原则

社会主义的优越性在于对公平正义的价值追求。马克思、恩格斯分析资本主义社会,认为生产资料私有制是产生两极分化,进而导致资本主义走向灭亡的根本原因。因此,未来社会的目标是实现生产资料公有制和按劳分配,消灭剥削,实现人与人的平等关系,共同富裕便是所追求的理想社会的最终体现。未来社会是所有人都富裕的社会,"社会生产力的发展将如此迅速,以致生产将以所有人的富裕为目的"。[①]恩格斯认为未来社会"通过社会化生产,不仅可能保证一切社会成员有富足的和一天比一天充裕的物质生活,而且还可能保证他们的体力和智力获得充分的自由的发展和运用"[②]。列宁认为:"只有社会主义才可能广泛推行和真正支配根据科学原则进行的产品的社会生产和分配,以便使所有劳动者过最美好的、最幸福的生活。只有社会主义才能实现这一点。"[③]从某种意义上说,传统社会主义所认为的按劳分配便是共同富裕思想的具体化,甚至可以说,"马克思主义理论就是关于人类共同富裕的理论"。[④]

马克思的唯物史观认为人的社会平等的基础在于物质生活资料的平等。社会主义存在的正当性不仅在于能够促进和发展生产力,更重要的是社会主义内在地蕴含共同富裕的思想。对共同富裕的认识是一个理论与实践不断演进的过程。中国社会主义制度建立初期,国内对社会主义的理念出现了急功近利的错误认识,一味强调社会主义的平等,忽视了发展生产力,导致了贫穷的平均主义。改革开放以来,邓小平总结新中国在社会主义经济建设方面的经验与教训,多次强调社会主义"首先要发展生产力""我们要发展社会生产

---

① 中共中央马克思恩格斯列宁斯大林著作编译局.马克思恩格斯全集(第四十六卷下)[M].北京:人民出版社,1980:222.
② 中共中央马克思恩格斯列宁斯大林著作编译局.马克思恩格斯选集(第三卷)[M].北京:人民出版社,2012:814.
③ 中共中央马克思恩格斯列宁斯大林著作编译局.列宁选集(第三卷)[M].北京:人民出版社,1995:546.
④ 邱海平.共同富裕的科学内涵与实现途径[J].政治经济学评论,2016(4).

第七章 理论体系化发展:中国特色社会主义政治经济学

力……是为了最终达到共同富裕,所以要防止两极分化。这就叫社会主义"。①发展生产力是社会主义的手段,共同富裕才是社会主义的目的。在1992年的南方谈话中,邓小平提出了"社会主义的本质,是解放生产力,发展生产力,消灭剥削,消除两极分化,最终达到共同富裕"②。邓小平所认为的社会主义最终要落到共同富裕上来。中国生产力落后的现状,促使了中国的社会主义要同市场经济结合,通过市场经济的效率属性来发展社会主义。因此,社会主义市场经济的重点不在于市场经济,而在于社会主义的共同富裕。

共同富裕是社会主义比资本主义优越的现实体现。邓小平指出,"社会主义与资本主义不同的特点就是共同富裕,不搞两极分化。创造的财富,第一归国家,第二归人民,不会产生新的资产阶级""我们社会主义制度是以公有制为基础的,是共同富裕"。③邓小平将社会主义的现实落脚点定义为共同富裕,这是同资本主义最本质的区别,历史的原因使现实社会主义在生产力落后的国家建立了社会主义制度,落后的社会主义国家需要利用资本主义的优秀成果来发展社会主义,在这个过程中,要始终践行共同富裕理念,失去了共同富裕,也就谈不上马克思主义。马克思在分析资本主义经济时,认为资本主义经济有两大特点,"资本主义生产方式一开始就有两个特征。第一,它生产的产品是商品。使它和其他生产方式相区别的,不在于生产商品,而在于,成为商品是它的产品的占统治地位的、决定的性质""资本主义生产方式的第二个特征是,剩余价值的生产是生产的直接目的和决定动机。资本本质上是生产资本的,但只有生产剩余价值,它才生产资本"。④可以看到,资本主义将交换价值和使用价值颠倒过来了,资本主义生产是为了交换价值,导致了人的异化,人失去了作为人的生存和自由的权利。

中国共产党认真总结世界社会主义实践的经验教训,创造性地形成了具有中国特色的社会主义道路,这个道路便是中国共产党领导的全体人民共同富裕之路。改革开放以来,产生了一系列关于共同富裕的新思想和新认识。邓小平首先对共同富裕问题做了全面的阐释,将中国社会主义的主要目的和

---

① 邓小平文选(第三卷)[M].北京:人民出版社,1993:195.
② 邓小平文选(第三卷)[M].北京:人民出版社,1993:373.
③ 邓小平文选(第三卷)[M].北京:人民出版社,1993:123,216.
④ 中共中央马克思恩格斯列宁斯大林著作编译局.马克思恩格斯全集(第二十五卷下)[M].北京:人民出版社,1974:994-996.

时代背景相结合,提出社会主义本质论。邓小平将共同富裕同两极分化对立,其实质是社会主义更加讲究公平。中国社会主义在引入市场经济以来,虽然取得了很多的成就,但始终没有忽视对共同富裕的践行。"三个代表"重要思想指出,中国共产党始终代表最广大人民的根本利益,对共同富裕提出了有针对性的方针。十六届三中全会提出"以人为本"的发展理念,将人民作为一切工作的出发点和落脚点。十八大以来,突出将"共享"作为今后的发展理念之一,坚持以人民为中心的发展理念。从奔向小康社会,到2020年全面建成小康社会,所有贫困县实现脱贫摘帽,改革开放以来的几次战略目标,都是对共同富裕的实践。

二、科学理解共同富裕的实践内涵

传统社会主义认为公有制、计划经济、按劳分配是社会主义的基本特征。中国共产党在革命年代主要强调阶级斗争,社会主义制度建立后,更加注重人民生活,切实提高了人民的生活水平。党的八大提出中国的主要矛盾是人民对于建立先进的工业国的要求同落后的农业国的现实之间的矛盾和人民对于经济文化迅速发展的需要同当前经济文化不能满足人民需要的状况之间的矛盾,因此,党的工作重心放在了经济建设上来,毛泽东认为社会主义制度是"可以一年一年走向更富更强的,一年一年可以看到更富更强些。而这个富,是共同的富,这个强,是共同的强,大家都有份"。但是实践过程错误理解生产力与生产关系之间的关系,过度重视生产关系,忽视生产力发展,历史经验表明,平均的社会主义不利于发挥人民的劳动积极性,无法提高生产力,人民的生活得不到改善,"贫穷不是社会主义"。改革开放历史新时期,邓小平同志多次强调共同富裕,他认为"社会主义最大的优越性就是共同富裕";江泽民认为"实现共同富裕是社会主义的根本原则和本质特征,绝不能动摇";胡锦涛提出"使全体人民共享改革发展成果,使全体人民朝着共同富裕的方向稳步前进";习近平认为"共同富裕,是马克思主义的一个基本目标,也是自古以来我国人民的一个基本理想"。可见,中国共产党一直将共同富裕作为社会主义实践的一项重大特征,因此,要科学理解共同富裕的内涵,才能回答什么是社会主义的问题。

共同富裕不是均等富裕。中国社会主义实践前三十年和后四十年证明了,收入分配要以按劳分配为主,多种分配方式并存。过去实行"一大二公三纯"的制度,多干少干一个样,导致劳动者失去劳动积极性。以家庭联产承包责任制为起点、与个人利益相结合的生产方式能够提高劳动积极性,进而提高了劳动生产力,也能够促使资源得到有效的配置。

共同富裕不能仅仅依靠先富带动后富。邓小平在谈到如何实现共同富裕时表示:"一部分人先富裕起来,一部分地区先富裕起来,是大家都拥护的新办法,新办法比老办法好。"①当时中国的首要任务是发展生产力,提高人民生活水平。邓小平运用先富带动后富的方法是为了鼓励劳动人民积极创造财富,提高劳动积极性。经过四十多年的发展,中国的经济总量仅次于美国,已经实现了发展生产力的目标。但是先富的人纷纷出国,中国与全球化研究中心、社会科学文献出版社联合发布的中国第一部年度国际移民报告《中国国际移民报告》显示:2017 年个人资产超过 1 亿元的企业家,74%的人已经移民或者正在考虑移民,有 27%已移民,近 3 年至少有 170 亿元人民币资金流向国外。②经过四十多年的发展,东部沿海城市在资金吸引、人才支持等方面明显超过中西部城市,东南沿海城市的发展速度远高于其他地区。事实证明,仅依靠先富带动后富是不行的,还需要政府的"有形之手"来进行调控。

共同富裕不是中等收入水平的共同富裕。2006 年世界银行发布的《东亚经济发展报告》,首次以"中等收入陷阱"来形容一些经济体进入中等收入阶段后,人均国民总收入水平未能持续提高甚至出现倒退的现象。这些国家在人均收入上,无法超过 1 万美元;在劳动力上,无法同低劳动力成本的国家竞争;在尖端科技上,无法同发达国家竞争,国家发展陷入停滞状态。中国追求的共同富裕不是中等收入水平的共同富裕,而是高质量、高水平的共同富裕。中国 2016 年的国民人均收入总值是 8 260 美元,按照目前的发展速度,中国在 2023 年可以迈入高收入国家行列。③因此,共同富裕不是一个固定概念,而是一个相对概念,是由低到高逐渐推进的过程,④随着生产力的提高,富裕的标准也会相应提高,是一个动态的过程。20 世纪末,中国的贫富差距拉大,基尼系数估算超过 0.4,因此中国迫切需要解决好共同富裕的问题。据 2016 年的统计结果,

---

① 邓小平文选(第三卷)[M].北京:人民出版社,1993:23
② 中国移民潮加速!为何全球"富豪"都来澳洲[EB/OL]. http://www.sohu.com/a/127560401_512834.
③ 林毅夫.我国具备顺利跨越"中等收入陷阱"的条件[EB/OL]. https://mbd.baidu.com/news-page/data/landingsuper?context=%7B%22nid%22%3A%22news_17081104015207505669%22%7D&n_type=0&p_from=1.
④ 卫兴华.论社会主义共同富裕[J].经济纵横,2013(1).

中国仍旧有5 000万的贫困人口,脱贫任务依旧艰巨。

共同富裕是物质与精神的双重富裕。马斯洛将人的需求分为五个等级,物质需要仅仅是最基本的需求。马克思、恩格斯等经典作家对未来社会的设想是人的全面而自由发展的社会,即实现自我价值的社会,所以未来社会的共同富裕不仅仅在物质方面,精神层面的富裕更为重要。共同富裕是"要扩大中等收入阶层,逐步形成橄榄型分配格局"。①中国与美国的橄榄型结构有很大的区别。美国的收入分布中间大、两头小,10%的富有家庭拥有的资产额占全部商业资产额的62.4%,②虽然美国人民生活水平不错,但是资本主义制度的两极分化态势越来越严重,"美国上层1%的人现在每年拿走将近四分之一的国民收入,以财富而不是收入来看,这塔尖的1%控制了40%的财富……25年前,这两个数字分别是12%和33%"。③中国的橄榄型分配格局是财富存在差别但是差别不大的非平均分配格局。中国现今追求的共同富裕的目标是尽可能减少贫困人口,扩大中等收入人口,做到有所差别但差别不大。

共同富裕没有一个具体的衡量尺度,但是,共同富裕有一个现实的要求——人民群众对美好生活的向往,在具体生活中,主要体现在"更好的教育、更稳定的工作、更满意的收入、更可靠的社会保障、更高水平的医疗卫生服务、更舒适的居住条件、更优美的环境,期盼孩子们能成长得更好、工作得更好、生活得更好"④。共同富裕在理论层面意味着公平与正义,在实践层面依据生产力水平而判断。总体而言,共同富裕的实质就是要让人民群众享受更加平等的生存权,在医疗、教育、出行、环境等方面享受更加平等的待遇。过去中国共同富裕的目标是要发展生产力,经过四十多年的发展,生产力已基本达到最初的设想,当前最主要的问题是如何使底层的人也富裕起来。因此,当前中国最主要的问题便是利用多种途径、多种方法,通过二次分配促进社会更加公平。

三、正确处理"变"与"不变"的关系

中国特色社会主义进入新时代意味着生产力水平能够满足人民的一般的生活需求,不平衡不充分发展成为人民美好生活的制约因素。必须认识到,主

---

① 习近平谈"以人民为中心":关心人民 离人民很近[N].人民日报海外版,2017-01-11.
② 乔磊.美国10%家庭掌握财富命脉 穷二代延续性不强[J].理财周刊,2010.
③ 约瑟夫·斯蒂格利茨.1%的民有、民享、民治[N].环球时报,2011-10-18.
④ 中共中央文献研究室.十八大以来重要文献选编(上)[M].北京:中央文献出版社,2014:70.

要矛盾虽然发生变化了,但是中国处于并将长期处于社会主义初级阶段的国情没有发生变化,中国是世界上最大的发展中国家的国际地位没有发生变化。①辩证地理解"变"和"不变"的关系关涉到当下中国如何发展的重大议题。

公平与效率的关系问题伴随着四十多年的改革开放进程。在做大蛋糕和分好蛋糕上一直有很多种声音:第一种观点认为按照凯恩斯主义,生产决定分配与消费,先生产,后消费,因此中国目前的重心应该放在生产即做大蛋糕上;②第二种观点认为社会主义的根本目的是共同富裕,当前中国的贫富差距过大,影响意识形态的合法性,因此应该注重公平分配即分好蛋糕;③第三种观点认为市场经济由生产要素决定的收入分配格局,必然会导致收入差距扩大,不必大惊小怪;第四种观点认为一个国家在起飞过程中,根据倒"U"形分配理论,先出现收入差距扩大趋势,发展到一定阶段,差距就会自动缩小。④以上观点都没有认识到今天中国发展的现状,习近平总书记对此给予了明确的回答:"社会上有一些人说,目前贫富差距是主要矛盾,因此'分好蛋糕比做大蛋糕更重要',主张分配优先于发展。这种说法不符合党对社会主义初级阶段和我国社会主要矛盾的判断。党的十八大提出准备进行具有许多新的历史特点的伟大斗争,是为了毫不动摇坚持和发展中国特色社会主义,不是不要发展了,也不是要搞杀富济贫式的再分配。"⑤中国的共同富裕既追求分配公平,也追求发展效率。

发展仍是解决我国一切问题的关键。社会主义初级阶段的中国最主要的任务是发展生产力,生产力高度发展的社会主义是马克思主义唯物史观的基本立场。在对待我国当前做大蛋糕和分好蛋糕的问题上,首先要认清我国当前的基本国情,20世纪的中国,生产力落后、人民生活水平不高、综合国力不强。到了今天,中国虽然在GDP总量上达到了世界第二的水平,但是"中国仍然是世界上最大的发展中国家。中国的人均国内生产总值仅相当于平均水平

---

① 国家行政学院经济学教研部.新时代中国特色社会主义政治经济学[M].北京:人民出版社,2018:41.
② 蔡昉.通过改革避免"中等收入陷阱"[J].南京农业大学学报(社会科学版),2013(5).
③ 苏伟,王骏,陈剑,金华宝,王慧.论缩小"三个差距"、促进共同富裕的几个理论问题[J].马克思主义研究,2011(12).
④ 靳涛,邵红伟.最优收入分配制度探析——收入分配对经济增长倒"U"形影响的启示[J].数量经济技术经济研究,2016(5).
⑤ 习近平关于社会主义经济建设论述摘编:如何看待"贫富差距是主要矛盾"的说法[EB/OL].https://www.guancha.cn/XiJinPing/2017_06_16_413582.shtml.

的三分之二、美国的七分之一,排在世界八十位左右",中国过去四十多年的发展,在发展总量上取得成就,但是在质量上并没有达到世界的平均水平,并且,中国国内也存在相当多的问题,"按照世界银行的标准,中国则还有两亿多人生活在贫困线以下。中国城乡还有七千多万低保人口,还有八千五百多万残疾人"。①可见,中国的发展是不充分的发展,是不平衡的发展,因此,习近平多次强调:"以经济建设为中心是兴国之要,发展是党执政兴国的第一要务,是解决我国一切问题的基础和关键。"②所以,解决中国问题的关键应是从中国的基本国情出发,坚持解放和发展生产力,"任何束缚和阻碍社会生产力发展的言行,都是违背社会主义本质要求的,都要坚决反对,排除各种干扰"。③

中国特色社会主义初级阶段仍是一个长期的历史过程。从落后的社会生产力到不平衡不充分发展,从人民日益增长的物质文化需要到对美好生活的向往,仍是一个阶段性的变化,生产力的发展并没有达到社会阶段的变化。经济发展不平衡主要指的是当下中国城乡发展不平衡、区域发展不平衡、收入分配不平衡、经济发展与生态环境发展不平衡等,不平衡发展制约中国的进一步发展,引起社会、经济等问题。经济发展不充分指的是我国离发达国家尚有不近的距离,资源利用效率不高,创新发展能力挖掘不充分。不平衡不充分发展实质上仍旧属于生产力不发达的范畴。中国特色社会主义初级阶段分为两个层次,第一个层次是满足人民的物质文化需要,改善人民的生活;第二个层次是全面建成小康社会,消灭贫困问题,满足人民的多样化、多层次、多方面的需求。④因此,从生产力角度来看,实现社会阶段的升级,仍是一件任重道远的事情,中华民族的伟大复兴仍旧是一个长期的历史过程。

四、共同富裕:以人民为中心发展理念的实践

中国特色社会主义进入新时代,中华民族迎来了从站起来、富起来到强起来的伟大飞跃。过去主要从生产力发展程度的角度来谈社会的主要矛盾,现今中国的生产力已经得到了显著的提高,人民生活普遍达到小康水平,很多领

---

① 中共中央文献研究室.十八大以来重要文献选编(中)[M].北京:中央文献出版社,2016:684.
② 中共中央文献研究室.十八大以来重要文献选编(中)[M].北京:中央文献出版社,2016:245-246.
③ 中共中央文献研究室.习近平关于社会主义经济建设论述摘编[M].北京:中央文献出版社,2017:10.
④ 胡鞍钢,程文银,鄢一龙.中国社会主要矛盾转化与供给侧结构性改革[J].南京大学学报(哲学·人文科学·社会科学),2018(1).

域走在世界前列,已不能简单地用生产力来描述中国的具体国情。应从两个层面来判断新时代中国社会经济生活的现状:一是中国经济取得了巨大的成就;二是同发达国家相比,中国还是相对落后的。恩格斯将人的生活资料的需要分为三类——生存资料、发展资料和享受资料,过去中国一直停留在生存资料层次,没有达到发展资料和享受资料的层次。随着生产力的发展,生存早已不是问题,人民对美好生活的向往是更好的发展和享受资料。但是中国的经济结构无法满足人民的需要,导致大量的需求外流,这便是现阶段中国的主要问题之一。因此,党的十九大提出,中国经济已由高速发展转向高质发展的阶段,实现经济的结构性变革,全面建成小康社会,满足人民对美好生活的需求,是解决中国主要矛盾的主要推手。

美好生活有国家和社会两大目标。国家层面的目标是"到2020年实现国内生产总值和城乡居民人均收入比2010年翻一番,全面建成小康社会;到本世纪中叶建成富强民主文明和谐的社会主义现代化国家,实现中华民族的伟大复兴"①;个人层面的目标是"更好的教育、更稳定的工作、更满意的收入、更可靠的社会保障、更高水平的医疗卫生服务、更舒适的居住条件、更优美的环境"②,简而言之,就是对法治、公平、正义、环境等的需要。改革开放四十多年来,中国解决的是温饱问题,追求量的增长,美好生活则是对质的追求,从表观上来讲,仍然是人民对物质文化的需要,只是此时的物质文化与彼时的物质文化代表的不是一个层面的东西。

主要矛盾变化的背后仍旧是生产力发展不够的问题。1956年社会主义制度建立后,我国就提出了主要矛盾论,认为中国的主要矛盾是落后的生产力与人民的物质文化需求之间的矛盾,因此,社会主义的主要任务是发展生产力。虽然,今天的中国解决了十几亿人的温饱问题,主要矛盾转变为人民日益增长的美好生活需要和不平衡不充分的发展之间的矛盾,但是不平衡不充分是中国社会经济的表象,深层原因仍旧是中国的生产力还不够发达。马克思的唯物史观是从生产力的层次来划分社会发展阶段,中国的社会主义更不能脱离生产力标准来判断发展阶段,这关乎是否坚持马克思主义的立场、观点和方法问题。我们仍旧需要在"变"与"不变"中辩证地来认识中国的社会主义,以此

---

① 中共中央文献研究室.十八大以来重要文献选编(中)[M].北京:中央文献出版社,2016:684.
② 中共中央文献研究室.十八大以来重要文献选编(上)[M].北京:中央文献出版社,2014:70.

来制定出符合中国国情、中国发展阶段的政策。

坚持市场经济道路是解决主要矛盾问题的根本路径。社会主义与市场经济的结合是中国特色社会主义的伟大创造,中国特色社会主义市场经济是效率与公平的结合,这是中国经济最主要的特征。中国的基本国情没有发生变化,注定了中国依旧将发展生产力作为主要任务,在发展生产力方法上,从过去的粗放型发展观,发展到"坚持用新发展理念统领发展全局,坚持把适应新常态、把握新常态、引领新常态作为贯穿发展全局和全过程的大逻辑,坚持把供给侧结构性改革作为经济发展和经济工作的主线,坚持以提高发展质量和效益为中心……";在发展目标上,从过去简单强调现代化,发展到"着力推进新型工业化、信息化、城镇化、农业现代化同步发展",实现"形态更高级、分工更优化、结构更合理的阶段演进"。①中国社会主义的发展理念、发展方法、发展目标与过去相比都发生了变化。因此,中国特色社会主义市场经济要始终坚持市场经济道路,在以发展生产力为中心的同时,实现政治、社会、环境的协调发展,不断更新发展理念、发展方法,与时俱进,走出一条具有中国特点、中国气派、中国方法的共同富裕之路。

始终坚持以人民为中心的发展理念是破解主要矛盾的基础。中国共产党在革命、建设、改革的过程中,始终以人民的利益为出发点,"检验我们一切工作的成效,最终都要看人民是否真正得到了实惠,人民生活是否真正得到了改善,这是坚持立党为公、执政为民的本质要求,是党和人民事业不断发展的重要保证"②。让人民群众共享改革发展成果是社会主义的本质要求,体现了中国共产党为人民服务的根本宗旨。我们国家仍旧面临着贫富差距等社会性问题:"我们有一千八百万左右的城镇低保人口,对他们而言,要通过完善各项保障制度来保障基本生活;对一亿三千万多六十五岁以上的老年人,要增加养老服务供给、增强医疗服务的便利性;对二亿多在城镇务工的农民工,要让他们逐步公平享受当地基本公共服务;对上千万在特大城市就业的大学毕业生等其他常住人口,要让他们有适宜的居住条件;对九百多万城镇登记失业人员,要让他们有一门专业技能,实现稳定就业和稳定收入。"③不能将共同富裕简单

---

① 中共中央文献研究室.习近平关于社会主义经济建设论述摘编[M].北京:中央文献出版社,2017:13-14.
② 习近平.全面贯彻落实党的十八大精神要突出抓好六个方面工作[J].求是,2013(1).
③ 中共中央文献研究室.十八大以来重要文献选编(中)[M].北京:中央文献出版社,2016:832.

地理解成过去的收入平均主义,共同富裕意味着机会公平,意味着社会每个群体都能够享受改革的所有成果,共同富裕应体现社会主义发展的公平公正,让市场经济不仅具有效率,而且具有包容性。以人民为中心的发展思想,是马克思主义一以贯之的立场和观点。党的十八届五中全会提出,要把增进人民福祉、促进人的全面发展、朝着共同富裕方向稳步前进作为经济发展的出发点和落脚点。针对中国经济出现的新常态,提出创新、协调、绿色、开放、共享的发展理念,其中"共享理念实质就是坚持以人民为中心的发展思想,体现的是逐步实现共同富裕的要求"。①社会主义的发展是为了人民过上幸福的生活,一切为了人民,发展由人民共享,坚持人民的主体地位。

市场经济与共同富裕结合的发展道路是破解主要矛盾的关键。在理论方面,中国特色社会主义需要坚守对马克思主义理论的继承与发展;在实践方面,需要根据国情、世情和具体问题来调整发展方向,既注重市场的激励机制,也不忽视市场自发形成的人与自然、人与社会、人与人关系的紧张现状。如何应对挑战、抓住机遇,有赖于执政党对社会主义建设规律的深刻认识。中国共产党是人民的政党,代表着最广大人民的根本利益,因此,在运用市场规律实现共同富裕的过程中,需要政府不断适时纠偏。能不能走上一条共同富裕之路关涉到人民是否幸福,道路是否正确,共产主义目标能否实现。政府在实现共同富裕目标中的作用至关重要,通过"看得见的手"保障共同富裕之路,让人民过上幸福美好生活。现阶段,市场是资源配置最有效的方式,既需要市场对资源配置起决定作用,但又不能放任市场,市场不是万能的,所以如何在政府与市场之间,取得社会效益的最大化,是亟待解决的问题。

第二节 处理好新时代背景下政府与市场的关系

中国特色社会主义政治经济学的核心是处理政府与市场关系,②它也是深化经济体制改革的核心问题。从党的十二大以计划经济为主、市场调节为辅,

---

① 习近平.在省部级主要领导干部学习贯彻党的十八届五中全会精神专题研讨班上的讲话[M].北京:人民出版社,2016:25.
② 沈开艳.中国特色社会主义政治经济学的核心是处理政府与市场关系[J].上海商学院学报,2016(5).

到十八届三中全会提出"使市场在资源配置中起决定性作用和更好发挥市场作用",政府与市场的关系是一个动态的过程。政府与市场的关系从过去的对立关系发展到了今天互补互进的关系,政府与市场的关系问题贯穿了整个中国社会主义发展史。

中国特色社会主义市场经济的发展历程总共可以分为五个阶段:第一阶段是引入市场机制、家庭联产承包责任制以及乡镇企业的强势崛起,放开部分生产资料和生活资料的价格;第二阶段是兴办特区和开放14个沿海城市,培育市场体系,实行按劳分配与按生产要素分配相结合的分配方式;第三阶段是社会主义市场经济体制的建立;第四阶段是党的十六届三中全会提出完善社会主义市场经济体制;第五阶段是2007年由美国次贷危机引起的全球经济危机,中国特色社会主义经济制度彰显制度优势和理论自信。正确用好政府和市场"两只手",科学的宏观调控、有效的政府治理,是中国特色社会主义政治经济学的现实依据。社会主义市场经济在实践中不断探索政府与市场的关系,通过适合中国国情的产业政策,找到一条适合中国的经济发展道路,推动中国经济实现从高速度发展到高质量发展的转变。

一、中国经验的产业政策

产业政策[①]的运行机制介于宏观和微观之间,是指导性计划制度的现代化形式。[②] 市场既需要政府的有形之手进行政策扶持,也需要市场的无形之手实现资源的有效配置。关于产业政策的效用,学界一直争论不休。[③] 支持者认为在发展中国家,产业政策是为了应对市场失灵,动员最大力量根据比较优势原

[①] 关于产业政策的定义,林毅夫认为资源是有限的,因此,只能将有限的资源用于全要素生产率高的领域,这种有选择性地使用资源来帮助某些产业的企业家克服外部性和协调问题的措施便是产业政策(见于林毅夫的《产业政策与我国经济的发展:新结构经济学的视角》,《复旦学报(社会科学版)》2017年第2期);或者产业政策是政府为实现促进产业发展与经济增长的目标,制定的调控经济发展或某个行业生产、经营与交易活动,以及直接或间接干预商品、服务、金融等一系列政策的总称,具体手段包括财政、金融、土地、进出口、税收、政府采购、知识产权保护和行政措施等(见于马晓河等的《中国产业结构变动与产业政策演变》,中国计划出版社2009年版)。可见,对于产业政策的定义都是界于政府与市场之间。西方国家也有产业政策,但是中国的产业政策具有自己的特点,与西方不同,中国经验的产业政策具有后发国家产业转型的示范作用。

[②] 郑新立、徐伟,綦鲁明.从计划到市场:中国计划投资体制改革40年[M].广州:广东经济出版社,2017:74.

[③] 2016年林毅夫与张维迎关于产业政策之争引起了学界广泛关注,被称为20世纪20年代关于社会主义经济核算问题论争的延续。

则对产业进行创新和升级,促进经济健康发展,避免进入中等收入陷阱。反对者认为产业政策违反市场规律,政府对经济的干预注定无效,世界上很少有成功的例证。但是,中国的经济发展之路证明了有效的产业政策是政府与市场结合的典型范例,中国的产业政策实践脱离了西方的产业政策模式,走出了一条符合中国国情的政府与市场结合的道路。

中国的产业政策有别于西方的产业政策。按照西方产业政策理论,资本积聚的工业结构是工业化中期的阶段。新中国在成立之初就走了一条重工业优先发展的道路,政府依靠行政手段施行的产业政策使中国从工业几乎为零发展到世界工业强国,这种从无到有的发展方式已经脱离了西方的经济规律。如果用产业政策来解释新中国成立以来经济结构的变化的话,可以将其分为三个阶段:产业政策1.0时代,重工业优先发展,确立了新中国的工业体系;产业政策2.0时代,融入世界分工体系,以市场换技术,实现中国产业的高端发展;产业政策3.0时代,在全球化浪潮中,提升国际竞争能力。①那么,到了今天,中国经济结构再次实现了转型升级,从高速度发展到高质量发展,从世界流水线加工式生产到具有中国符号、中国特色的产品生产,从大工业生产到人工智能生产,中国的产业政策进入4.0时代,即引领全球产业发展的时代。

中国特色社会主义市场经济道路是一条产业政策与市场原则结合的道路,为攻克政府与市场关系问题提供了丰富的经验。产业政策1.0时代,受传统社会主义经济理论的影响,政府以行政手段对资源进行配置,牺牲了农民的利益,但是这套政策快速改变了中国工业落后的面貌,在没有价格机制的作用下,虽然资源利用缺乏效率,但是计划经济时代所取得的成就依然不可忽视。正如习近平总书记所言:"不能用改革开放后的历史时期否定改革开放前的历史时期,也不能用改革开放前的历史时期否定改革开放后的历史时期。"②如果没有当初重工业优先的发展战略,中国就不会拥有自己的工业体系以及国防体系。在融入世界经济的浪潮中,如果没有完善的工业体系,中国将难以融入世界的分工体系,也就无法利用自身的人口优势,实现资本的原始积累,更加不会有中国现在的崛起。产业政策2.0时代(中国改革开放到加入WTO),中

---

① 李旭章.中国特色社会主义政治经济学研究[M].北京:人民出版社,2016:134-144.
② 习近平谈治国理政(第一卷)[M].北京:外文出版社,2014:23.

国为了提高经济水平,鼓励大量引进外资和技术,发挥中国廉价劳动力的优势,带动了中国经济高速发展,这一时期由政府和市场共同决定资源配置,从重视意识形态发展转移到重视经济效益,形成了市场利润的概念,利用价格机制对市场进行资源配置,形成激励要素,促进全要素生产率的提高。产业政策3.0时代,中国融入了世界,世界市场为中国制造提供了巨大的销售市场,物美价廉成为中国制造的名片,出口成为拉动中国经济的"三驾马车"之一。但是随着世界经济的低潮,技术创新成为中国企业在国际竞争中最重要的参数,中国制造带来的贸易摩擦愈发严重,在西方资本主义国家重回工业化的时代主题下,中国经济结构需要调整。中国局部性产能过剩严重制约着中国的可持续发展,总之,中国的产业结构已经到了需要大调整、大转型的阶段。

中国改革开放四十多年形成的产业政策理论是有效的市场和有为的政府共同作用的结果。中国四十多年经济发展的历史经验表明,发展中国家要想实现快速发展,离不开政府的宏观调控以及市场的资源配置。在推动产业政策时,必须要满足几个条件:政府要站得高,找到适合本国国情的产业政策,中国的几次产业转型,都是基于国内外状况做出的调整,符合时代发展规律,顺应时代潮流;政府要看得远,选择有发展潜力、符合未来发展主流的产业,这是发展中国家从行业跟随到行业领先必须具备的因素;政府要与时俱进,中国建立完备的工业体系后,及时调整政策,加强与世界的交流,实行改革开放,加入WTO,这是政府对产业的自我纠偏过程,旨在实现稳中求进的战略布局。

有为政府是产业政策的根本保证。产业政策需要一定的调节机制,①2014年的中央经济工作会议提出:"大力调整产业结构,把使市场在资源配置中起决定性作用和更好发挥政府作用有机结合起来,坚持通过市场竞争实现优胜劣汰。"产业政策需要政府与市场的合力。政府的作用主要体现在统一市场规则,实现公平竞争,做好服务。②政府要消除市场运行的制度障碍,降低市场的交易成本;对那些不适应市场竞争而被淘汰的企业,政府要积极引导其退市,对不良资产进行有序管理,解决失业人员再就业问题,保障底层人员的基本生活;对产业进行宏观管理,避免干预微观市场经济主体,防止在产业政策

---

① 王国平.改革开放40年:中国特色社会主义经济形态及其世界价值[J].上海行政学院学报,2018(1).

② 顾昕.产业政策治理模式创新的政治经济学[J].中共浙江省委党校学报,2017(1).

实施过程中存在寻租空间;积极参与对产业政策实施效果的评估。总之,产业政策的问题关键在于政府如何对产业进行干预,如何在不扭曲或者取代市场机制的情况下,强化市场机制,实现产业结构升级,通过制度安排弥补市场缺失。①

有效市场与产业政策的结合是中国改革开放四十多年探索出的在资源配置方式上最好的战略选择。完善的价格体系是产业政策调整的指明灯,也是市场发挥作用的前提,市场机制条件下最重要的便是价格信号,资源在价格信号的指引下达到有效配置,有效反映了市场供求、资源稀缺程度以及效益程度信息。市场淘汰生产率低的产业,优化产业结构,合理调整供给关系,着力提高全社会的全要素生产率。市场机制通过价格和利润的激励因素,把个人的分散信息整合到社会的生产过程,实现整个社会利益的最大化。中国特色社会主义为产业政策的实施提供了良好的制度环境,②以公有制为基础的社会更加容易实施产业政策。

产业政策是中国特色社会主义市场经济体系的重要组成部分,是政府与市场作用的平衡点,这个平衡点并不是固定的,而是随着经济发展变化而变化。产业政策主要是为了解决产业失衡和产业升级问题,市场化程度比较低的时候,产业政策发挥的作用大;市场化程度高的时候,产业政策发挥的空间比较小,并且从直接干预转向间接干预。③产业政策并非是对市场机制的代替,而是通过政府的有形之手,对市场失灵所导致的资源错配进行纠偏,进一步完善市场机制,以达到超越自发市场的资源配置效率的目的。④中国深化经济体制改革的中心是要发挥市场调节的决定性作用,因此,未来中国的产业政策将以扩展市场为重点。⑤总之,中国经验的产业政策为中国特色社会主义经济学的实践提供了现实范本,彰显了中国特色社会主义政治经济学的世界价值。

---

① 王永钦.发展的政治经济学:一个东亚模式的理论框架[J].学术月刊,2015(4).
② 王国平.改革开放40年:中国特色社会主义经济形态及其世界价值[J].上海行政学院学报,2018(1).
③ 葛东升,宋磊.产业政策研究的演化经济学范式:日文文献的贡献[J].南方经济,2018(1).
④ 黄少卿,郭洪宇.产业政策的目标:增强市场竞争秩序——基于政府与市场关系视角[J].学习与探索,2017(4).
⑤ 卜伟,谢臻,赵坚.中国产业政策的特点、效果与演变——产业政策问题研讨会议综述[J].经济与管理研究,2017(4).

二、供给侧与中国经济改革

供给侧改革①的实质是深化经济体制改革。②2008年,中国为应对世界经济危机对中国带来的影响,实行了宽松的货币政策,大量的投资涌向基础建设。虽然有效应对了危机,但是也产生了很多的问题,如钢铁、煤炭、石化等基础建设行业的产能极大过剩,很多传统行业出现亏损;与此同时,世界经济持续低迷,导致国内出口受阻,国内的资源也因为政府的过度干预,产能主要集中在传统行业,市场实际需求得不到满足,供给与需求的失衡,导致内需不足。中国经济呈现出新常态:"一是从高速度增长转为中速增长。二是经济结构不断优化升级,第三产业、消费需求逐步成为主体,城乡区域差距逐步缩小,居民收入占比上升,发展成果惠及更广大民众。三是从要素驱动、投资驱动转向创新驱动。"③中国经济出现的问题需要升级经济结构,提高供给质量,实现结构优化。

2015年11月,习近平总书记在中央财经领导小组第十一次会议中提出:"在适度扩大总需求的同时,着力加强供给侧结构性改革,着力提高供给体系质量和效率,增强经济持续增长动力,推动我国社会生产力水平实现整体跃升。"④中国供给结构中的供给和需求都出现了问题,产能过剩与高端需求紧缺同时存在。因此,以创新为驱动,通过政策性转变,减少无效和低端供给,实现产业结构升级,发展新动能,推进供给侧改革,实现更高的供需水平,是中国新时代背景下的主要任务。

中国出现产能过剩问题一部分是因为政府的过度干预,宏观调控没有遵循市场原则。一直以来,中国政府官员的考核以GDP的增长为重要参考,地方政府权力过大,掌握市场准入和土地资源,使其为追求短期GDP的增长,忽视了长期利益,如2010年以来的产能过剩以及环境污染问题的其中一个原因是政府过度干预经济。⑤一些产能过剩并长期亏损的企业,按照市场规律,早该

---

① 在宏观上指的是增加劳动人口、提高投资回报率、提升创新水平以及组织生产能力等。
② 习近平.在省部级主要领导干部学习贯彻党的十八届五中全会精神专题研讨班上的讲话[M].北京:人民出版社,2016.
③ 中共中央文献研究室.习近平关于社会主义经济建设论述摘编[M].北京:中央文献出版社,2017:74.
④ 习近平主持召开中央财经领导小组第十一次会议[EB/OL].http://www.gov.cn/guowuyuan/2015-11/10/content_5006868.htm.
⑤ 于文超,高楠,查建平.政绩诉求、政府干预与地区环境污染——基于中国城市数据的实证分析[J].中国经济问题,2015(5).

被淘汰,地方政府为了保证就业和政绩,对这些绩效不好的企业实施了大量的输血,这些企业依靠政府补贴来维持生存,导致资源配置的低效,进一步扭曲市场,使市场失衡程度更加明显。

中国的供给结构处于低端水平。①在供给结构方面,虽然我国在航天、高铁等高端产业领域取得了辉煌的成就,但总体而言,我国的供给体系尚处于低端水平。虽然中国依靠低端产品的扩张占领了国际市场,但高端市场始终被发达工业国家所占领。资本的趋利性以及中国工业创新性不足,导致了中国有限的资源在低端行业积聚,高端领域缺少资本进行技术研发和创新。

中国的供给侧改革不能照搬西方经济学理论。②萨伊认为经济发展的动力来自供给,因此,资本逐渐扩张追求利润,市场能够自发实现资源的最优配置,政府应减少对市场的干预;凯恩斯主义认为经济发展的动力来自需求,因此,政府需要扩展消费领域,通过投资来刺激国民消费动能;以吉尔德为代表的供给学派认为供给不足是因为政府对经济的过度干预,应该减少政府对经济的干预,通过降低税收来刺激供给。经济理论都具有时代标签和价值属性,每一个时代的理论解决每一个时代的问题,西方经济学解决的是西方出现的经济问题,不适合中国的实际,中国的供给侧改革是解决中国实际问题的理论,强调政府发挥积极作用,通过供给侧改革深化中国特色社会主义经济结构的转型升级,实际上,供给侧改革是对西方经济学的超越。③供给侧改革是中国特色社会主义政治经济学的具体体现,阐明了中国社会主义建设的方法论问题,实现了党的治理能力和治理体系的完善和发展。

供给侧改革的重心是要实现对政府与市场关系的重构。④供给侧改革的深层次目标,是让市场在资源配置中发挥决定性作用,从而引导资源配置的价格。深化体制机制改革,使市场真正能够在资源配置中起到决定性的作用。供给侧改革的核心是要发挥企业和个人的创造性,解决经济的可持续发展问题,处理好短期效益与长期效益之间的关系。国家通过简政放权,矫正过去依靠行政权力进行资源配置带来的资源错配,仅2015年国务院就取消了139项行政审批,并且在制度上,营造宽松的经营环境和投资环境,保护企业的合法

---

① 李珅.论供给侧改革的理论依据和政策选择[J].经济社会体制比较,2016(1).
② 查显友,丁守海.中国供给侧结构性改革不能简单照搬西方理论[J].红旗文稿,2016(8).
③ 周文.供给侧结构性改革与中国经济学的理论创新[J].理论与改革,2016(4).
④ 王广亮,辛本禄.供给侧结构性改革:政府与市场关系的重构[J].南京社会科学,2016(11).

权益,提高企业投资信心,创造公平、公正的市场环境。行政能力强的政府容易侵犯市场的边界,政府越界,导致市场无法发挥作用;行政能力弱、治理能力弱的政府容易被市场左右,导致寻租性腐败,所以,一个合理的政府模式应该是弱行政、强治理,政府要切实执行宏观调控、市场监管、公共服务、社会管理、保护环境等基本职能,实现与市场的无缝对接。

三、破解新时代的政府与市场关系

正确把握社会主义市场经济的政府和市场关系,必须从中国的实际国情出发。十九大报告提出中国特色社会主义进入了新时代,这是中国发展新的历史方位。中国改革开放四十多年,生产力取得了长足的发展,社会主要矛盾发生了新变化,物质文化等基本生活需要已经基本上得到满足,更高水平的需要是新的要求。中国社会已经进入新的历史阶段,不平衡不充分发展是中国社会面临的新问题。新时代背景下,如何把握政府与市场的关系,是一个重大理论命题,也是一个需要去实践的命题。

社会主义市场经济应该有两层意思:一是社会主义离不开市场,二是社会主义要有超越市场的地方。好的市场经济既有市场配置资源的高效率,又有社会主义的优越性。邓小平说贫穷不是社会主义,社会主义最基本的条件就是生产力发达,要超越资本主义。中国的社会主义没有经过资本主义的充分发展,跳跃式地进入了社会主义,国内的物质生活条件还不丰富,还需要用资本主义社会的技术和管理方式来发展社会主义,计划和市场都是经济手段。在过去四十多年改革开放进程中,我国的社会主义理论达成了两个共识:第一,由于我国生产力落后,商品经济不发达,我国的社会主义正处于并将长期处于初级阶段,这是我国的基本国情,这一阶段是无法跨越的;第二,将公有制和市场经济有机结合,通过形式多样化的公有制解决市场经济问题,中国自古以来就有"大同""均富"的思想,而公有制的属性内在地包含了"均富"的成分,因此实现一种适合于市场经济的公有制形式是社会主义市场经济的原创理论。社会主义是社会主义制度和市场经济的结合,既要完善以市场为主体的经济制度,通过市场来发展经济,也要完善政治制度、经济制度、社会制度,其共同构成了中国道路的制度优势。

市场要在资源配置中起决定性作用,但政府不是退出、不作为,而是要定好位、补好位。定位是补位的前提,政府定好位就是要划清政府与市场的边界,明确自己的职责,即"制定市场规划、维护市场秩序、保障公平竞争,解决社会总供给和总需求的平衡和产业机构合理的问题,解决市场机制难以解决的公共产品的生产、生态平衡、环境保护等问题"。[①]从政治经济学的鼻祖亚当·斯密到今天的新自由主义,即使是非常推崇哈耶克的撒切尔夫人,也没有否定政府的宏观调控,政府补位,其实就是转变政府职能,建立服务型政府,不与人民争利,不与市场争利。所以说政府与市场的关系最突出的问题,就是政府管了自己不该管的事情,管了自己管不好、管不了的事情。政府应该在"提供公共产品、防止垄断、保护环境、实现公平分配等方面进行有针对性的补位"[②]。总之,社会主义市场经济能够用社会主义力量去驾驭和控制资本,在制度设计上要注重公平、公正的原则。政府管市场,然后由市场决定资源配置,政府通过宏观调控实现对经济的有序调节。

"使市场在资源配置中起决定性作用和更好发挥政府作用"[③]是破解新时代主要矛盾的根本途径。中国的经验表明,西方的强市场、弱政府模式不适合中国,共产党的领导是中国特色社会主义市场经济成功的主要保证。[④]有人认为中国经济发展特点是强政府、强市场的"双强模式",深化市场在资源配置中的作用并不改变政府在宏观调控和规范市场等方面的作用;[⑤]有人认为中国道路能够成功的主要原因在于发挥了"有效政府"和"有为政府"的作用,"看得见的手"和"看不见的手"形成合力,相互补充,相互促进;[⑥]有人认为中国政府成功的关键在于"政党有为,市场有效",政府主要在宏观层面起决定作用,市场在微观层面起主要作用。[⑦]总之,中国经济模式取得成功的关键在于"两只手"的协调配合,"两只手都要硬",不仅遵循市场规律,也要发挥社会主义的制度优势。科学的宏观调控水平和有效的政府治理,是新时代对中国政府的内在要求,政府主要应该在"保持宏观经济稳定,加强和优化公共服务,保障公平竞争,加强市场监督,维护市场秩序,推动可持续发展,促进共同富裕,弥补市场

---

① 梅黎明.政府要做"补位"的高手[N].人民日报,2014-01-23.
② 欧阳向英.米塞斯对社会主义理论的贡献与局限[J].当代世界与社会主义,2015(5).
③ 中共中央文献研究室.十八大以来重要文献选编(上)[M].北京:中央文献出版社,2014:551.
④ 史云贵.中国政党"全能主义"治理模式及其政治现代化分析[J].社会科学研究,2006(2).
⑤ 袁恩桢.政府与市场的"双强模式"是社会主义市场经济的重要特点[J].毛泽东邓小平理论研究,2013(8).
⑥ 林毅夫.中国经验:经济发展和转型中有效市场与有为政府缺一不可[J].行政管理改革,2017(10).
⑦ 张宇.中国经济改革的经验及其理论启示[M].北京:中国人民大学出版社,2015:256.

失灵"①上发挥有为作用。

认识和处理好政府与市场的关系需要把握三个维度。答案需要从问题本身来考察,中国特色社会主义市场经济主要有三个对象,即中国特色、社会主义和市场经济。中国特色不仅指代中国特色社会主义初级阶段的国情和发展不充分不平衡的现状,也指的是中华民族的传统文化,②从经济发展角度来看,中国特色是中国政党,中国共产党领导下的党政有为是中国社会主义的制度优势。社会主义指的是社会主义制度,社会主义的优越性体现在公平与正义,马克思文本里的社会主义概念将人的自由个性同社会性同一起来,即"代替那存在着阶级和阶级对立的资产阶级旧社会的,将是这样一个联合体,在那里,每个人的自由发展是一切人的自由发展的条件"③,因此,社会主义的价值理念要与制度相结合,制度要与发展阶段相结合。市场经济在中国的语境里有两个含义:狭义上指的是资源配置的方式,通过供求、价格、竞争机制来实现资源的自发流动;广义上指的是西方实现现代化以来的生产方式。从今天中国的实践来看,中国特色社会主义市场经济是一个完整主体,三个要素互为联系,互为条件,作为单一概念的中国特色社会主义市场经济不是三个要素的叠加,但是在制度设计时又要保留三者的基础规定性。所以,中国特色社会主义是一条具有中国问题、中国经验、中国气派的发展道路,既融入了西方世界的发展潮流,又不同于西方的发展特点,这是思考新时代政府与市场关系的大前提以及基础。

第三节　构建中国特色社会主义现代经济体系

建设现代化经济体系是中国特色社会主义政治经济学的中心论题。④针对中国经济出现的显著性变化,十九大提出"贯彻新发展理念,建设现代化经济体系",为"转变发展方式、优化经济结构、转换增长动力"奠定了理论基础,为

---

① 中共中央文献研究室.十八大以来重要文献选编(上)[M].北京:中央文献出版社,2014:5.
② 一般认为中国文化传统对"形式理性"或"规范性精神"的排斥,使中国无法内生出现代意义的科学技术、法治精神等(见于王姣的《中国特色社会主义市场经济的伦理基础问题研究》,硕士学位论文,上海社会科学院,2016年).
③ 中共中央马克思恩格斯列宁斯大林著作编译局.马克思恩格斯选集(第一卷)[M].北京:人民出版社,2012:422.
④ 顾海良.新时代中国特色社会主义政治经济学发展研究[J].求索,2017(12).

建设社会主义现代化强国提供了战略方向。建设现代化的经济体系是当下我国经济建设的总纲领,应在新发展理念的指导下,走中国自主创新发展的社会主义道路。

一、构建中国特色社会主义现代化经济体系的现实基础

改革开放四十多年来,我国的经济取得了举世瞩目的成就。中国崛起、中国模式、中国道路、中国引领世界等类似的话语不绝于耳。中国幅员辽阔,人口基数大,历史文化深厚,更映衬了中国了不起的成就,发展中国家纷纷来中国取经。如果说,近代的世界史是一部西方史,那么21世纪历史的主角应当包括中国。

中国经济总量实现了大幅的增长。国内生产总值从1978年的3 000多亿元发展到2015年的68.5万亿元,实现了年平均9.6%的增长,远高于同期其他国家经济发展速度,在全球经济中一枝独秀。中国经济总量在2010年超过日本,成为世界第二大经济体,世界地位不断攀升,按照这样的发展速度,美国的高盛公司预测中国将在2027年超越美国成为世界最大的经济体,到了2050年,中国的经济总量将达到美国的两倍。[①]在500种主要的工业产品中,中国有200多种产品产量居于世界首位,成为世界首屈一指的制造业大国。在2017年世界银行公布的统计报告中,2015年中国经济占世界经济比重的14.84%,仅次于美国的24.32%,中国逐渐引领世界经济发展。

中国经济结构从粗放型向集约型发展。过去,中国是传统的农业国家,农民占人口的绝大多数,经过四十多年的发展,中国已经从传统的农业国转变为先进的工业国,在农业基础稳固的基础上,大力发展高新技术产业,扶持第三产业。四十多年的时间里,第一、第二、第三产业实现了逐年增长,并且第三产业对我国国内生产总产值增长的贡献率在2015年达到了50.2%,一举超过了第一产业和第二产业的总和,与韩国的三大产业分布水平接近,现代化水平逐渐提升,建成了完整的工业体系。此外,交通、能源等基础设施得到快速发展,高速公路以及高速铁路的里程均为世界首位。

中国人民生活显著改善。改革开放以前,中国面临"吃饱难"的问题,如今中国已达到全面建成小康社会的阶段。我国城镇居民的人均可支配收入从

---

① 马丁·雅克.大国雄心[M].孙豫宁,张莉,刘曲,译.北京:中信出版社,2016:380.

1978年的343.4元增长到了2015年的31 790元,人民的消费水平和生活质量得到明显提升,恩格尔系数在2013年达到了相对富裕标准。按照世界银行的标准,中国已经进入中等收入国家的行列。在社会保障制度上,城乡社会救助体系、最低生活保障体系实现了全覆盖,医疗卫生服务体系逐渐完善,中国的人口预期寿命超过了世界中等收入国家及地区的平均预期寿命。

与此同时,中国经济发展特征发生了变化。中国经济进入新常态,增长速度从高速向中高速换挡,发展方式从规模速度型粗放增长向质量效率型集约增长转换,产业结构由中低端向中高端转换,增长动力由要素驱动向创新驱动转换,资源配置方式从市场的基础性作用向决定性作用转换,发展目标由先富型向共享型转换,主要矛盾发生了变化。①中国特色社会主义进入了新时代,主要矛盾发生了变化,变成了人民日益增长的美好生活需要和不平衡不充分发展之间的矛盾。经济新常态的提出,揭示了中国经济发展的深刻变化,指出了未来经济发展的趋势。在新的历史条件下,应根据经济新常态的发展规律,建设现代化经济体系,不断完善和发展中国特色社会主义政治经济学理论体系。

二、正确理解现代化经济体系的科学内涵

中国经济改革的实质是社会主义与市场经济的结合。中国经济改革主要围绕两条线索展开:社会主义层面,改革传统社会主义经济制度,创新发展公有制的实现形式;市场经济层面,引入市场机制,完善市场价格决定机制,培育现代市场主体,建立透明的市场规则,使市场在资源配置中起决定性作用。社会主义制度与市场经济的结合构成了中国特色社会主义市场经济理论,深化经济体制改革、完善中国特色社会主义市场经济制度的目标就是建立现代化经济体系。简而言之,改革开放四十多年,中国社会主义经济改革的历程就是引入市场机制到建立现代化市场体系的过程。②

中国现代化市场体系经历了四个阶段。第一个阶段是1978—1991年,通过价格改革引领经济改革方向,由过去的政府定价转变为部分市场定价,在重

---

① 国家行政学院经济学教研部.新时代中国特色社会主义政治经济学[M].北京:人民出版社,2018:139.
② 张卓元,房汉廷,程锦锥.市场决定的历史突破:中国市场发育与现代市场体系建设40年[M].广州:广东经济出版社,2017:1.

第七章 理论体系化发展:中国特色社会主义政治经济学

工业生产资料和交通运输价格领域,政府建立了统一的工业生产资料市场,有效改善过去市场的混乱现象。①第二阶段是1992—2001年,建立中国特色社会主义市场经济制度,推进国有企业股份制改革,建立现代企业制度,鼓励、支持非公有制经济发展。第三阶段是2002—2012年,经济全球化推进中国经济结构开放,中国与世界市场的联系加强,构建包容性的经济体系。第四阶段是十八大以来中国特色社会主义经济理论实践,通过构建现代化经济体系,引领中国经济改革和发展。党的十九大报告指出"建设现代化经济体系是跨越关口的迫切要求和我国发展的战略目标",因此,要正确理解现代化经济体系的科学内涵,构建市场有效、政府有度、微观有活力、宏观有序的中国特色社会主义市场经济。②

繁荣各类市场,是建立现代化经济体系的基础。中国前三十年的发展,由政府主导一切,分配方式也由政府把控,商品交换没有存在的空间,各类市场萎缩,甚至处于停滞状态。改革开放后,以价格改革为起点的经济改革,放开了市场的控制,各类市场逐渐走向繁荣,消费品市场、资本市场、公共品市场、劳动力市场、房地产市场等都得到了极大的发展,各类市场共同构成了有活力、有潜力的现代市场体系。因此,要不断实现制度创新,改善市场环境,建立公平透明的市场规则,健全现代化体系。

使市场在资源配置中起决定性作用是建设现代化经济体系的根本方法。十九大报告指出,建设现代化经济体系,必须坚持质量第一、效益优先,以供给侧结构性改革为主线。③改革开放四十多年,中国建立了社会主义市场经济制度,可以说,市场在资源配置中的角色定位越来越重要,经济体制的改革其实更多的是要发挥市场的作用,中国特色社会主义现代化经济体系是中国经济体制改革的成熟表现,要发挥好市场在资源配置中的决定性作用,提高资源配置的效率和公平性。

现代化经济体系要更好地发挥市场的作用。政府在中国的经济活动中具有多重角色,④如何界定市场行为的边界,是经济史上的一大难题。一般而言,

---

① 张卓元.中国价格改革三十年:成效、历程与展望[J].经济纵横,2008(12).
② 顾钰民.推进现代化经济体系建设[J].中国特色社会主义研究,2017(6).
③ 习近平.决胜全面建成小康社会 夺取新时代中国特色社会主义伟大胜利——在中国共产党第十九次全国代表大会上的报告[N].人民日报,2017-10-28.
④ 政府既是市场行为主体,也是市场调控主体,还是市场监管主体。

政府具有收入再分配、公共财产供给、补救以及稳定经济的职能。中国改革开放四十多年的经验证明了，发挥政府的积极作用，更加有利于市场的健康发展。在财税、金融、国企等领域的改革，需要政府简政放权、放管结合、优化服务，走向体系化。通过简政放权，减少市场发展的制度障碍，但是政府应充当市场秩序的立法者、监督者和执法者，通过法律和货币手段来调控经济，建立和完善市场的竞争机制，维护公平公正的市场秩序。

中国现代化经济体系的主要内容是解决不平衡不充分问题，根本任务是实现高速增长到高质增长的转型，[1]建设路径是深化供给侧改革和强化实体经济，发展动力是创新驱动，发展战略是乡村振兴和区域协调发展，发展方向是加快完善社会主义市场经济体制。现代化经济体系是十九大提出的一个全新概念，建立现代化经济体系是中国实现全面现代化的需要，是中国进入新常态的必然要求，它是更加高效的发展方式、更加合理的经济结构、更加健全的宏观管理，为中国面临的现实性问题提供制度保障和理论指导，标志着中国走上了第二次现代化的征程。[2]

三、构建现代化经济体系的路径选择

构建现代化经济体系的前提是界定现代化的概念。一般意义而言，现代化指的是从农业社会到工业社会的转变，意味着生产力的显著提高，以及生活方式、政治结构、经济水平等一系列的变化。中国的现代化指的是改革开放以来，政治、经济、社会等领域的转变。总之，现代化的概念并没有具体的表述。亨廷顿认为，现代化根据各国的具体情况，表现出不同的特点，[3]因此，不同的国家实现现代化的路径是不一样的。经济体系的现代化指代的是经济的发展方式、结构构成、增长动力、宏观管理实现飞跃。从物质层面，第一次现代化指的是农业社会向工业社会的转变，第二次现代化指的是工业时代向信息时代的转变，第三次现代化指的是信息时代向智能时代的转变。经济体系的现代化就是为了适应新的时代要求，从而实现在发展方式、结构构成、增长动力、宏

---

[1] 何自力,乔晓楠.建设现代化经济体系,增强我国经济创新力和竞争力[J].马克思主义研究,2017(12).

[2] 盛毅,王玉林.第二次现代化背景下的现代化经济体系建设[J].经济体制改革,2018(1).

[3] 塞缪尔·亨廷顿.文明的冲突与世界秩序的重建[M].周琪,等,译.北京:新华出版社,2002:112-130.

第七章 理论体系化发展:中国特色社会主义政治经济学

观管理上的现代化,即"在经济总量和速度、发展水平和质量、发展结构和要素、发展空间的性状、体制机制运行、开放发展程度诸多方面的现代化水平和状态"。① 在如何推进经济体系现代化方面,十九大也给出了现实路径,"深化供给侧结构性改革,加快建设创新型国家,实施乡村振兴战略,实施区域协调战略,加快完善社会主义经济体制,推动形成全面开放新格局"。

全面深化经济体制改革是经济体系现代化的制度保障。其实质是处理好政府与市场的关系,即市场在资源配置中起决定性作用和更好发挥政府作用。对经济体制的改革主要是政府的角色定位。政府要完善对国有资产的管理监督制度,实现制度的规范化、常规化以及系统化。建立负面清单,通过简政放权,厘清政府的经济功能,减少对市场的直接干预,创新和完善政府的宏观调控机制,处理好改革、发展、稳定的关系,实现经济又快又好发展。

突出人才吸引机制,实现创新型引领,是经济体系现代化的动力机制。社会发展到今天,人才已经成为企业、地区、国家最为重要的财富源泉,小至企业、大到国家之间的竞争归根到底就是人才的竞争。如何留住人才,是未来发展战略是否成功最重要的一环。只有完善各类专业化人才培养和引进政策,建设国家创新体系,全面提升国家创新水平,深化科技体制改革,营造良好创新环境,才能实施创新驱动发展战略,进一步加快经济体系现代化进程。

振兴乡村经济和区域协调发展战略是经济体系现代化的基础环节。② 建立现代化经济体系是为了应对国内外环境发生的复杂变化以及国内转型发展的需要,中国经济发展的不平衡,在区域上主要体现为城乡发展、内地与沿海的发展不平衡。振兴乡村经济、区域协调发展是中国特色社会主义经济的质量变革,是社会主义核心价值观的内在要求,是全面建成小康社会、建立社会主义现代化强国、实现中华民族伟大复兴的重要组成部分。

完善社会主义对外开放理论是经济体系现代化的必然要求。习近平总书记在《关于〈中共中央关于全面深化改革若干重大问题的决定〉的说明》中说道:"中国人民的面貌、社会主义中国的面貌、中国共产党的面貌能发生如此深

---

① 刘志彪.建设现代化经济体系:新时代经济建设的总纲领[J].山东大学学报(哲学社会科学版),2018(1).

② 迟福林.以高质量发展为核心目标建设现代化经济体系[J].行政管理改革,2017(12).

刻的变化,我国能在国际社会赢得举足轻重的地位,靠的就是坚持不懈推进改革开放。"①改革开放是中国特色社会主义同传统社会主义最鲜明的区别,使我国从高度集中的计划经济转变为充满活力的社会主义市场经济,在经济建设、政治建设、文化建设、社会建设和生态文明建设方面都取得了举世瞩目的成就,随着原始资本的逐渐积累,新加坡中国问题专家郑永年认为中国的资本过剩现状,必然导致资本输出,中国崛起已经不可避免。

第四节 中国社会主义经济的发展趋向

从高速发展到中速发展,从粗放型发展到集约型发展,从要素投入到创新型引领,中国的经济发展进入了新阶段。据相关数据,2017年中国的GDP总量超过80万亿元人民币,中国对世界经济增长的贡献率在30%左右。根据美联储公布的数据,2006年,中国仅仅是全球70个国家的最大贸易伙伴,美国是127个。10年后,这个数字发生了颠覆性的转变,中国已经是130个国家的最大贸易伙伴,美国已经降到了70个,②中国在经济发展动能上开始真正引领世界发展。与此形成鲜明对比的是,世界资本主义的危机和矛盾持续深化,从2007年以来仍未得到有效遏制,反倒有愈演愈烈的趋势,世界资本主义的危机与中国特色社会主义的蓬勃发展形成了鲜明的对比。中国成功的背后,制度优势是最重要的推手,中国特色社会主义政治制度、经济制度、社会制度始终围绕以人民为中心的设计理念。中国经济已经处在一个新的历史起点上,新时代有新任务,经济的转型升级、实现全面小康社会、建设社会主义现代化国家、实现中华民族的伟大复兴是这个时代的主要目标。21世纪的世界史必然由中国特色社会主义来书写。

一、世界资本主义危机凸显中国特色社会主义的发展机遇

2007年由美国次贷危机引发的世界金融危机仍在持续,主要的资本主义国家陷入了长期的停滞状态,导致资本主义国家内部之间出现更多矛盾和冲突。欧洲难民事件、英国脱欧事件、恐怖事件频发等,无不彰显出当今世界资

---

① 本书编写组.《中共中央关于全面深化改革若干重大问题的决定》辅导读本[M].北京:人民出版社,2013:62.
② 三大视角看GDP首次突破80万亿元:中国经济的新境界和大变革[N].光明日报,2018-01-19.

第七章　理论体系化发展：中国特色社会主义政治经济学

本主义发展的困境。

资本主义剥削本质始终没有发生变化。 马克思从财富的本源出发，认为资本主义社会依靠对生产资料的占有，从而实现对剩余价值的占有。20世纪80年代以来，世界资本主义体系推行了更加自由化和私有化的生产体系。金融资本的兴起以及本国劳动者成本的提升，促使资本主义国家的工业向发展中国家转移，利用其他国家的廉价生产力，并对当地自然生态造成破坏，值得注意的是，这些转移的工业大多是低端产业和制造业等劳动密集型产业，资本主义国家仍掌握着核心技术，对发展中国家实行技术封锁。资本以低价进口所需要的日用品等消费品，而以高价出口具有高附加值的工业品，实现对发展中国家的新形式掠夺。

金融资本是资本主义国家剥夺的新形式。 金融部门不具有生产服务的职能，只追求自身的增殖。布雷顿森林体系建立，美元成为世界贸易的计量货币，导致了目前世界货币的滥发，商品的真实价值无法准确衡量。此外，金融资本的发展，导致了金融与实体的脱离，目前整个世界金融资本发展的态势是虚拟资本逐渐扩大，实体经济逐渐缩小，有些国家的虚拟资本甚至达到70%，而实体经济不到30%，虚拟经济与实体经济的脱离，导致虚拟经济必须寻求可以依托的发展基础，不然，其必然走向崩溃。因此，当前资本主义阶段的主要矛盾表现在"全球金融垄断资产阶级与世界范围内劳动者的对立；金融资本集体之间及垄断资本主义国家之间的矛盾；世界范围内资本主义国家之间，以及资本主义与社会主义的对立与矛盾"[①]。目前资本主义国家政权是金融资本集团的工具，资本主义国家的政治、经济等都听命于金融资本，如21世纪以来美国对伊拉克、法国对利比亚的战争都是为了获得局部利益而发动的战争。

以虚拟资本为主的发展模式必将走向失败。 目前的国际形势仍然是以资本主义金融垄断为主的态势，据统计，目前全球65 000多家跨国公司及其50多万家海外子公司控制着世界生产的40%，国际贸易的50%到60%，国际技术贸易的70%，对外直接投资的90%，世界资本主义的力量仍旧强大，世界规则的话语权被资本主义主导的态势没有发生变化。但是，以美元为中心的世界金融体系与生产劳动相脱离的模式，是资本主义剥削的新形式，这种形式与

---

① 栾文莲.当今国际金融危机是当代帝国主义经济体系性、总体性危机[J].世界社会主义研究，2017(1).

过去依靠对生产资料的占有剥夺剩余价值相比,更具有直接性、快捷性,违背了人类历史发展的一般规律,这是资本主义制度的劣根性以及私有制的必然结果,正如马克思所预料的那样,资本主义创造了比过去更加辉煌的文明,也加快了自己走向坟墓的速度。

现实资本主义已危机重重。2007年由美国次贷危机引发的世界经济危机刺破了金融资本的泡沫,近十年过去了,西方资本主义国家仍然没有从危机中走出来。美国在2009年,GDP出现了负增长,近年来虽然有所缓解,但问题依旧严峻。英国近年GDP增长率不容乐观。希腊、西班牙等老牌资本主义政府濒临破产。英国脱欧、西班牙公投、美国的华尔街运动,整个欧洲的难民问题以及恐怖事件频发,反映了资本主义国家内部矛盾重重。所有的现象表明,资本主义的生产方式存在着难以跨越的发展鸿沟。

与此形成鲜明对比的是,中国经济仍然显示出强大的动能。虽然2017年中国经济增长率只有6.9%,但仍在世界上独树一帜,这是中国新常态背景下经济转型升级的深刻变化,是中国由大到强的历史转变。2018年中国GDP的增量就达到了澳大利亚一年的水平。资本主义的发展只能依靠掠夺才能维持生命,中国的经济增长不同于资本主义的发展模式,其内核在于依靠实业,依靠创新,依靠内需。以2017年中国经济增长为例,第二、第三产业对经济增长的贡献率分别为35.2%和60%,消费支出对增长的贡献率继续保持在58.8%的高位。

二、制度优势是中国持续发展的动能

中国特色社会主义经济制度是中国经济发展的制度优势。从世界社会主义实践史乃至中国社会主义实践史来看,社会主义没有一种固定的经济特征。历史经验表明,公有制、计划经济的经典社会主义经济模式不符合现实社会主义的要求。现实社会主义是具体实际,而非抽象的理论,但是具体的事物又必须围绕基本概念展开,对现实社会主义的理解要求对社会主义的本质有深刻的认识。

社会主义经济不同于资本主义的最本质的特征在于公有制。中国社会主义初级阶段的基本经济制度是以公有制为主体、多种所有制经济共同发展,这是基于马克思主义的基本方法和观点。马克思认为资本主义剥削制度的根本原因是生产资料私有制,因此,未来社会要消灭生产资料私有制,消灭不平等的根源。社会主义生产目的是满足人民群众的物质文化需要,实现人的自由而全面的发展,资本主义生产目的是获得利润,生产目的的不同是社会主义与资本主义的最根本区别。社会主义的本质要求是社会主义基本制度在生产、分配、交换和消费等各种活动以及经济、政治和文化等各种领域中的具体体现,体现了社会主义的公平正义。

政党有为是中国经济发展的关键。中国共产党是执政党,也是领导党。近代以来,中国历史进程、历史命运都是同马克思主义中国化和中国化马克思主义密切相关的,更是同中国特色社会主义的艰辛探索密切相关的,没有共产党就没有新中国,没有中国特色社会主义就不能发展中国。中国的成功,就在于中国共产党作为领导党,作为全民利益的代表,对市场进行了有效规则制定和经济宏观调控,能够集中更多资源调控经济运行,把经济社会发展的需求和社会财力、物力合理地结合起来,从多个方面引导国民经济往健康的方向发展。党总揽全局和驾驭社会主义的能力,是社会主义市场经济健康发展的根本保障。

中国的经济总量逐年增长,以目前的发展速度,可能在未来10年内超过美国。[①]从中国的现状来看,中国发展的潜力还未完全释放出来。从工业化发展程度来看,过去以粗放型为主,现在以创新性引领发展,尤其是工业化和信息化的结合,为工业化的再次发展创造潜能。从城市发展程度来看,2016年底中国常住人口城镇化率为57.4%,预计到2030年要达到70%,城市发展空间巨大,为各个产业发展带来机遇。从现代化进程来看,2016年中国的人均GDP是8 260美元,距离发达国家的收入门槛还有相当一段距离,GDP增长还有待进一步提升。中国现阶段正处于新型工业化、信息化、城镇化、现代化的深度融合期,中国的快速增长期还远未结束。

十八大以来,中央提出全面建成小康社会、全面深化改革、全面依法治国、全面从严治党的战略布局,使党和国家的各项事业得到全面推进,为经济的持续快速发展提供坚强的政治保证。改革开放四十多年来,中国经济结构不断优化,第一产业的GDP占比由1978年的27.6%下降到2015年的8.9%,第三产业由1978年的24.6%上升到2017年的51.6%,为中国经济的逆潮流增长做出了巨大的贡献;内需对经济的贡献逐渐增大,过去中国的经济增长主要依

---

① 境外媒体热议中国交出亮丽成绩单:GDP或10年内超美国[N].参考消息,2018-01-20.

靠投资和出口,2007年的世界经济危机导致出口锐减,投资的驱动也降低,近年来,中国鼓励发展内需,推行供给侧改革,2017年内需对中国经济增长的贡献率达91%,证明中国的生产有效地满足了人民的物质文化需求。中国国际竞争力显著增强,据德勤旗下的全球消费者及工业产品行业小组联合美国竞争力委员会发布的《2016全球制造业竞争力指数》,2016年中国排名第一,美国第二,中国品牌的国际影响力越来越大,中国制造再次誉满全球。

总之,经过改革开放四十多年的艰苦奋斗,中国已经走出了一条具有中国国情、中国特色、中国特点的发展道路,与当今世界资本主义处于危机的现状相比,中国模式再次引起世界关注,中国经济已经处在一个新的历史起点上。

结　束　语

　　21世纪的世界历史是中国特色社会主义的发展史。中国特色社会主义市场经济制度的确立已经过去几十年,市场经济与社会主义的结合面临着一些新的问题,如贫富差距拉大、环境污染严重等。如何既发挥社会主义制度的优越性,又发挥市场在资源配置中的决定性作用,是当下时代的主要问题。中国模式就是改革模式。① 未来社会的发展潮流是以信息技术、新能源技术、新材料和生物技术相融合为主要特点的产业革命,这对中国的发展是巨大的挑战,也是巨大的机遇。中国特色社会主义应始终坚持创新的发展理念,尤其应重视在制度上的创新,以便为中国引领世界的未来创造可靠的环境,推动中国制造向中国创造转变,切实推动中国发展由高速向高质转变。写好中国叙事要增强"四个自信"。党的十八大指出"不走封闭僵化的老路和改旗易帜的邪路",传统社会主义和西方资本主义的发展道路不适合中国的国情。在面对错综复杂的国情、世情时,要始终坚持和发展中国特色社会主义,自觉增强道路自信、制度自信、理论自信、文化自信。

　　社会主义与市场经济的关系探索伴随着整个社会主义实践史,是一个久未解决的历史难题。苏联与中国早期的社会主义实践,并未突破计划经济就是社会主义、市场经济就是资本主义的局限认识,从而导致苏联与中国的社会主义实践出现了现实危机。历史不断地在螺旋式上升,邓小平在总结苏联和中国的社会主义实践经验教训的基础上,开创性地提出计划和市场都是手段,社会主义也可以有市场,从而建立起了中国特色社会主义市场经济制度。随着市场机制在社会主义中逐渐成熟,也产生了很多问题,然而,2007年由资本主义国家引发的金融危机说明当代资本主义经济总会发生系统性、总体性的经济危机,证明了马克思主义仍然没有过时。世界资本主义经济危机与中国

---

① 　郑永年.未来三十年:改革新常态下的关键问题[M].北京:中信出版社,2016:36.

经济快速增长形成了鲜明对比。中国已经走出了一条具有中国经验、中国特点、中国气度的发展道路，即党政有为、市场有效、宏观领域政府主导、微观领域市场决定的发展道路。中国的经验是坚持党的领导，始终以人民为中心，不断开拓创新，引领时代潮流，实现社会主义的与时俱进，探索适合国情与时代主题的社会主义道路。21世纪属于中国，中国的崛起已不可避免。

囿于个人能力以及论述篇幅，本书论述并不完善。可以预见，社会主义与市场经济的关系问题在未来很长时间内都是马克思主义思想史最重要的一个话题。因此，在以后的研究中，应加强空间上的比较研究，社会主义实践史包括苏联、东欧及中国等社会主义国家的建设史，应在比较中探索中国特色社会主义同其他社会主义国家的异同，找出社会主义与市场经济结合背后的变量，以及历史环境下社会主义道路的一般规律与特殊性。

社会的发展日新月异，应时刻把握时代及技术发展对社会主义的影响。社会主义应回应如何应对新技术时代带来的挑战的问题。智能时代的到来，再次引起社会主义经济核算问题的争论，尽管有人认为大数据时代，可以通过技术解决政府在资源配置方面的效率问题，但是由于过去经历过的阵痛，国内学者对计划经济避之不及。新技术时代给社会主义带来什么样的影响，以及社会主义与市场经济关系会带来什么样的变化，仍是需要观察和解决的问题。中国特色社会主义仍在发展过程中，深层次的问题有待挖掘，笔者对中国社会的问题无法做到全面且深刻的理解，因此，论述的观点可能并不缜密，有待在以后的研究中不断加以深化和完善。

参 考 文 献

中文文献

著作

中共中央马克思恩格斯列宁斯大林著作编译局编译《马克思恩格斯文集》（第一至十卷），人民出版社2009年版。

中共中央马克思恩格斯列宁斯大林著作编译局编译《马克思恩格斯选集》（第一至四卷），人民出版社2012年版。

中共中央马克思恩格斯列宁斯大林著作编译局译《马克思恩格斯全集》，人民出版社1971、1972、1974、1979、1980、1995、2001年版。

中共中央马克思恩格斯列宁斯大林著作编译局编译《列宁全集》，人民出版社1984至1987年版。

《毛泽东选集》（第一至四卷），人民出版社1991年版。

中共中央文献研究室编《毛泽东文集》，人民出版社1996、1999年版。

《邓小平文选》，人民出版社1983、1989、1993年版。

中央档案馆编《中共中央文件选集》（第一至十八册），中共中央党校出版社1982、1989、1990、1991、1992年版。

中共中央文献研究室编《建国以来重要文献选编》（第九册），中央文献出版社1994年版。

中共中央文献研究室编《十二大以来重要文献选编》（上、中、下），人民出版社1986、1988年版。

中共中央文献研究室编《十三大以来重要文献选编》（上、中、下），人民出版社1991、1993年版。

中共中央文献研究室编《十四大以来重要文献选编》（上、中、下），人民出版社1996、1997、1999年版。

中共中央文献研究室编《十五大以来重要文献选编》（上、中、下），人民出版社 2000、2001、2003 年版。

中共中央文献研究室编《十六大以来重要文献选编》（上、中、下），中央文献出版社 2005、2006、2008 年版。

中共中央文献研究室编《十七大以来重要文献选编》（上、中、下），中央文献出版社 2009、2011、2013 年版。

中共中央文献研究室编《十八大以来重要文献选编》（上、中），中央文献出版社 2014、2016 年版。

孙伯鍨、张一兵主编《走进马克思》，江苏人民出版社 2012 年版。

徐觉哉：《社会主义流派史》，上海人民出版社 2007 年版。

哈耶克：《致命的自负》，冯克利等译，中国社会科学出版社 2000 年版。

哈耶克：《通往奴役之路》，王明毅等译，中国社会科学出版社 1997 年版。

冯·米瑟斯：《自由与繁荣的国度》，韩光明等译，中国社会科学出版社 1995 年版。

米瑟斯：《社会主义》，王建民等译，中国社会科学出版社 2012 年版。

王树荫主编：《马克思主义中国化史》（第二卷），中国人民大学出版社 2018 年版。

欧阳向英、张新宁等：《西方经济学家与马克思的思想交锋》，中国社会科学出版社 2016 年版。

罗纳德·哈里·科斯、王宁：《变革中国——市场经济的中国之路》，徐尧、李哲民译，中信出版社 2013 年版。

傅高义：《邓小平时代》，冯克利译，生活·读书·新知三联书店 2013 年版。

林毅夫：《中国经济专题》，北京大学出版社 2012 年版。

戴维·施韦卡特：《反对资本主义》，李智、陈志刚等译，中国人民大学出版社 2002 年版。

梅格纳德·德赛：《马克思的复仇——资本主义的复苏和苏联集权社会主义的灭亡》，汪澄清译，郑一明校，中国人民大学出版社 2006 年版。

戴维·麦克莱伦：《马克思以后的马克思主义》，李智译，中国人民大学出版社 2008 年版。

罗伯特·布伦纳：《全球动荡的经济学》，郑吉伟译，中国人民大学出版社 2012 年版。

大卫·科兹、弗雷德·威尔:《来自上层的革命——苏联体制的终结》,曹荣湘、孟鸣歧等译,中国人民大学出版社2002年版。

张占斌、周跃辉:《中国特色社会主义政治经济学》,湖北教育出版社2016年版。

张宇:《中国特色社会主义政治经济学》,中国人民大学出版社2016年版。

洪银兴:《中国特色社会主义政治经济学理论体系构建》,经济科学出版社2016年版。

于建荣、何芹、汤一用主编《中国特色社会主义政治经济学》,国家行政学院出版社2016年版。

赵明义:《社会主义论:基础理论·在当代中国·在当代世界》,山东人民出版社2011年版。

苏星主编《邓小平社会主义市场经济理论与中国经济体制转轨》,人民出版社2008年版。

李旭章:《中国特色社会主义政治经济学研究》,人民出版社2016年版。

俞敏:《苏俄非常时期列宁的常态性思想》,人民出版社2016年版。

陈锦华、江春泽等:《论社会主义与市场经济兼容》,人民出版社2005年版。

薛汉伟:《时代发展与中国特色:当代社会主义在中国的兴起》,北京大学出版社1996年版。

叶卫平:《西方"列宁学"研究》,中国人民大学出版社1991年版。

A·A·丹尼洛夫、A·φ·菲利波夫主编《俄罗斯历史(1900—1945)》,吴恩远等译,张树华、张达楠校,中国社会科学出版社2014年版。

王丽华主编《历史性突破——俄罗斯学者论新经济政策》,人民出版社2005年版。

埃·鲍·根基娜:《列宁的国务活动(1921—1923)》,梅明等译,中国人民大学出版社1982年版。

《陈独秀文章选编》(中),生活·读书·新知三联书店1984年版。

江亢虎:《新俄游记》,商务印书馆1925年版。

马健行:《二十世纪社会主义经济思想史》,中共中央党校出版社2003年版。

中共中央马克思恩格斯列宁斯大林著作编译局国际共运史研究所编《布

哈林文选》,东方出版社1988年版。

W.布鲁斯、K.拉斯基:《从马克思到市场:社会主义对经济体制的求索》,银温泉译,上海三联书店、上海人民出版社1998年版。

安德鲁·甘布尔:《自由的铁笼:哈耶克传》,王晓冬、朱之江译,江苏人民出版社2002年版。

杨玉生:《社会主义市场经济理论史》,山东人民出版社1999年版。

保罗·萨缪尔森、威廉·诺德豪斯:《经济学》,萧琛译,商务印书馆2014年版。

莫里斯·博恩斯坦主编《比较经济体制》,王铁生译,中国财政经济出版社1988年版。

克拉斯·埃克隆德:《瑞典经济——现代混合经济的理论与实践》,刘国来译,周永铭校,北京经济学院出版社1989年版。

克里斯托弗·皮尔森:《新市场社会主义——对社会主义命运和前途的探索》,姜辉译,东方出版社1999年版。

弗·冯·维塞尔:《自然价值》,陈国庆译,商务印书馆1982年版。

江春泽:《猜想与求证——社会主义社会资源配置方式的世纪探索》,复旦大学出版社2014年版。

中共中央党史研究室著,胡绳主编:《中国共产党的七十年》,中共党史出版社1991年版。

薄一波:《若干重大决策与事件的回顾》(上、下),中共中央党校出版社1991、1993年版。

中华人民共和国国家统计局编《我国的国民经济建设和人民生活》,统计出版社1958年版。

中共中央文献研究室编《毛泽东年谱(1949—1976)》(第二卷),中央文献出版社2013年版。

中共中央文献研究室编《刘少奇论新中国经济建设》,中央文献出版社1993年版。

顾龙生主编《中国共产党经济思想史(1921—2011)》,山西经济出版社2014年版。

石仲泉:《毛泽东的艰辛开拓》,中共党史资料出版社1990年版。

中共中央马克思恩格斯列宁斯大林著作编译局国际共运史研究室编译

《沃兹涅辛斯基经济论文选》，人民出版社1983年版。

高放主编《当代世界社会主义新论》，云南人民出版社2002年版。

辅导材料编写组：《为胜利实现十三大的任务而奋斗——十三大精神学习辅导材料》，新华出版社1987年版。

张传平：《市场逻辑与社会主义》，人民出版社2002年版。

马丁·雅克：《大国雄心》，孙豫宁、张莉、刘曲译，中信出版社2016年版。

本书编写组：《〈中共中央关于全面深化改革若干重大问题的决定〉辅导读本》，人民出版社2013年版。

哈耶克：《作为一种发现过程的竞争：哈耶克经济学、历史学论文集》，邓正来译，首都经济贸易大学出版社2014年版。

徐平华：《政府与市场：看得见的手与看不见的手》，新华出版社2014年版。

赵晓雷、王昉：《新中国基本经济制度研究》，上海人民出版社2009年版。

张宇：《中国经济改革的经验及其理论启示》，中国人民大学出版社2015年版。

塞缪尔·亨廷顿：《文明的冲突与世界秩序的重建》，周琪等译，新华出版社2002年版。

马国书：《中国的市场地位：超越自由市场　迈向共赢市场》，中国社会科学出版社2017年版。

国家行政学院经济学教研部：《新时代中国特色社会主义政治经济学》，人民出版社2018年版。

张占斌：《中国经济新棋局》，人民出版社2017年版。

郑新立、徐伟、綦鲁明：《从计划到市场：中国计划投资体制改革40年》，广东经济出版社2017年版。

许小年：《回荡的钟摆》，中国计划出版社2017年版。

张卓元、房汉廷、程锦锥：《市场决定的历史突破：中国市场发育与现代市场体系建设40年》，广东经济出版社2017年版。

王茹：《互联网经济时代的政府治理创新研究》，人民出版社2017年版。

孙飞：《新经济发展与制度选择》，人民出版社2017年版。

孙冶方：《社会主义经济论稿》，中国大百科全书出版社2009年版。

论文

蒲国良：《世界社会主义五百年回眸》，《科学社会主义》2016年第2期。

周新城:《不能离开四项基本原则来谈论什么是社会主义》,《高校理论战线》2007年第11期。

许明:《走出卡夫丁峡谷——论当代意识形态建设的三个历史维度》,《探索与争鸣》2013年第12期。

张传鹤:《关于社会主义几个基本概念的探讨》,《当代世界与社会主义》2015年第3期。

马耀鹏:《社会主义科学本性的追寻与坚守》,《社会主义研究》2011年第6期。

李树桥:《关于什么是社会主义的历史与现实思考》,《当代世界与社会主义》2007年第3期。

屈炳祥:《关于什么是社会主义的再思考》,《学习论坛》2016年第2期。

石镇平:《关于什么是社会主义的讨论》,《马克思主义研究》2009年第4期。

康超光、程显煜、周治滨:《社会主义与市场经济能够结合吗?》,《中共四川省委党校学报》2000年第2期。

顾海良、张雷声:《市场经济完全可以和社会主义基本制度相结合》,《前线》2000年第1期。

干珏:《劳动者股份所有制与社会主义市场经济——社会主义制度与市场经济结合的战略思考》,《中共福建省委党校学报》2000年第6期。

王立新、范炳良:《论市场经济与社会主义民主政治》,《淮阴师范学院学报》(哲学社会科学版)2000年第3期。

徐崇温:《坚持社会主义制度与市场经济的结合——建国50周年经验反思》,《中国特色社会主义研究》1999年第4期。

何立胜、管仁勤:《市场经济体制与社会主义基本经济制度》,《河南师范大学学报》(哲学社会科学版)1999年第1期。

张利军、郭敏:《日本学者关于中国当前经济发展的几种代表性观点》,《国外理论动态》2005年第4期。

余斌:《马克思恩格斯关于资本主义的基本思想及其当代意义》,《马克思主义研究》2011年第1期。

张凌云:《怎样合理理解马克思的跨越资本主义"卡夫丁峡谷"理论——与许明先生商榷》,《探索与争鸣》2014年第2期。

张奎良:《马克思东方社会理论的再反思》,《求是学刊》2014 年第 5 期。

俞良早:《正确认识列宁对"战时共产主义"的评论——对一种流行观点的商榷》,《江汉论坛》2000 年第 9 期。

C·卡拉-穆尔扎、施海杰、陈亚梅:《苏维埃制度崩溃原因的初步分析》,《俄罗斯研究》2011 年第 5 期。

粟瑞雪:《俄罗斯学者布坚科论社会主义与经济不发达的关系》,《国外理论动态》1999 年第 2 期。

孙凌齐:《"三个列宁"与"另一种社会主义"》,《国外理论动态》1999 年第 5 期。

王丽荣:《列宁的"新经济政策"仍是权宜之计》,《华中科技大学学报》(社会科学版)2001 年第 1 期。

路·冯·米塞斯、陈国雄:《社会主义制度下的经济计算》,《经济社会体制比较》1986 年第 6 期。

高建昆、程恩富:《现代资本主义市场经济中的垄断与反垄断新析》,《经济纵横》2015 年第 11 期。

于光远:《不要再回避"市场经济"这个词》,《改革》1992 年第 3 期。

于海青:《新自由主义体系无可避免的内爆——萨米尔·阿明论当前世界局势》,《世界社会主义研究》2017 年第 2 期。

赵凌云:《1949—1956 年间中国经济体制中市场因素消亡过程的历史考察与启示》,《中国经济史研究》1994 年第 2 期。

王敦琴、蒋辉明:《新民主主义社会·社会主义初级阶段·思辨》,《当代世界与社会主义》2002 年第 4 期。

金春明:《试析社会主义初级阶段与新民主主义之异同》,《教学与研究》2001 年第 1 期。

向新、苏少之:《1957—1978 年中国计划经济体制下的非计划经济因素》,《中国经济史研究》2002 年第 4 期。

郭欣根:《苏联解体原因的几种主要观点述评》,《社会主义研究》2003 年第 2 期。

王建国、冯连军:《空想社会主义历史起点再探讨》,《湖北行政学院学报》2013 年第 4 期。

杨承训:《探寻社会主义市场经济特殊规律——重温邓小平关于"市场经

济"论述之感悟》,《思想理论教育导刊》2014年第5期。

陈利权:《价值取向意蕴下社会主义与市场经济的矛盾及其解答》,《中共中央党校学报》2009年第3期。

余金成:《科学发展观与社会主义对市场经济的改造》,《学习论坛》2009年第11期。

习近平:《全面贯彻落实党的十八大精神要突出抓好六个方面工作》,《求是》2013年第1期。

卫兴华、闫盼:《论宏观资源配置与微观资源配置的不同性质——兼论市场"决定性作用"的含义和范围》,《政治经济学评论》2014年第4期。

裴长洪:《中国公有制主体地位的量化估算及其发展趋势》,《中国社会科学》2014年第1期。

黄少卿、郭洪宇:《产业政策的目标:增强市场竞争秩序——基于政府与市场关系视角》,《学习与探索》2017年第4期。

王广亮、辛本禄:《供给侧结构性改革:政府与市场关系的重构》,《南京社会科学》2016年第11期。

袁恩桢:《政府与市场的"双强模式"是社会主义市场经济的重要特点》,《毛泽东邓小平理论研究》2013年第8期。

林毅夫:《中国经验:经济发展和转型中有效市场与有为政府缺一不可》,《行政管理改革》2017年第10期。

白永秀、吴航:《我国基本经济制度下非公有制经济的发展前景》,《经济体制改革》2003年第2期。

李文成:《人的彻底解放与和谐发展是社会主义的根本目的》,《郑州大学学报》(哲学社会科学版)2009年第2期。

陈锡喜:《论科学社会主义理论逻辑及其与中国社会发展历史逻辑的统一》,《思想理论教育》2016年第4期。

李济广:《科学社会主义制度的基本内涵是生产资料公有制》,《马克思主义研究》2017年第3期。

邱卫东、胡博成:《正确认识全球化时代两大社会制度及其相互关系——基于列宁〈帝国主义论〉时代困境的思考》,《思想理论研究》2017年第3期。

程恩富、程言君:《科学发展观关于经济发展的基本思想》,《江苏社会科学》2013年第1期。

程恩富、张建刚:《坚持公有制经济为主体与促进共同富裕》,《求是学刊》2013年第1期。

程恩富:《面对各种挑战,继续坚持和完善社会主义经济体制和机制》,《国外理论动态》2011年第12期。

程言君:《中国特色社会主义基本经济制度的建构发展与历史本质:着重人的异化复归—人力产权实现的视角》,《马克思主义研究》2009年第12期。

方爱东:《社会主义核心价值观论纲》,《马克思主义研究》2010年第12期。

史伟刚:《论邓小平的社会主义价值取向》,《社会主义研究》2006年第2期。

陈明明:《中国政治制度的价值结构:冲突与调试》,《社会科学研究》2008年第2期。

陈先达:《论核心价值的社会制度本质》,《中国特色社会主义研究》2012年第5期。

吴向东:《价值观:社会主义本质之维》,《马克思主义研究》2007年第12期。

胡振良:《中国特色社会主义首先是一种价值》,《探索与争鸣》2013年第8期。

何干强:《论公有制在社会主义基本经济制度中的最低限度》,《马克思主义研究》2012年第10期。

胡钧:《坚持和完善社会主义初级阶段的所有制结构》,《思想理论教育导刊》2009年第11期。

杨永志、李静静:《试论社会主义与市场经济的结合——纪念邓小平"南方谈话"发表十周年》,《天津社会科学》2002年第5期。

顾钰民:《社会主义与市场经济结合的再研究》,《学习与探索》2011年第1期。

辛程:《把坚持社会主义基本制度同发展市场经济结合起来》,《思想理论教育导刊》2008年第6期。

周新城:《关于社会主义与市场经济相结合的若干思考》,《经济经纬》2007年第3期。

马理文:《市场经济与社会主义的结合——马克思主义百年回眸之三(上)》,《马克思主义研究》2001年第5期。

王国平:《改革开放40年:中国特色社会主义经济形态及其世界价值》,《上海行政学院学报》2018年第1期。

顾昕:《产业政策治理模式创新的政治经济学》,《中共浙江省委党校学报》2017年第1期。

王永钦:《发展的政治经济学:一个东亚模式的理论框架》,《学术月刊》2015年第4期。

葛东升、宋磊:《产业政策研究的演化经济学范式:日文文献的贡献》,《南方经济》2018年第1期。

卜伟、谢臻、赵坚:《中国产业政策的特点、效果与演变——产业政策问题研讨会会议综述》,《经济与管理研究》2017年第4期。

刘国光:《"两个毫不动摇"的当前价值——公有制是社会主义初级阶段基本经济制度的基石》,《人民论坛》2012年第15期。

莱昂纳多·卡茨、陈宝国、闵利锋:《国家批判:21世纪的视角——伊斯特万·梅萨罗斯访谈录》,《国外理论动态》2016年第12期。

刘瑜:《公民社会促进民主稳固吗?——以第三波民主化国家为例》,《开放时代》2017年第1期。

张军妮:《中东欧国家的腐败与反腐败:腐败相关理论适用性探析》,《当代世界与社会主义》2017年第1期。

王平:《欧洲新民粹主义多重面相背后的真实理路》,《当代世界社会主义问题》2017年第1期。

魏荣、吴波:《当代西方社会阶级状况新变化评析》,《科学社会主义》2017年第1期。

张全景:《金融帝国主义世界体系终将走向崩溃》,《世界社会主义研究》2017年第1期。

马丁·雅克:《新自由主义的死亡与西方政治危机》,《世界社会主义研究》2017年第1期。

孙蚌珠:《论中国特色社会主义经济制度的内涵、特征和优势》,《思想理论教育导刊》2011年第10期。

孙居涛:《中国特色社会主义基本经济制度的创新与发展》,《学习论坛》2010年第6期。

孙运福:《什么是社会主义基本经济制度?——与陆仁权同志商榷》,《学术界》2002年第2期。

吴敬琏:《让历史照亮未来的道路:论中国改革的市场经济方向》,《经济社会体制比较》2009年第5期。

辛向阳：《中国特色社会主义制度的三个基本问题探析》，《理论探讨》2012年第2期。

张乾元：《划清社会主义基本经济制度同私有化和单一公有制界限的几个问题》，《思想理论教育导刊》2010年第8期。

周新城：《关于私营经济性质、地位和作用问题的若干思考——一个长期令人困惑而又十分混乱的理论问题》，《马克思主义研究》2016年第7期。

何自力、乔晓楠：《建设现代化经济体系，增强我国经济创新力和竞争力》，《马克思主义研究》2017年第12期。

盛毅、王玉林：《第二次现代化背景下的现代化经济体系建设》，《经济体制改革》2018年第1期。

洪银兴：《准确认识供给侧结构性改革的目标和任务》，《中国工业经济》2016年第6期。

廖清成、冯志峰：《供给侧结构性改革的认识误区与改革重点》，《求实》2016年第4期。

肖兴志、李少林：《能源供给侧改革：实践反思、国际镜鉴与动力找寻》，《价格理论与实践》2016年第2期。

曹国华、刘睿凡：《供给侧改革背景下我国商业银行信贷风险的防控》，《财经科学》2016年4期。

孙亮、石建勋：《中国供给侧改革的相关理论探析》，《新疆师范大学学报》(哲学社会科学版)2016年第3期。

杨卫：《关于中国特色社会主义政治经济学研究的几个问题与前瞻》，《毛泽东邓小平理论研究》2017年第7期。

张森林：《社会主义同市场经济相结合发生于20世纪末期的原因》，《世界经济与政治》1998年第9期。

杨永志、杜弘韬：《国外关于市场经济与社会主义结合的理论探索》，《毛泽东邓小平理论研究》2004年第8期。

英文文献

Akerlof, "The Market for Lemons," *Quarterly Journal of Economics*, Vol.84, no.3(August 1970), pp.488-500.

Anand S., Sen A., "Human Development Index: Methodology and Measurement," Human Development Report Office Occasional Papers, 1994.

Chong-En Bai, David D. Li, Zhigang Tao, Yijiang Wang, "A Multitask Theory of State Enterprise Reform," *Journal of Comparative Economics*, Vol.28, no.4(2000), pp.716-738.

P. Beato, A. Mas-Colell, "The Marginal Cost Pricing as a Regulation Mechanism in Mixed Markets," in M. Marchand, P. Pestieau, and H. Tulkens eds., *The Performance of Public Enterprises*, Amsterdam: North-Holland, 1984, pp.81-100.

Brandt L., Hsieh C., Zhu X., "China's Great Economic Transformation: Growth and Structural Transformation in China," *Economics*, Vol.64(April 2008).

Hongbin Cai, Daniel Treisman, "State Corroding Federalism," *Journal of Public Economics*, Vol.88, no.3-4(March 2004), pp.819-843.

Capuano, C., G. De Feo, "Privatization in Oligopoly: The Impact of the Shadow Cost of Public Funds," *Rivista Italiana degli Economisti*, Vol.2, no.2(2010), pp.175-208.

Cremer, H., M. Marchand, and J. F. Thisse, "The Public Firm as an Instrument for Regulating an Oligopolistic Market," *Oxford Economic Papers*, Vol.41, no.2(1989), pp.283-301.

De Fraja, G., F. Delbono, "Alternative Strategies of a Public Enterprise in Oligopoly," *Oxford Economic Papers*, Vol.41, no.2(1989), pp.302-311.

Demirguc-Kunt A., Maksimovic V., "Law, finance, and firm growth," *Journal of Finance*, Vol.53, no.6(1998), pp.2107-2137.

Demsetz H., "Lehn K. The Structure of Corporate Ownership: Causes and Consequences," *Journal of Political Economy*, Vol.93, no.6(Dec. 1985), pp.1155-1177.

Garvie, D., R. Ware, "Public Firms as Regulatory Instruments with Cost Uncertainty," *Canadian Journal of Economics*, Vol.29, no.2(1996), pp.357-378.

Glaeser E. L., "Public Ownership in the American City," *Ssrn Electronic*

Journal, 2002.

Hagen, K. P., "Optimal Pricing in Public Firms in an Imperfect Market Economy," *Scandinavian Journal of Economics*, Vol. 81, no. 4 (1979), pp.475-493.

Harris, R. G., E. G. Wiens, "Government Enterprise: An Instrument for the Internal Regulation of Industry," *Canadian Journal of Economics*, Vol.13, no.1(1980), pp.125-132.

Hart O., Shleifer A., Vishny R. W., "The Proper Scope of Government: Theory and Application to Prisons," *Quarterly Journal of Economics*, Vol.112, no.4(1997), pp.1127-1161.

Justin Yifu, Lin, "Development Strategy, Viability and Economic Convergence," *Economic Development and Cultural Change*, Vol. 51, no. 2 (2003), pp.276-308.

Kaufmann D., Kraay A., Mastruzzi M., "The Worldwide Governance Indicators: Methodology and Analytical Issues," *Hague Journal on the Rule of Law*, Vol.3, no.2(2011), pp.220-246.

János Kornai, Eric Maskin and Gérard Roland, "Understanding the Soft Budget Constraint," *Journal of Economic Literature*, Vol. 41, no. 4 (Dec. 2003), pp.1095-1136.

János Kornai, *Economics of Shortage*, Oxford: Elsevier Science Ltd., 1980.

Justin Yifu, Guofu Tan, "Policy Burdens, Accountability, and the Soft Budget Constraint," *American Economic Review*, Vol. 89, no. 2 (1999), pp.426-431.

Martin C. McGuire and Mancur Olson, Jr., "The Economics of Autocracy and Majority Rule: The Invisible Hand and the Use of Force," *Journal of Economic Literature*, Vol.34, no.1(1996), pp.72-96.

Merrill, W. C., N. Schneider, "Government Firms in Oligopoly Industries: A Short-Run Analysis," *Quarterly Journal of Economics*, Vol. 80, no.3(1966), pp.400-412.

Miyazawa, S., "Innovative Interaction in Mixed Market: An Effect of Agency Problem in State-Owned Firm," *Economics Bulletin*, Vol.12, no.12

(2008), pp.1-8.

Nee V., "A Theory of Market Transition: From Redistribution to Markets in State Socialism," *American Sociological Review*, Vol.54, no.5 (1989), pp.663-681.

Novshek W., "Cournot Equilibrium with Free Entry," *Review of Economic Studies*, Vol.47, no.3(1980), pp.473-486.

Yingyi Qian, Gérard Roland, "Federalism and the Soft Budget Constraint," *American Economic Review*, Vol.88, no.5(1998), pp.1143-1162.

Rees, R., *Public Enterprise Economics*, London: Weidenfeld and Nicolson, 1984.

Joseph E. Stiglitz, *Whither Socialism*, Cambridge: The MIT Press, 1996.

Victor Nee, David Stark, *Remaking the Economic Institutions of Socialism: China and Eastern Europe*, Stanford: Stanford University Press, 1989.

图书在版编目(CIP)数据

市场的时空向度：社会主义与市场经济的关系研究 / 王鑫著 .— 上海：上海社会科学院出版社，2022
 ISBN 978-7-5520-3891-0

Ⅰ.①市… Ⅱ.①王… Ⅲ.①中国经济—社会主义市场经济—研究 Ⅳ.①F123.9

中国版本图书馆 CIP 数据核字(2022)第 098495 号

市场的时空向度：社会主义与市场经济的关系研究

著　　者：王　鑫
责任编辑：包纯睿
封面设计：黄婧昉
出版发行：上海社会科学院出版社
　　　　　上海顺昌路 622 号　邮编 200025
　　　　　电话总机 021-63315947　销售热线 021-53063735
　　　　　http://www.sassp.cn　E-mail：sassp@sassp.cn
照　　排：南京理工出版信息技术有限公司
印　　刷：上海天地海设计印刷有限公司
开　　本：710 毫米×1010 毫米　1/16
印　　张：14
插　　页：1
字　　数：234 千
版　　次：2022 年 6 月第 1 版　2022 年 6 月第 1 次印刷

ISBN 978-7-5520-3891-0/F·678　　　　　　　　　　定价：78.00 元

版权所有　翻印必究